I0818435

LANGS KYSTEN

Along the Coast

LANGS KYSTEN

GUDE OG HANS ELEVER

OMKRING 1870

Along the Coast. Gude and his Students around 1870

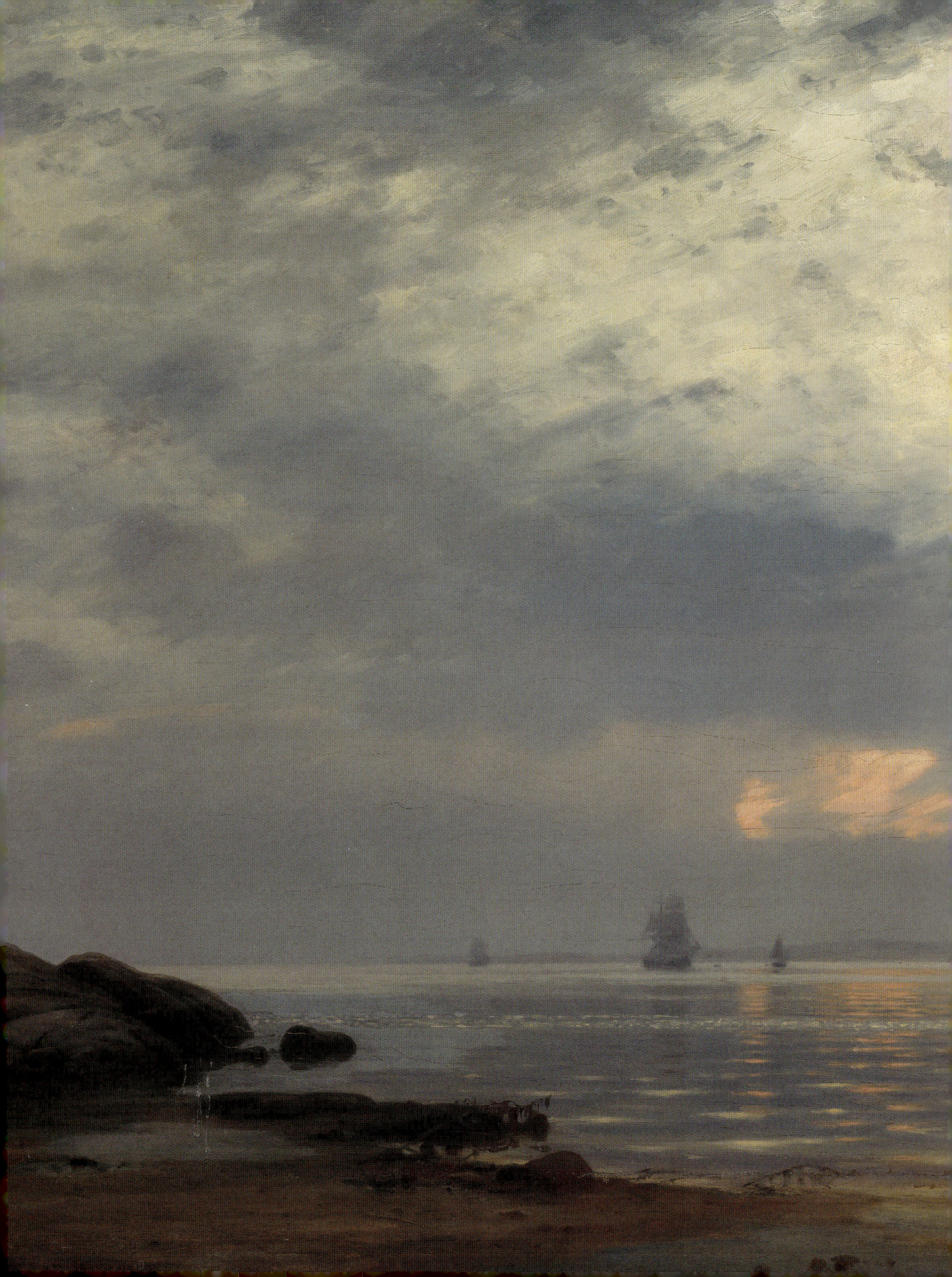

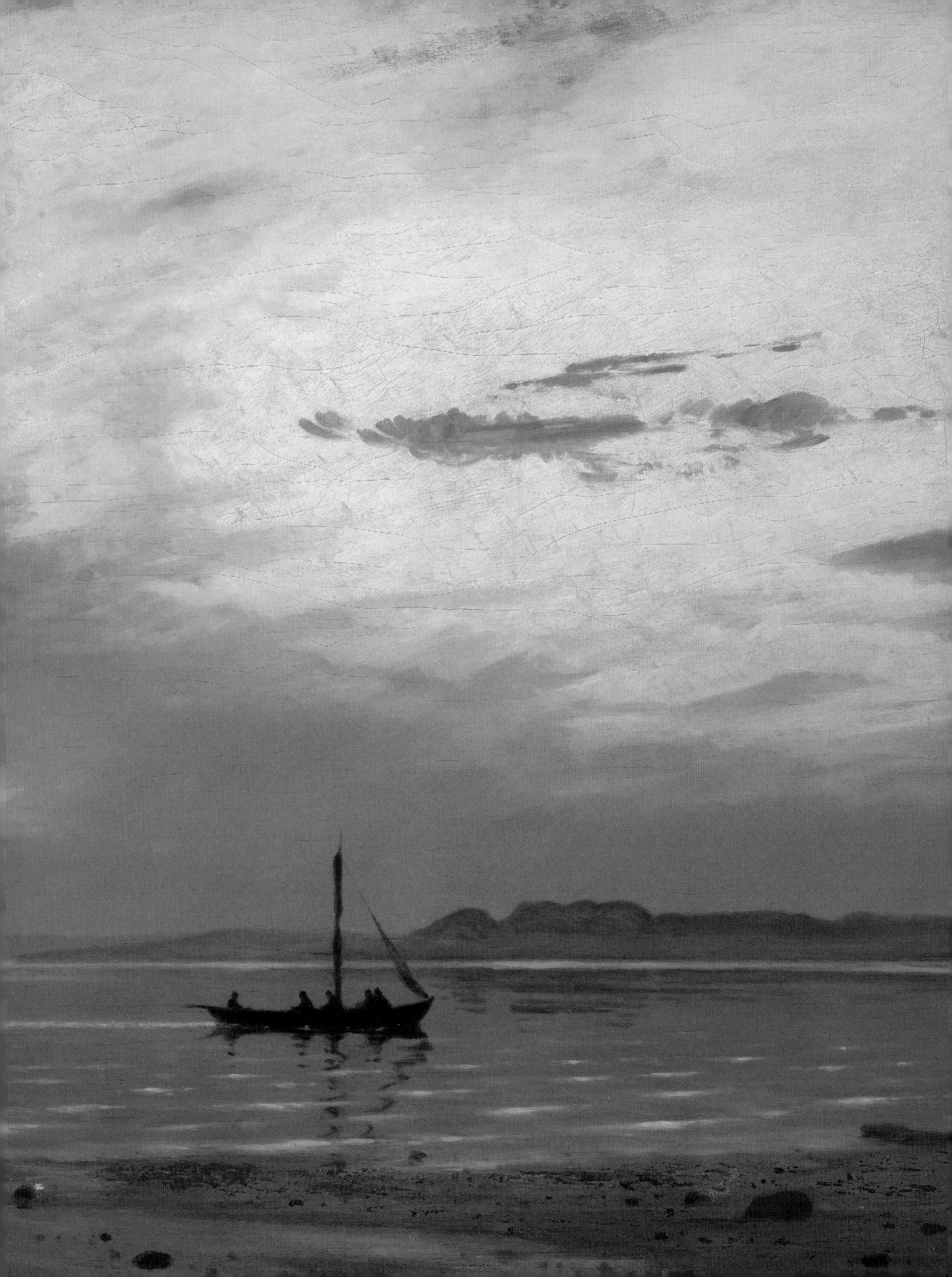

INNHOLD CONTENTS

FORORD

Knapt noe navn er så kjent i norsk kunsthistorie som Hans Gudes. Som regel nevnes han sammen med Adolph Tidemand, ettersom de to kunstnerne er uløselig knyttet sammen gjennom sitt berømte samarbeidsprosjekt malt i Düsseldorf i 1848, *Brudeferd i Hardanger*, som er blitt et nasjonalt ikon.

Men i tillegg til sine nasjonalromantiske malerier av norsk fjellnatur, hadde Gude en rik og mangesidig karriere med et variert œuvre. Gjennom et halvt århundres virke som kunstner frembrakte han både dramatiske og følelsesbetonte romantiske komposisjoner, naturalistiske sjø- og kystmotiver og verk preget av impresjonistiske tendenser.

Etter museets Tidemand og Gude-utstilling i 2003 er det nå tid for en egen utstilling med bare Hans Gudes arbeider. Denne utstillingen tar utgangspunkt i Gudes maritime bilder og kystlandskaper, samtidig som det legges vekt på hans viktige rolle som en inspirerende lærer for norske kunstnere som Eilif Peterssen, Kitty Kielland, Frits Thaulow, Christian Krohg og mange flere i hans virke som professor ved kunstskolen i Karlsruhe.

Gudes malerier av sjø- og kystlandskaper var svært populære, særlig blant velstående kunder som tjente seg rike på de norske seil- og dampskipenes økende tonnasje. Slik sett bringer utstillingen Gudes malekunst i direkte forbindelse med Norges økonomiske utvikling som sjøfartsnasjon gjennom de siste tiårene av det 19. århundre.

Jeg vil gjerne takke alle utlånerne som sjenerøst har bidratt til denne utstillingens mangfold. Takk til Nationalmuseum, Stockholm, Göteborgs Konstmuseum, KODE Kunstmuseene i Bergen, Lillehammer Kunstmuseum, Munchmuseet, De kongelige samlinger, Norsk Maritimt Museum, Norske Selskab, Orkla og Norges Rederiforbund. Stor takk også til de private eierne som har lånt ut sine verk, og en særlig takk til kunsthandler Claus Gude for hans velvillige assistanse i arbeidet med oppsporingen av flere av verkene fra private eiere.

I tillegg vil jeg takke museets prosjektgruppe, først og fremst utstillingens kurator Frode Ernst Haverkamp, som skrev sin magistergradsavhandling om Hans Gude basert på forskning i tyske arkiver, kurator formidling Frithjof Bringager og prosjektleder Rikke Lundgreen. For både Haverkamp og Bringager er dette den siste utstillingen de bidrar til gjennom sitt lange virke i museet. Jeg takker dem begge for deres unike entusiasme og utrettelige arbeid for kunsten og for vårt museum.

Takk også til utstillingsdesigner Gordon Ryan for hans fremragende arbeid med den visuelle presentasjonen av utstillingen, til Reinhard Hvidsten som har ledet arbeidet med utstillingsmonteringen og til katalogredaktør Marianne Yvenes.

Nils Ohlsen
Avdelingsdirektør eldre og moderne kunst

PREFACE

Few names in the history of Norwegian art are as wellknown as Hans Gude. As a rule, he is mentioned in the same breath as Adolph Tidemand, thanks to the collaborative project that inextricably links the two artists' names, their famous *Brudeferd i Hardanger* (Bridal Voyage on the Hardanger Fjord), painted in Düsseldorf in 1848, a work that is now a national icon.

But in addition to his national romantic depictions of Norwegian nature, Gude's oeuvre includes paintings in a range of genres. During a rich and varied career spanning half a century, Gude produced dramatic, emotionally charged romantic compositions, naturalistic maritime and coastal landscapes, and works that reflected an impressionist influence.

Following the museum's Tidemand and Gude exhibition in 2003, it is now time to celebrate Hans Gude as an independent artist. This exhibition takes Gude's maritime pictures and coastal landscapes as its focus, while also exploring the importance of his role as professor at the art academy in Karlsruhe, where he inspired Norwegian artists such as Eilif Peterssen, Kitty Kielland, Frits Thaulow and Christian Krohg, to mention just a few.

Gude's paintings of maritime and coastal landscapes were highly popular, especially among well-to-do clients who had grown wealthy from the expansion of the Norwegian shipping industry. In this respect, the exhibition establishes a direct link between Gude's painting and Norway's economic development as a seafaring nation in the last decades of the 19th century.

We are grateful to all those who have generously loaned works to this multi-faceted exhibition. Thanks to the Nationalmuseum, Stockholm, the Gothenburg Museum of Art, KODE Art Museums of Bergen, Lillehammer Art Museum, the Munch Museum, the Royal Collections, the Norwegian Maritime Museum, the Norway Club, Orkla, and the Norwegian Shipowners' Association. Many thanks also to the private owners who have loaned works, and especially to the art dealer Claus Gude for his assiduous help in tracing several of the works that are now in private ownership.

In addition, I wish to thank the museum's project group, first and foremost the exhibition's curator, Frode Ernst Haverkamp, who wrote his mag.art. thesis on Hans Gude, based on research in German archives, educational curator Frithjof Bringager, and project manager Rikke Lundgreen. For both Haverkamp and Bringager, this is their last exhibition after long careers at the museum. I thank them both for their unique enthusiasm and tireless work in the service of art and our institution.

Thanks also to the exhibition designer Gordon Ryan for his excellent work on the exhibition's visual design, to Reinhard Hvidsten, who has directed the work of hanging the exhibition, and the editor of the catalogue Marianne Yvenes.

Nils Ohlsen
Director of Old Masters and Modern Art

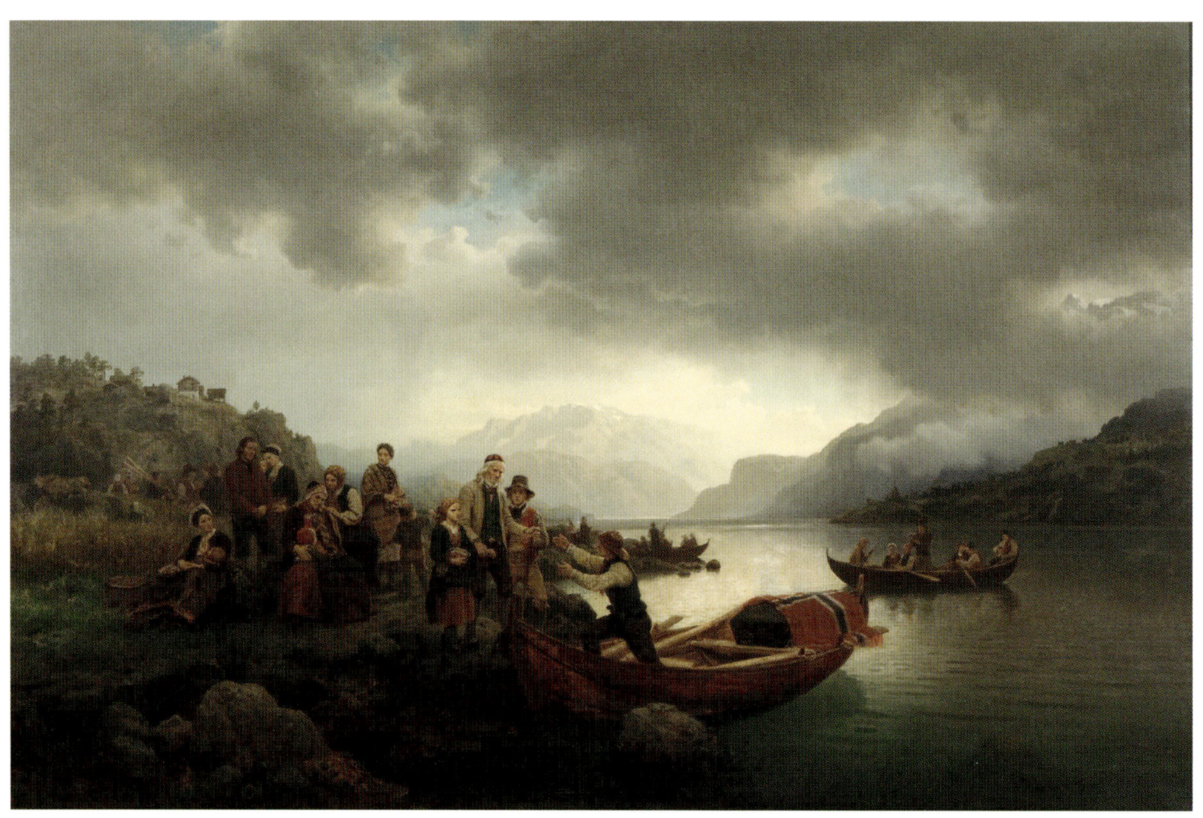

Kat. 1 Adolph Tidemand og Hans Gude, *Likferd på Sognefjorden*, 1853

Gude og hans norske elever i Karlsruhe

FRODE ERNST HAVERKAMP

Innledning

For mange er Hans Fredrik Gude (1825–1903) best kjent som düsseldorferen, som malte storslagne høyfjellslandskaper og sammen med Adolph Tidemand skapte berømte fellesarbeider som *Likferd på Sognefjorden* (kat. 1) og *Brudeferd i Hardanger.* Gude hadde reist til Tyskland allerede som 16-åring og fått sin utdannelse fra Kunstakademiet i Düsseldorf. Her var han blitt professor i landskapsmaleri i 1854, bare 29 år gammel. Dette var imidlertid bare begynnelsen på en akademisk kunstnerkarriere. Han fortsatte som professor i landskapsmaleri i Karlsruhe 1864–80 og avsluttet i Berlin 1880–1901.

Denne artikkelen vil belyse hva oppholdet i Karlsruhe i 1860- og 70-årene betydde for Gudes kunst og hans lærergjerning. Kunstskolens stilling og anseelse vil også bli omtalt. Gude vendte seg nå mot en ny motivkrets; han gikk fra å være landskapsmaler til å bli marinemaler. Dessuten fikk «staffasjefigurene» en langt viktigere rolle i komposisjonene. Det kan være belegg for å hevde at den unge Gude, som hadde blitt berømt for sine nasjonalromantiske høyfjellslandskaper, utviklet seg i en mer realistisk retning.

Etter å ha vært overarbeidet ved düsseldorferakademiet der det hadde oppstått konflikter, sa Gude opp sin stilling i 1862. En britisk kunsthandler i Düsseldorf hadde formidlet bilder av Gude til engelske samlere[1]. Han overtalte Gude til å reise til Wales og slå seg ned i naturskjønne Lledr Valley i Betws-y-Coed nær Conway. Her hadde enkelte britiske malere dannet en kunstnerkoloni, og det milde klimaet tillot kunstnerne å arbeide utendørs nesten hele året. Frihet fra undervisningsplikter og administrative gjøremål ga mulighet til et fordypet naturstudium, og oppholdet virket befriende på Gudes skaperevne. Lite brydde de lokale kunstnerne i Wales seg om hans kunstsyn og arbeidsmåte.[2] Men en av dem ble Gudes elev og fulgte senere med til Karlsruhe.[3]

Imidlertid skulle de to årene i Storbritannia (1862–64) by på økonomiske problemer.[4] Å bli en del av det britiske kunstmarkedet var ikke enkelt, men en viss avsetning på sine arbeider fikk Gude gjennom en annen kunsthandler i Düsseldorf.[5] Gude håpet å kunne male britiske motiver for England, men aller helst foretrakk han å male norske marinebilder. Noen bestillinger kom fortsatt fra Norge, først og fremst fra Christiania Kunstforening.[6]

Hans Gude legger i livserindringene sine ikke skjul på at kallelsen til et professorat i Karlsruhe befridde ham selv og familien fra en krisesituasjon.[7] I et brev datert

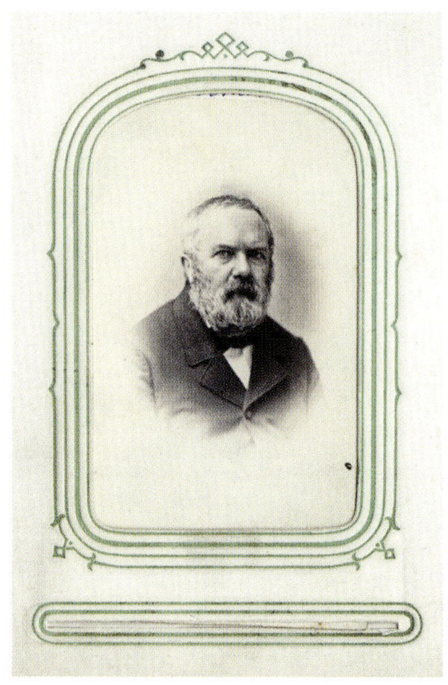

Ill. 1 Johann Wilhelm Schirmer (1807–1863)

13. desember 1863 til sin gamle düsseldorfervenn maleren Carl Friedrich Lessing (1808–1880), som på dette tidspunkt var blitt direktør både for kunstgalleriet og kunstskolen i Karlsruhe, tegner Gude et altfor optimistisk bilde av sin frie stilling. Men han synes samtidig det er av stor betydning at Tyskland ikke vil gi slipp på ham, «og hvis jeg virkelig kan være til nytte, skulle jeg ikke nære noen betenkeligheter – for jeg står i stor gjeld til Tyskland.»[8]

Et par måneder senere slår imidlertid Gude an helt andre toner overfor sin landsmann og svoger, geologen Theodor Kjerulf. Årsaken til at Gude vegrer seg for på nytt å engasjere seg på kontinentet, er trolig den pågående konflikt mellom Danmark og Preussen. Gude beklager seg over å måtte «drive om i Verden uden Fædreland – nu har jeg modtaget et Embede, skal altsaa tjene med mine bedste Kræfter det Land, som kanskee inden Kort er i aaben Krig med mit Fædreland ...». Ved innsettelse som akademiprofessor i Düsseldorf i 1854 hadde Gude måttet avlegge en embetsed[9] der han hadde sverget troskap til kongen av Preussen og derved forpliktet seg til å være lojal overfor den stat han tjente. Selv om professoratet var i Baden denne gang, har Gude skrupler ved å måtte befinne seg på tysk side. Likevel aksepterer Gude, idet han lar de faglige argumentene og forsørgeransvaret overfor kone og barn veie tyngst.[10]

Kunstskolens organisering og omdømme. Stridigheter

Fordi det ikke fantes noe kunstakademi i Norge på 1800-tallet, var kunstnerne avhengige av å reise utenlands for å få utdannelse på et høyere plan. Både Hans Gude, Johann Wilhelm Schirmer (1807–1863) (ill. 1) og flere andre av lærerne i Karlsruhe hadde tidligere virket i Düsseldorf, så der fantes en kontinuitet mellom de to skolene. Mens kunstakademiet i Düsseldorf med lange tradisjoner hadde fått et oppsving som følge av den preussiske kulturpolitikken i første halvdel av 1800-tallet, var kunstskolen i Karlsruhe kommet i stand i 1854 på initiativ fra Storhertug Friedrich av Baden, som ønsket å konkurrere med Düsseldorf.

Siden Schirmer i desember 1854 fortalte at skolen hadde åpnet, men kun telte åtte elever – alle landskapsmalere[11] – var det forståelig at institusjonen gikk under navnet «kunstskole» og ikke akademi. Også etter Schirmers død i 1863 da elevtallet nærmet seg 40 og Gude sammen med tre andre lærere[12] meislet ut en ny organisering av Den storhertuglige Kunstskole i Karlsruhe, mente man at düsseldorferakademiets prinsipper skulle tjene som modell. Elevene skulle, etter elementære tegneøvelser, blant annet få kopiere antikke avstøpninger, tegne akt og få undervisning i perspektiv, anatomi og kunsthistorie. Akkurat som det hadde vært i Düsseldorf, skulle lærere og elever ut over de vanlige korrekturtimene ha «komposisjonsforeninger» hvor man mer uformelt kunne drøfte billedmessige problemer.[13] Nytt var at direktøren ble erstattet av et kollegium som valgte sin formann; et verv som Gude innehadde mellom 1866 og 1870.

Gudes lærervirksomhet førte til at strømmen av norske landskapsmalere ble flyttet fra Düsseldorf i 1850-årene til Karlsruhe i 1860- og 70-årene. «Mine Landskabsatelierer var altid overfyldte i alle de 16 Aar, jeg var i Carlsruhe, og jeg fik da tilstrækkelig Anvendelse for den Lyst til at undervise, som jeg altid havde havt.»[14]

I sine *Ungdomserindringer* forteller Anton von Werner[15] begeistret om at det med Gude som etterfølger for Schirmer i 1864 var kommet inn nytt og friskt liv i virksomheten. I tillegg til de norske elevene, fulgte både svensker og finner, engelskmenn og amerikanere. Dessuten hadde Gude tyske elever.[16] Nå kom et internasjonalt miljø til kunstskolen, som ikke tidligere hadde vært der. Gude førte straks sine elever ut i naturen, og så snart de ble gode nok, malte han sammen med dem i byens omegn. Men Gude tok seg også av dem som sto svakt i tegning og lot dem nøyaktig kopiere sine egne eller Schirmers oljeskisser med penn og blyant.

Gudes gode forhold til storhertug Friedrich av Baden hadde gitt ham gunstige arbeidsbetingelser som ikke bare omfattet anstendig lønn og fri, romslig bolig og gratis losje til disposisjon i byens teater, men også stadig innvilgede feriepermisjoner, som ga gode muligheter for omfattende reisevirksomhet i sommerhalvåret.[17]

Det har vært forskjellige syn på Badens kunstskoles betydning. I sin omtale av Hans Gude fremhever Jens Thiis like etter forrige århundreskifte[18] Gudes begavelse som *lærer*. «Karlsruhe blev isteden [for Düsseldorf] lærepladsen, ialfald for landskapsmalerne, som flokkedes om Gude, da han to aar senere overtok den ledende stilling ved akademiet i Badens hovedstad. Men allerede i slutningen av 60-aarene vant München hegemoni i tysk kunstliv ...»[19] Den samme likegyldighet overfor Karlsruhe legger Knut Berg for dagen omkring 1980 i *Norges Kunsthistorie*: «Etter at Gude i 1864 var blitt professor ved akademiet i Karlsruhe, ble det målet for de unge som flokket seg om hans lærestol. Gudes nøkterne naturalisme var ingen dårlig skole, og han gav alle sine elever et godt grunnlag, men noen selvstendig skole ble ikke formet i Karlsruhe. Alle hans mer begavede norske elever mottok senere impulser fra annet hold som ble bestemmende for deres utvikling.»[20] Og Knut Berg støttes av en betydelig tysk kunsthistoriker,

Helmut Börsch-Supan: «På tross av hvor høyt maleriet i denne byen [Karlsruhe] den gang ble verdsatt, så var de ikke i besittelse av noen lokal stil.»[21]

Da norsk kunsthistorie ble skrevet etter 2. verdenskrig, ble imidlertid viktigheten av skolen i Karlsruhe fremhevet.[22] «Gude dannet det naturlige sentrum,» skriver Leif Østby og lister opp alle som dro til Karlsruhe etter å ha fått sin første undervisning ved Eckersbergs malerskole i Kristiania. Han kaller skolen en «avlegger» av Düsseldorf: «Men den hadde likevel sitt særpreg, en mer nøktern og realistisk karakter, uten Düsseldorfs penselflotthet og oljeglinsende fedme [sic], men med sterkere vekt på tegningen. En viss sober, koloristisk forsiktig og avdempet tone, ofte stemt i et litt tørt gråbrunt...»

Av de ovennevnte er det nok Østby som gir den mest treffende karakteristikk. Den presise gjengivelsen av sjø og landskap basert på omhyggelige studier ute i terrenget, kombinert med skildringen av kystbefolkningens hverdagsliv, er gjennomgående for Gudes motiver i Karlsruhe-tiden.

Storhertugen hadde «importert» lærere som enten ble karakterisert som «nordtyskere» eller «preussisksinnede». Dette skapte spenninger mellom badenserne og «de nordtyske» lærerne ved kunstskolen. Selv om Baden og Preussen sto sammen i krigen mot Frankrike i 1870, hadde man ikke glemt de tidligere konflikter med Preussen fra få år tilbake. Ifølge opplysninger fra en av elevene, Wilhelm Holter (1842–1916),[23] ble Gude, selv om han ikke engang hadde tysk statsborgerskap, regnet med blant «preusserne». En underskriftskampanje bak Gudes rygg i en ansettelsessak ble avverget takket være Holter.[24]

Men det fantes ikke bare motsetninger mellom grupper,[25] Hans Gude hadde også sine personlige motstandere, spesielt historiemaleren Hans Canon, som fradømte ham både kunstneriske og pedagogiske evner.[26] Angrepene, som kan ha hatt sammenheng med at Canon aldri fikk noen stilling ved skolen, fikk dog ingen følger for Hans Gude, som forut for Canons angrep var blitt gjenvalgt til formann i lærerkollegiet ved kunstskolen for skoleåret 1869–70.

Det har vært hevdet at Gudes undervisning representerte et brudd med tradisjonen fra J.W. Schirmers lyrisk-følsomme senromantiske uttrykk, siden han satte det intensive naturstudium i første rekke.[27] Gude hadde fjernet seg fra düsseldorferskolens idealistisk betonte landskaper, og tiden i Wales hadde frigjort nye sider ved hans malertalent som gikk i retning av større nærhet til naturen. Men å forklare et synkende elevtall rundt 1870 (15 elever) med at Gude ivret for naturstudium, slik kunsthistorikeren Rudolf Theilmann gjør, virker urimelig.[28]

Gudes kunstneriske utvikling

Professor Magne Malmanger drøfter utviklingen i Gudes kunst[29] med utgangs-

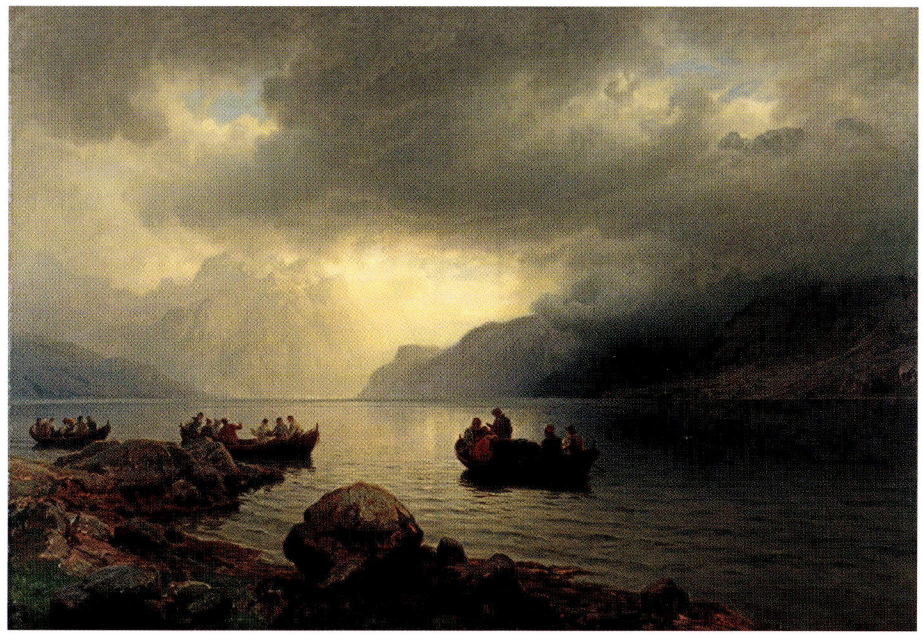

Kat. 4 Hans Gude, *Likferd på Sognefjorden*, 1866

punkt i to av hans arbeider med samme emne, nemlig *Likferd på Sognefjorden*, som kan studeres på utstillingen. Mens fellesarbeidet med Adolph Tidemand ferdigstilt i Düsseldorf i 1853 bærer preg av nasjonalromantikkens dypfølte stemninger, avlesbar i Tidemands omhyggelige skildring av personene, «er motivoppfatningen blitt mer direkte og komposisjonen enklere» i den andre versjonen (kat. 4), som Gude utførte på egenhånd i Karlsruhe i 1866. «Bildet virker ikke som en konstruksjon, men som et forsøk på direkte å fastholde det han [Gude] en gang faktisk hadde sett,» skriver Malmanger etter å ha sitert en passasje fra et tidlig brev som skildrer et likfølge til vanns. «De store komposisjoner fra senere år imponerer ved sin rasjonelle holdning og systematiske utførelse. Nå var det gjennom refleksjon han nådde fram til en samlet og enhetlig naturoppfatning. Den fikk sitt klareste uttrykk i hans gylne arbeider fra denne tid, som *Strandidyll Chiemsee*, 1869 (kat. 8) eller *Frisk bris*, 1876 (kat. 22) hvor Gudes gjennomreflekterte natursyn kombineres med en sans for det pompøse[!]»

Sammenligner vi bildene fra Karlsruhe med tidligere arbeider fra tiden i Düsseldorf, må vi huske at selv i sine nasjonalromantiske landskaper fra 1850-årene ønsket Gude å gi motivene en realistisk fremstilling. Slik blir bildene fra årene i Karlsruhe mer en fortsettelse enn et brudd med fortiden.

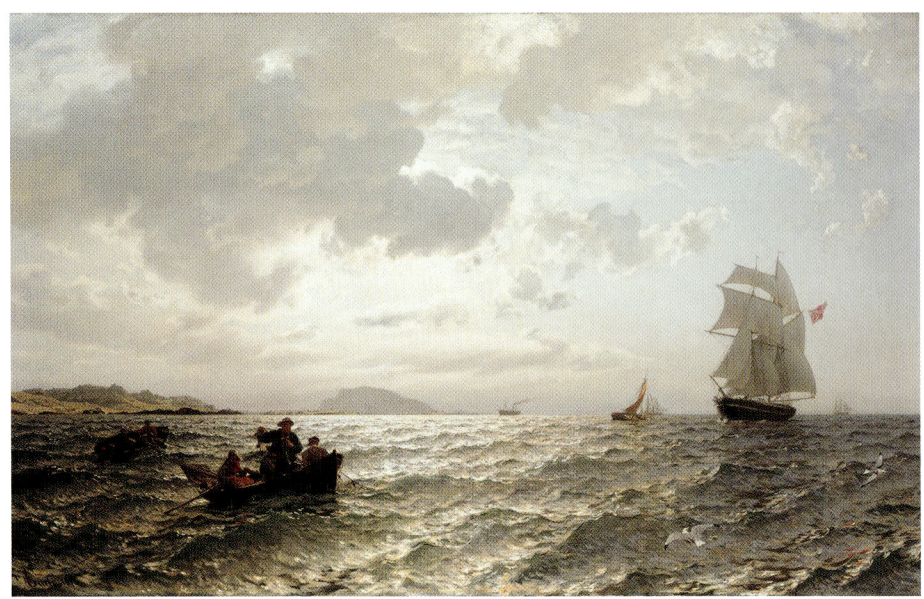

Kat. 22 Hans Gude, *Frisk bris*, 1876

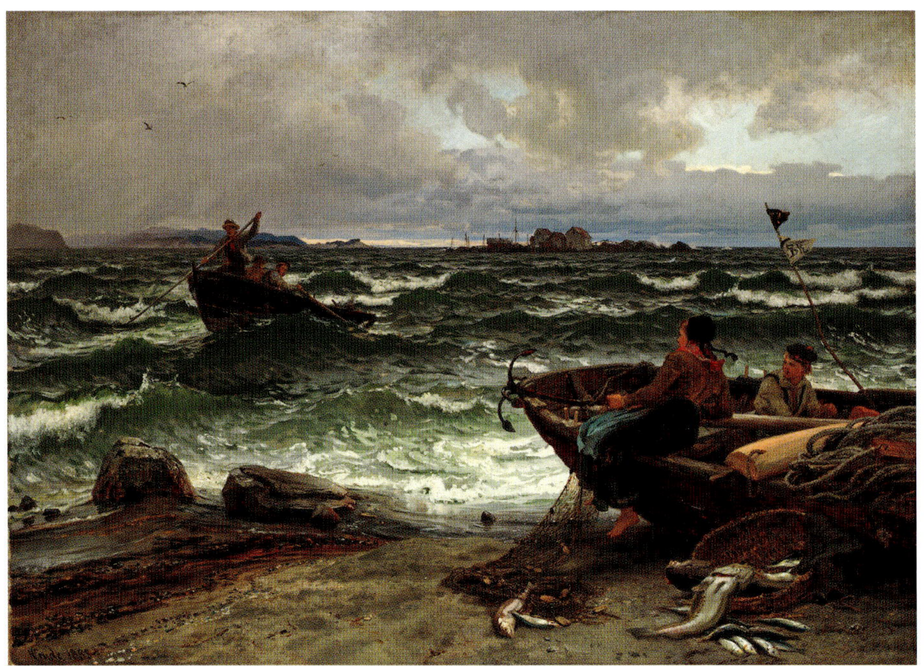

Kat. 31 Hans Gude, *Strandbilde fra Lista*, 1883

Gjennom årene i Karlsruhe interesserte Gude seg særlig for lysreflekser i vann. I Gudes livserindringer forteller han om hvorledes han ble opptatt av «Bølgernes Spil» omkring 1860. På sommerreisene til Norge var et besøk hos foreldrene obligatorisk, og de hadde flyttet til Sand ved Lillesand i 1852. «Disse Besøg i Lillesand aabnede mine Øine for det maleriske ved Sø og Kyst. Jeg kunde ogsaa der bekvemt gjøre Skibsstudier,» skriver Gude.[30] Norges-reisene gikk til øst- og vestsiden av Kristianiafjorden. Også Lista fikk betydning for Gude etter det første besøket i 1869 og deretter sommeren 1872. Året etter var han i Romsdalen. Et oppdrag fra en kunsthandler i Wien foranlediget reiser til flere østerrikske sjøer i 1870 (kat. 12 Traunsee, kat. 11 Gosausee og kat. 10 Mondsee), som kom i tillegg til oppholdene ved Chiemsee og Bondensee i 1860- og 70-årene. Dessuten fulgte en reise til Skottland i 1877 (kat. 81–83). Tross sin store mobilitet kom Hans Gude aldri sør for Alpene.

Det er i Karlsruhe Gude utvikler et nytt marinemaleri. Skuter, takkelasje og fiskeredskaper er alltid korrekt gjengitt ut fra omhyggelig nedtegnede studier, og fra sin bror i Levanger mottok maleren kunstferdige seilskipsmodeller, som han kunne ha for øye i atelieret. Det er hevet over tvil at Gudes marinebilder av en viss størrelse er resultatet av sammenkomponerte skisser (se for eksempel kat. 19). Men så tilforlatelig realistisk er helhetsvirkningen at det hele ikke oppfattes som en iscenesettelse. Fra omkring 1870 vekslet gjerne stormfulle nødhavner (kat. 27) der tross alt sjansene til å overleve er til stede, med idylliske skildringer av solglitrende fjordpartier, Østersjø-motiver eller innsjøer på kontinentet. Gude bega seg aldri ut på menneskeskildring på det psykologiske plan, men han befolket sine landskaper med fortreffelige staffasjefigurer. Ved nærmere iakttagelse kan man nok finne uriktige anatomiske detaljer og stillingsmotiver, men skikkelsene illuderer utmerket som fiskerfamilier i sin daglige dont ved hav eller innsjø (kat. 31). I sin ungdom hadde Gude samarbeidet med Tidemand om flere komposisjoner – alle med personer ute i båt – som gjorde så stor lykke at de måtte gjentas i forskjellige versjoner. «Lige siden Skilsmissen fra Tidemand havde jeg følt det som et stort Savn ikke at kunne male saadanne Landskaber, som egnede seg for en betydeligere Staffage af Mennesker»[31], skriver Gude sommeren 1867, som han tilbrakte ved Chiemsee. En kvinnelig elev og hans kone Betsy, «klædte sig ogsaa i en Fiskerpiges Dragt, og da hun havde staaet Model nogle Gange, var det ikke mer vanskelig at faa Andre til.» Dette ble inn-

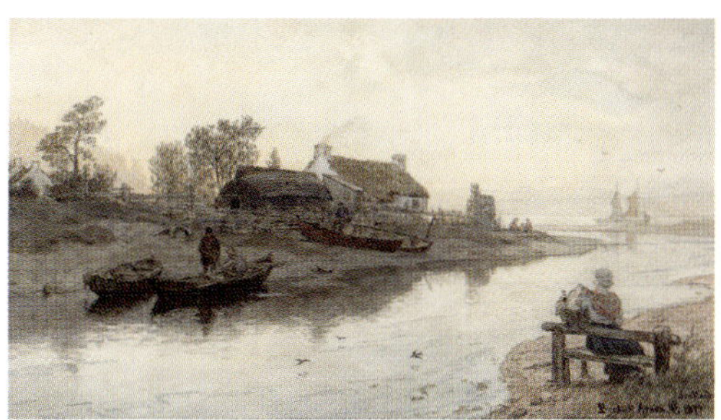

Kat. 82 Hans Gude, *Elvemunning ved Brodick, Arran, Skottland*, 1877

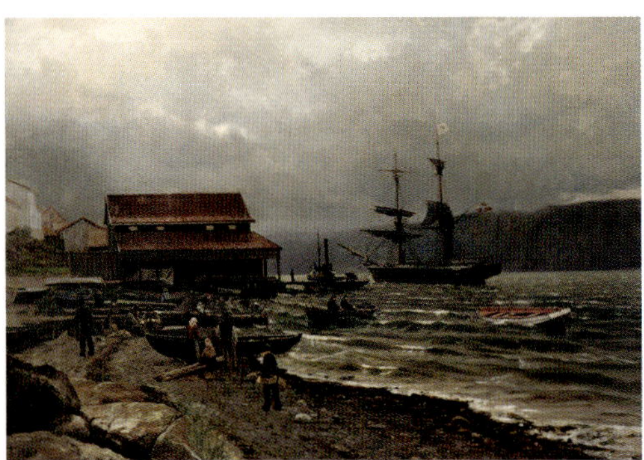

Kat. 39 Nils Hansteen, *Fra Drøbak*, 1886

ledningen til en rekke bilder der fiskernes liv ble nesten like viktig som landskapet.

Mens Gude satt under trærne ved Chiemsee med sine elever, støtte de der ved bredden ofte på malere fra München under landskapsmaler Eduard Schleichs (1812–1874) ledelse. Som i Wales stilte Gude seg også her skeptisk til sine kolleger på stedet. München-malerne var bare ute etter «stemninger», og de kunne ikke forstå at noen ville male i så sterkt solskinn. Gude måtte forklare dem at også solskinn hadde sin maleriske verdi, og at skjønnheten også åpenbarte seg i de fjerne fjellpartiene, men forgjeves(!) «Jeg mærkede jo ogsaa tydelig nok, at jeg var en kjærkommen Gjenstand for deres Løier, som ikke var ondartet, men havde et vist gemytligt, sydtysk Præg.»[32]

De norske elevene

Etter Den fransk-tyske krig (1870–71), da Gude hadde vært sanitetssoldat[33], var antallet unge norske talenter som malte i Karlsruhe under Gudes veiledning, økt betydelig (ill. 2). Kitty L. Kielland (1843–1914) var hans privatelev. Gude oppfordret henne til å male fra sine hjemtrakter (kat. 42–48), og også Nikolai Ulfsten (1854–1885) fant på Gudes anvisning sine karakteristiske sandstrandmotiver på Jæren (kat. 71, 72). (Se Hild Sørbys artikkel.)

Christian Krohg (1852–1925) bar med seg arven fra Gudes ramsalte marinemalerier også etter at han hadde fulgt med en annen av sine lærere, realisten Carl Gussow (1843–1907), til Berlin og senere malte på Skagen i Danmark.

Selv understreket Gude at han «arbeidet sammen» med elevene ved at de ukentlig møttes for å øve gjensidig kritikk, slik tradisjonen var fra «komposisjonsforeningene» omtalt ovenfor. Siden ethvert maleriutkast i sort-hvitt eller som fargeskisse fra lærer så vel som elev ble gjenstand for omhyggelig overlegning fra starten, kastet man sjelden bort tiden ved å utføre noe som allerede i skissen hadde vist maleriske eller innholdsmessige svakheter. Oppgavene man hadde gitt seg, kunne være så konkrete som for eksempel «en sommeraften» eller «en vinterdag» eller rent praktiske som å fylle et gitt format med store skyggemasser og små deler lys eller omvendt, fordeling av farger, lys/skygge eller forholdet mellom vertikale og horisontale former. Av de norske elevene som spesielt brakte fruktbare ideer og interessante løsninger, fremhever Gude Nikolai Ulfsten, som var elev mellom årene 1875 og 1878.

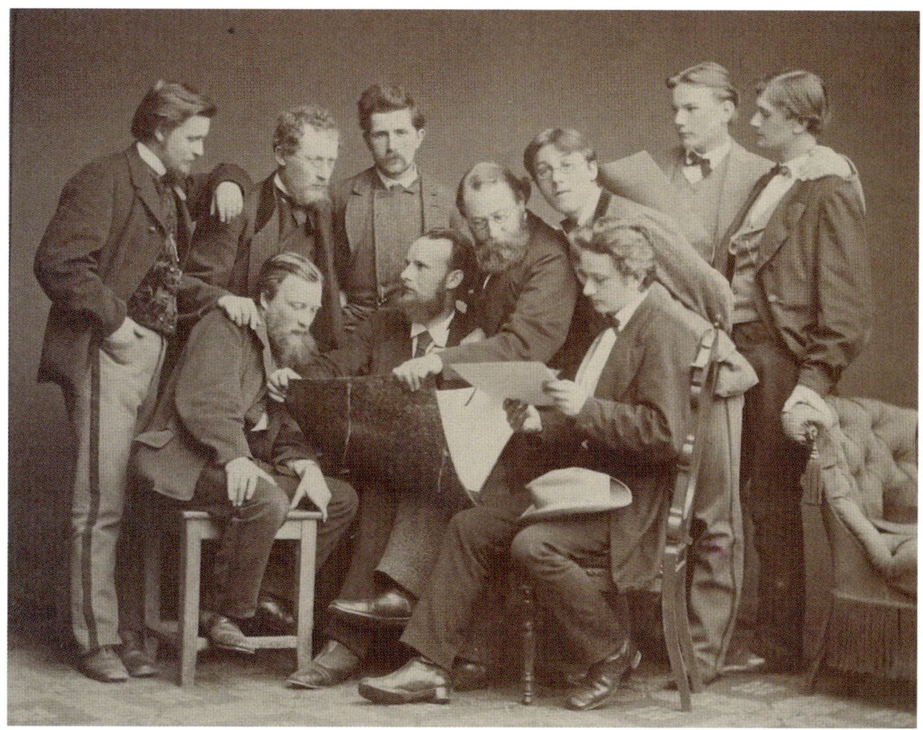

Ill. 2 Gude og elevene. Fra venstre, sittende: Otto Sinding, Johannes Grimelund, Carl Schøyen. Bak: Fridthjof Smith-Hald, Marcus Grønvold, Hans Dahl, Hans Gude, Eilif Peterssen, Nils Gude og Andreas Disen.

Forholdet mellom figurer og landskap er en relasjon som Ulfsten kan ha «lånt» fra Gude. Ser vi på billedutsnittet hos Nils Hansteen med sjøbodbebyggelse, folk på land og i småbåter, seilskuter og de fjerne og forminskede dampskip (kat. 39), kan det minne om Gudes komposisjoner. Også Christian Krohgs nærsyn på modellen som i *Babord litt* (kat. 49) kan finne sitt motstykke hos Gude i skissepregede verker som *Fisker fra Rügen,* 1882 (kat. 30) og *Fiskerbarn ved Chiemsee,* 1867 (kat. 7). At sønnen Nils «er sin far opp ad dage» i måten å male *Kone som vasker ved Bodensee* (kat. 37), vil neppe forbause noen. Senere kan det påvises at innflytelse også har gått den andre veien.[34] Gudes dyktige gjengivelse av lys og atmosfære hadde allerede under årene i Düsseldorf gitt ham tilnavnet «der Luftdoktor». Fortsatt lot elevene seg fascinere av de atmosfæriske virkningene i Gudes kunst (kat. 6 og 15). Et forhold som ble heftig kritisert av Christian Krohg (se kat. 19) var den intensiverende effekten av ofte å plassere mørke elementer som robåter og annet på den lysskimrende vannflaten (kat. 26). Dette finner vi igjen hos flere elever slik som hos Amaldus Nielsen (kat. 57), Otto Sinding (kat. 65) og Johannes Grimelund (kat. 36). Som basis for Thaulows senere franskinfluerte friluftsmaleri og uovertrufne skildring av rennende vann, ligger Gudes interesse for «Bølgernes Spil».

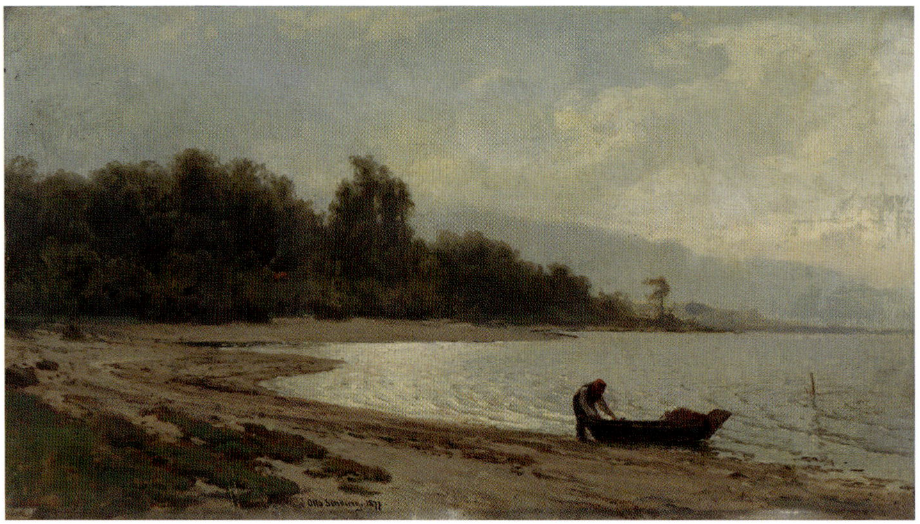

Kat. 65 Otto Sinding, *Motiv fra Mjøsa*, 1877

Gude forteller i sine livserindringer[35] at det første han ønsker, er å skjerpe elevenes iakttagelsesevne og evne til å «se» og dernest finne ut av elevens kunstnerpersonlighet om de har mest interesse for form- eller fargeskjønnhet, om de er interessert i det stemningsfulle og vage eller det karakteristiske og «stærkt Udpregede» og deretter finne ut om evnene stemmer med forkjærlighet for det ene eller det andre. «For at være en god Lærer maa man kunne med varm Interesse, Forståelse og Kjærlighed fordybe sig i Andres Arbeide ...» Videre bør læreren i tillegg skjerpe elevens selvkritikk ved å kritisere feil med formgivning eller fargeforhold, brudd på de perspektiviske lover eller uhensiktsmessig fordeling av lys og skygge. Gude kan ikke få understreket tydelig nok at han aldri maler på sine elevers arbeider, men ved å diskutere med dem «foranledige» at de selv mestrer de nevnte vanskeligheter. Slik er elevene blitt selvstendige kunstnere med egen personlighet uten åndløs imitasjon av sin lærer.

Når Christian Krohg ser tilbake, husker han Gudes «inngående sikre korrektur og velvillige kloke råd, jeg hørte hans stemme, hans milde, dype stemme, så tydelig.»[36] Allerede i 1860-årene hadde skolen etablert seg som en viktig del av Karlsruhes kulturliv. Det ble arrangert huskonserter hos flere av lærerne, og flere kilder vitner om Hans og Betsy Gudes gjestfrie hjem: Krohg minnes stemningsfulle stunder fra atelieret med Gude sittende foran sitt store staffeli eller at han spilte på flygelet i tussmørket mens elevene leiret seg omkring. Wilhelm Holter skriver: «Fru Gude tok sig af sin Mands Elever med moderlig Omhu, og for os norske var Gudes Hus et Tilflugtssted næsten som et Hjem, som alle vi der har havt den Lykke engang at færdes der, vil bevare i trofast Erindring.»[37] Også kunstnerens egne livserindringer tegner et rikt bilde av det sosiale liv.

Kunstsyn og kritikk

I *Liv og Værker* «Tilbageblik»[38] beklager den aldrende maler seg over de nye kunstretningene. Gude innser at realisten Gustave Courbets (1819–1877) kunst har åpnet våre øyne for «et helt nyt malerisk Stof i Naturen, for det Solløse, det Graa, det Nøgterne og Dagligdagse». Likevel advarer han i 1868 på det innstendigste mot denne retningen i et privat brev til Hans Thoma (1839–1924) «... så meget kan jeg dog si at Deres begeistring for Courbet har satt en mild skrekk i meg. Overfor ham, fornekteren av all idealitet, all tradisjon, og så vidt jeg kjenner til ... denne fornekter av all skjønnhet. Jeg ville gjerne av hjertet advare Dem: Arbeide Dem ikke inn i slike idéer. Ta Guds natur som Deres læremester, men tro ikke at det kommer an på hva vi ser i den.»[39]. Thoma hadde i Karlsruhe vært elev av blant andre Schirmer, og han ble i 1899 professor samme sted. Senere har han skrevet i sine memoarer *Bilder und Bekenntnisse*[40] at «i Schirmer-skolen måtte man lære å komponere, det kunne jeg ikke med inntrykkene fra Schwartzwald,» og videre: «Studiene var bare et middel til å nå målet. Målene stod i Kunstforeningen: *De komponerte bilder*.»

Gude vil ikke nekte for at det bak «Impressionismen og *plein-air*-Fanatismen» kunne ligge noe verdifullt, men han tviholder på den tradisjonelle kunstundervisning ved akademiene: «... det, som man hidtil havde anseet som landskabelig Skjønhed, vakkert formede Bjerge, Træer, rige Grupperinger af Land og Vand, Alt dette skulde banlyses ... »[41]

Dette skriver Gude ved slutten av det 19. århundre, etter at han selv hadde forlatt Karlsruhe til fordel for Berlin, og mange av hans elever hadde funnet veien til Paris. Et hjertesukk til intendanten i Christiania Kunstforening under forberedelsen av utstillingen som skulle markere den feirede kunstners 70-års dag i 1895, illustrerer at Gude mot slutten av sitt liv – tross all virak i Norden og de mange utmerkelser internasjonalt – innser at kunstidealene som hadde vært rådende gjennom hans lange kunstnerliv, var i endring: «der kunde da kanske findes Plads for Studierne og Tegningerne; jeg tror i det Hele taget mer paa at disse vil finde Interesse. De er ogsaa (desværre) af et større kunstnerisk Værd.»[42] Den gamle mester har vært aktiv så lenge at han innser at det som tidligere bare hadde vært ansett som et hjelpemiddel på vei til det fullendte kunstverk, blir verdsatt høyere enn den ferdige komposisjon – stikk i strid med formuleringen fra Hans Thoma, sitert ovenfor.

Selv om Gudes malerier nok tok utgangspunkt i naturstudiet, kunne hans landskapsskildringer alltid karakteriseres som en «erindringens kunst»[43]; synsinntrykket av verden omkring måtte bearbeides og foredles av kunstneren. Chiemsee-motivene hvor Gude kombinerer sin sikre oppfattelse av landskapets struktur og de skiftende atmosfæriske virkninger med en troverdig hverdagsskildring av menneskene, vakte stort bifall både på kontinentet og hjemme.[44]

Staffasjefigurene i forgrunnen skaper liv og aktualitet i landskapet, mens bakgrunnens horisonter og fjell representerer de evige og uforanderlige verdier. Fra tysk hold heter om en av Chiemsee-skildringene: «Gudes staffasje er en virkelig figurmaler verdig. Skikkelsene er av en betydelig størrelse, og gruppen er så fortreffelig komponert og så godt tegnet at den sammen med en liten del av omgivelsene kunne utgjøre et bilde alene.»[45] Karlsruhe-malerne oppnådde positiv oppmerksomhet både ved Verdensutstillingen i Paris i 1867 og den store Internasjonale Kunstutstilling i Wien i 1868.

I Danmark derimot, tenderer kunsthistorikeren Julius Lange mot det sarkastiske når han etter å ha sett *Den svenske og norske Kunst paa den nordiske Udstilling i Kjøbenhavn 1872* skriver: «Ja, vi mindes endog neppe at have seet en Landskabsmaler, som havde mer Talent for Staffagen end netop Gude – Gud veed, om der ikke har stukket Muligheden for en betydelig Genremaler i ham!»[46] Videre lanserer Lange, etter å ha beundret et av Gudes stormfulle sjøbilder fra samme utstilling, en paradoksal formulering: «Raseriets Ynde», som senere har klebet til omtalen av Gudes malerier også blant norske kunsthistorikere. Et brev fra Frederik Collett, som hadde oppholdt seg i København fra slutten av 1860-årene, bevitner danskenes aversjon mot noen av de tyske kunstskolene på denne tid : «Vi talte om norsk Kunst [med Vilhelm Kyhn], for hvilken efter hans Mening Eckersberg var den eneste Representant – de øvrige vare Tydske. Gude især. Blodet steg mig til Hovedet, men jeg sagde Intet, hvilket her er det klogeste.»[47] Frederik Collett må ha fått Frits Thaulow til å slå følge fra København til Karlsruhe. Også i 1850-årene hadde man i Christiania diskutert om kunsten som de unge nordmennene hadde tilegnet seg på kontinentet – især ved düsseldorferakademiet – var tysk eller norsk.[48]

Oppsummering

Gjennom sin virksomhet som lærer i rundt 50 år, har Gude øvet betydelig innflytelse på norske landskapsmalere i flere generasjoner. Hemmeligheten ved hans tiltrekningskraft kan ha vært hans evne til å fornye seg som kunstner og å veilede uten å dominere. Romantisk dypstemte høyfjellslandskaper i Düsseldorf-tiden skiftes ut med mer realistiske skildringer fra kyst og innsjø i Karlsruhe. I Berlin-årene videreutvikler han kystmotivene i en mer stemningsskapende retning. Gudes suksess som maler og kunstprofessor faller sammen med en samfunnsutvikling i det 19. århundre som førte til stigende velstand og økende behov for billedkunst. Interessen for skuter og kystkultur hos kunstnerne og det kunstkjøpende publikum hang sammen med utviklingen av sjøfarten. Dette var århundret for oppstarten av kunstforeninger i en rekke byer i Europa, kunstakademiene delte ut æresmedlemskap og arrangerte store utstillinger,

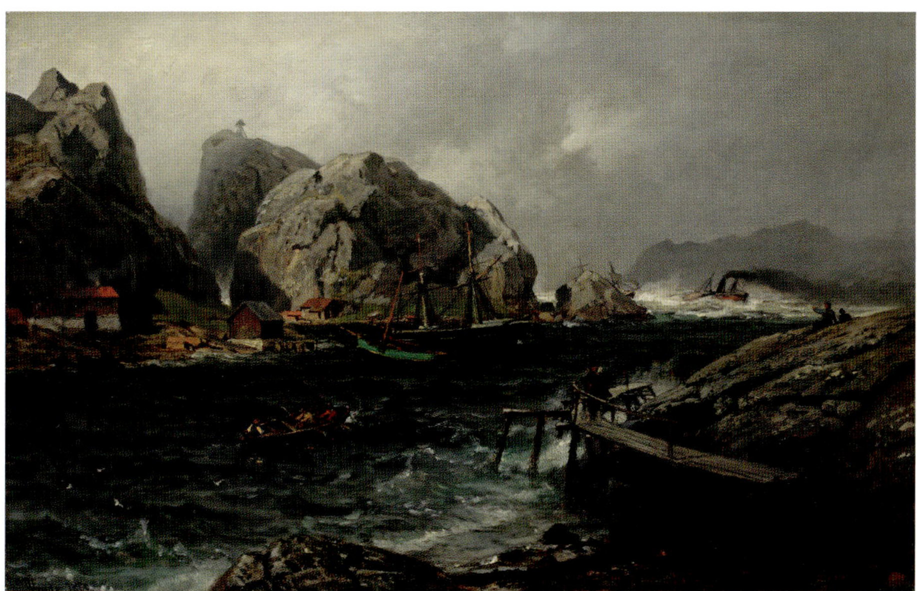

Kat. 28 Hans Gude, *Nødhavn*, 1880

og kunsten fikk en viktig plass ved verdensutstillinger i byer som London, Paris og Chicago. Hans Gude hadde et vidt kontaktnett, og han var aktiv via forskjellige distribusjonskanaler både som innsender og jurymedlem ved de store utstillingene. Hans prisbelønte kunst fikk plass i offentlige, private og fyrstelige samlinger på kontinentet, i England, USA og sogar i Australia[49]. Tidens kulturoptimisme uttrykkes ikke bare i landskapene der mennesker i primærnæringene som jordbruk og fiske lever i pakt med naturen, men også verbalt.[50] Gudes kunst har gjennom årene appellert til et bredt publikum. Foruten å ha vært en høyt skattet lærer gjennom hele sitt liv, var han en nyskapende maler. I kystbildene fra årene i Karlsruhe forener Gude landskapsmaleri, sjangermaleri og marinemaleri på en måte som få tidligere hadde behersket.

---

1 Dietrichson, Lorentz, *Af Hans Gudes Liv og Værker. Kunstnerens Livserindringer udgivne og forsynede med en biografisk Indledning* (Kristiania, 1899), 58. Kunsthandler Stiff i Düsseldorf hadde selv begynt å male og skulle motta undervisning av Gude mot at han ytet hjelp når begge skulle slå seg ned i Wales.

2 *Liv og Værker*, 1898, 65. «Han [landskapsmaler John Raven] besøgte mit Atelier blot een Gang og aldri mer, men lagde heller ikke Skjul paa, hvor mine Arbeider mishagede ham;»

3 «En ung landskapsmaler Mr. *Tucker Pain* sluttede sig nærmere til mig og min Familie og kom ogsaa i et Slags venskabeligt Elevforhold til mig, hvilket senere fandt sin Fortsættelse som et virkeligt, idet han fulgte efter til Carlsruhe for nogen Tid.» Ibid., 69.

4 Da sparepengene var oppbrukt, sendte Gude beskjed til Notarius Publicus i Düsseldorf at lagrede møbler og løsøre (mahogny-sekretær, sofa og stoler, speil, seng med springbunn, dundyner og puter etc.) skulle auksjoneres bort. Brev fra H. Gude, Bettws-y-Coed, Wales, til Herr August Wilhelm Schulgen, Düsseldorf, 8. mai 1863. Brevet har følgende etterskrift: «Bitte, schicken Sie diesen Brief an Euler [Joseph Euler, Notarius Publicus i Düsseldorf] über die Strasse.» Heinrich Heine Institut, Düsseldorf; Hauptstaatsarchiv Düsseldorf, Notare Repositorum 2140/13613: Auksjonens 161 katalognumre innbragte 558 Thaler 10 Groschen iflg. ovenstående arkivreferanse og Rheinische Zeitung, 13. juli 1863.

5 Brev fra H. Gude, Bettws-y-Coed, Wales, til Herr August Wilhelm Schulgen, Düsseldorf, 8. mai 1863. Heinrich Heine Institut, Düsseldorf (katalogisert under „Hans Gude") Passim „... Ich denke auch, dass es in Deutschland oder Belgien oder Holland gehen muss, und sollte ich denken, dass Hamburg oder Wien, oder sogar Dresden sehr gute Orte wären. Mit Rücksicht auf Berlin, da habe ich die Absicht ein Bild von hier dorthin zu schicken, da ich doch nicht gern ganz verschwinden möchte von den deutschen Ausstellungen; ... Bitte schreiben Sie mir bei Gelegenheit, wann die Berliner Ausstellung angeht. Ich hoffe, Sie machen ein hübsches Geschäft für mich in Paris, dann würde ich gern jedes Jahr eines meiner besten Bilder dahin schicken, und zwar effektreichere als dieses, dass eigentlich gar nicht dafür bestimmt war. Da ich es für practisch halte englische Bilder für England zu malen, möchte ich so gern für meine norwegische Seemotive, die ich ja lieber male, einen Platz wie Paris haben, und ich werde mich ganz besonders für den nächsten Salon vorbereiten."

6 Nasjonalbiblioteket, Oslo. Ms.fol. 1945 Kunstforeningen I, 1, nr. 2202; Ms.fol. 1945 Kunstforeningen D.

7 *Liv og Værker*, 67.

8 Brev fra H. Gude, Bettws-y-Coed near Llanarwst North Wales, til Lieber Freund [i.e. C.F. Lessing, Karlsruhe] 13. desember 1863. Brevsamling 313, Nasjonalbiblioteket, Oslo.

9 Protokoll med bevitnet edsavleggelse av 7. desember 1854: «Ich, Hans Gude, schwöre zu Gott dem Allmächtigen und Allwissenden einen leiblichen Eid» (etc. F.E. Haverkamp «Hans Gude i Düsseldorf.» Oslo, 1982, s. 47 note 135). *Eid.* HStA Düsseldorf Reg. Ddorf Präs. 1529, 184–85.

10 «... I denne Tid føler jeg rigtigt tungt og dybt, hvad det vil sige at drive om i Verden uden Fædreland – nu har jeg modtaget et Embede, skal altsaa tjene med mine bedste Kræfter det Land, som kanskee inden Kort er i aaben Krig med mit eget Fædreland, jeg skal ingen Sympathier have, være døv for hva der gaar for sig udenfor mit eget Atelier, det, som bringer Hjerterne hjemme til at slaa, skal ikke existere for mig, og hvor saarende og ulidelig vil det blive at see paa den Begeistring rundt omkring mig for den tyske Nationalitets Ret, medens min egen Nation kanskee forbløder sig under Kampen for Existence. Paa den anden Side, hvor alvorlige Pligter har jeg mod Kone og Børn, og mine Evner skal jeg vel bruge der, hvor man vil lade mig bruge dem – hjemme har jeg *ingen* Brug at gjøre af dem, og i to à tre Aar skulde jeg da have fuldendt min Løbebane og synke ned i dyb Elendighed med min Børneflok – *jeg veed det.* Men ikke mere om dette – det er et sørgeligt Thema, og det er godt, at jeg har at tænke paa det og bare det selv.» Brev fra H. Gude, Bettws-y-Coed near Llanrwst, N. Wales, til Theodor Kjerulf, Paris 20. februar 1864. Privat brevsamling tilhørende mottakerens etterkommere.

11 Brev fra Johann Wilhelm Schirmer til Karl Schnaase 10. desember 1854, gjengitt i *Johann Wilhelm Schirmer in seiner Zeit. Landschaft im 19. Jahrhundert zwischen Wirklichkeit und Ideal,* (utst.kat.) (Karlsruhe, 2002), 211. Brevvekslingen mellom Schirmer og Schnaase befinner seg i Archiv für bildende Kunst, Germanisches Nationalmuseum, Nürnberg. Kfr. Henrik Karge i „Der Kunsthistoriker als künstlerischer

Mentor. Karl Schnaase und Johann Wilhelm Schirmer", note 14, 280 i samme katalog.

12 Carl Friedrich Lessing, Ludwig Des Coudres og Feodor Dietz.

13 Ibid. Brev Schirmer-Schnaase 9. juli 1854.

14 *Liv og Værker,* 82.

15 Anton von Werner: *Jugenderinnerungen (1843–1870).* Herausgegeben von Dominik Bartmann. Kommentiert von Karin Schrader (Berlin, 1994), 108–109. Historiemaleren Anton von Werner (1843–1915) hørte i Karlsruhe til Gudes nærmeste omgangskrets sammen med Lessings og Schrødters. Von Werner ble professor ved Berlin-akademiet i 1873 og i 1875 direktør. Av den radikale opposisjonen ble von Werner senere karakterisert som *Schlacht und Stiefelmaler.* Fra norsk kunsthistorie er han mest kjent som formann i Verein Berliner Künstler på den tiden Edvard Munch arrangerte sin skandaleombruste utstilling der i 1893 etter invitasjon fra Eilert Adelsteen Normann.

16 Se oversikten over Gudes elever i Karlsruhe bak i denne katalogen.

17 Badisches Generallandesarchiv, Karlsruhe, Abteilung 76: Nr. 10/100 *Hans Gude.*

18 Jens Thiis: *Norske Malere og Billedhuggere. En fremstilling af norsk billedkunsts historie i det nittende århundrede med oversigter over samtidig fremmed kunst.* Bd. 1. Malerkunsten i de første 80 år. (Udgivet af Bergens Kunstforening) (Bergen: John Griegs Forlag, 1904), 190–193.

19 Jens Thiis: "Fra München til Paris" i *Norsk Kunsthistorie,* (Oslo: Gyldendal Norsk forlag, 1927), 431.

20 Knut Berg i *Norges Kunsthistorie, bd. 5 Nasjonal vekst,* «1870-årene» (Oslo: Gyldendal Norsk Forlag, 1981), 110–111.

21 Helmut Börsch-Supan: *Die Deutsche Malerei von Anton Graff bis Hans von Marées 1760–1870:* München Verlag C.H. Beck Deutscher Kunstverlag, 1988), 440. „So beachtlich die Malerei dieser Stadt damals war: sie besass keinen lokalen Stil."

22 Henning Alsvik og Leif Østby, *Norges Billedkunst i det nittende og tyvende århundre* (Oslo: Gyldendal Norsk Forlag, 1951), bd. 1, 186–194.

23 Wilhelm Holter: *Erindringer om mit Liv,* Ms.fol. 1086, Nasjonalbiblioteket, Oslo.

24 Idem, 87 «Hans [Gudes] Stilling i Karlsruhe var sikker nok, da han stod Storhertugen meget nær, men de evige smaa Chicanerier, han var udsat for, gjorde ham Livet surt, og med sit fine og bløde Sind tog han sig maaske mer nær af det end strengt nødvendigt.»

25 For flere opplysninger om konfliktene ved kunstskolen, se Nicolai Strøm-Olsen: «De kunstneriske konflikter ved 'Der Grossherzoglische Kunstschule in Karlsruhe' mellom 1864–1874» [sic]. Universitetet i Oslo 2007 (MS), kapittel 2 og 3.

26 I 1869 kom Hans Canon, egentlig Johannes von Straschiripka (1829–1885), med hatske utfall – fordi han ikke fikk ansettelse – i brevs form mot Kunstskolen i sin alminnelighet og Des Coudres og Hans Gude i særdeleshet: «... Så er for eksempel Gude uten tvil en begavet maler, men etter min mening med en meget begrenset horisont. Han har en viss sjablongfantasi, men mangler sans for det storslåtte og opphøyede. Men han vil for all del heller aldri kunne bli noen god lærer, for bare et skarpt tenkende objektivt hode egner seg til det. Han [Gude], derimot, er et middelmådig begavet subjektivt menneske. ... Lønn vil jeg slett ikke ha for jeg føler jeg har nok i meg selv for å kunne leve selv om det fikk være uten soiréer... Jeg kommer følgelig ikke, unntagen hvis fru direktør Lessing inviterer meg til en soirée, eller Gude erklærer at han ikke kan leve uten meg.» Oversatt fra tysk og gjengitt etter R. Theilmann, «Johann Wilhelm Schirmers Karlsruher Schule», (doktorgradsavhandling) Heidelberg 1971, 106. (MS) Brev fra Hans Canon, Stuttgart, til Puhlmann 20. okt. 1869.

27 Theilmann 1971, 100.

28 Theilmann 1971, 108.

29 Magne Malmanger i *Norges Malerkunst. Bd. 1. Fra middelalderen til 1900*, «Fra klassisisme til tidlig realisme 1814-1870» (Oslo: Gyldendal Forlag, 1993), 297–302.
30 *Liv og Værker*, 56.
31 *Liv og Værker*, 85.
32 *Liv og Værker*, 84.
33 For sin innsats under krigen mottok Hans Gude i 1871 *Badisches Sanitätszeichen 1870-71* og i 1872 *Deutsche Kriegsdenkmünze für Nicht-Combattanten* 1870-71.
34 Tidemand & Gude-utstillingen¸ Nasjonalgalleriet 2003, kat.nr. 138.
35 *Liv og Værker*, 149.
36 Christian Krohg, *Kampen for tilværelsen,* «Norske kunstnere og andre personligheter – Hans Gude», (Oslo: Gyldendal Norsk Forlag, 1954), 110.
37 Wilhelm Holter, *Erindringer om mit Liv,* Nasjonalbiblioteket, Oslo, Ms.fol. 1086, 107.
38 *Liv og Værker*, 147–148.
39 Brev fra Hans Gude, Karlsruhe, til Hans Thoma, Gedächtnisstätte, 20. mai 1868. Gjengitt Nicolai Strøm-Olsen 2007, 101.
40 Hans Thoma: *Bilder und Bekenntnisse,* utgitt av Otto Fischer. (Stuttgart: Strecker und Schröder Verlag, 1925), 11 og 12.
41 *Liv og Værker*, 147.
42 Ms.fol. 1945 Kunstforeningen D. Brev fra Hans Gude, Berlin, 2. juni 1895, Nasjonalbiblioteket, Oslo.
43 Lorentz Dietrichson, «'Erindringens Kunst' – 'Fantasien i Kunsten'. Aabent Brev til Prof. Dr. Julius Lange», i *Nordisk Tidskrift för Vetenskap, Konst och Industri,* Stockholm 1890, 438–447.
44 Karakteristisk for en del av disse arbeidene er at de er signert på vanlig måte, *HFGude* med forbokstavene som et monogram, men i stedet for det obligatoriske årstallet settes: *Carlsruhe.* Dateringen må vi derfor gjette oss til. I en av Gudes skissebøker, som befinner seg i Nasjonalmuseet for kunst, arkitektur og design i Oslo, K&H (B 6515), finner vi oppført tre rekker av nummererte bilder: *Billeder malet i Carlsruhe fra Mai 1864 til 1ste Januar 1866.* Denne listen gir et fast holdepunkt for dateringen av noen av arbeidene fra tiden i Karlsruhe.
45 Carl von Lützow i *Zeitschrift für Bildende Kunst,* Leipzig 1871, bd. VI, 176. (Om H. Gude: „Chiemsee", 1868.)
46 Jul.[ius] Lange, *Nutids-Kunst. Skildringer og Karakteristiker* (Kjøbenhavn: P.G. Philipsens Forlag, 1873), 388.
47 Brev fra Frederik Collett, København, til Johan Martin Nielssen, Kristiansand, 30. desember 1870. Statsarkivet Kristiansand, reg.nr. 382. Opplysningen om brevet kom fra Terje Strøm-Olsen i 2007.
48 Se brev fra H. Gude, Düsseldorf, til Jørgen Moe, Christiania, 1. juli 1851 gjengitt i *Kunst og Kultur* 1917, 158: «... Det er Norges egne Kunstnere, som med al Begeistring og af al deres Formue male norsk, og vi blive kuede af en elendig dansk Fordom mod den gamle Düsseldorfske Skole, som nu ikke mere existerer, og af denne ængstelige, piinaktige Compositionsskræk som sidder i de Danske.» samt brev fra H. Gude, Düsseldorf, til H. Arenz, Christiania, 12. desember 1860. Brevsamling 313, Nasjonalbiblioteket, Oslo, gjengitt i F.E. Haverkamp, «Hans Gude i Düsseldorf. Grunnleggelsen av en akademisk kunstnerkarrière», bd. 1, 36, Universitetet i Oslo, 1982 (MS).
49 For opplysninger om «Offentlige arbeider» og «priser, premier og utmerkelser» se Frode Haverkamp, «Hans Fredrik Gude» i *Norsk Kunstnerleksikon,* bd. 1, (Oslo: Universitetsforlaget, 1982), 814–815.
50 *Liv og Værker*, 135. «En Tanke paatvinger sig, hvor forunderlig og betegnende for vort Aarhundrede det er, at en By [Melbourne i Australia] voxer saa hurtigt, at den kan oprette et stort Museum for Kunst, hvor der for 50 Aar siden ikke fandtes nogen Kultur, knap en Hytte.»

Blant malerne var det Gude som fant Jæren

HILD SØRBY

Blant malerne var det Gude som fant Jæren, dette bakkede, grå tåkeland der vestpå, så forskjellig fra alt annet i norsk natur, så lite påaktet, så lite egnet for romantisk og heroisk skildring. Etter Gudes tilskynnelse slo hans elever sig ned der ute som de første.[1]

Det er kunsthistorikeren Henrik Grevenor som fastslår dette i artikkelen «Jæren i malerkunsten» 1933. Sommeren 1878 hadde fire unge kunstnere gitt seg i kast med Jærens sandstrender: Kitty L. Kielland (1843–1914), Nikolai Ulfsten (1854–1885), Eilif Peterssen (1852–1928) og Frits Thaulow (1847–1906). Alle hadde vært Gudes elever i Karlsruhe.[2]

Jæren var lenge allment kjent som et lite attraktivt sted. At noen ville gjøre dette landskapet til motiv i sin kunst, var nærmest oppsiktsvekkende. For turister hadde Jæren lenge vært et «terra incognita». I reiseboken fra 1745 var Jæren «et hvit Stykke Land, betegnet som «Unexplored regions».[3] Hundre år senere skriver Ivar Aasen: «Jæderen er ... et af de mindst behagelige Landskaber. Det bestaar deels af store Myrer, deels af tørre stenige Bakker eller Forhøininger, som her kaldes Heier, og er overalt overgroet med Lyng, hvorved det faar et meget mørkt og eensformigt Udseende.» I tillegg er det «en overordentlig Mængde Steen, saa at alle Bakker ere bedækkede dermed.»[4] Ikke rart da, at landskapet ikke hadde interesse for kunstnere som var opptatt av det særegent norske, og gjorde norsk natur til motiv under nasjonalromantikken i første halvdel av 1800-tallet.

Oppfatningen av Jæren som et utrivelig sted holdt seg lenge. Så sent som i 1899 kunne selv Arne Garborg skrive: «For deg høyrdes det vel utruleg at me her på denne fæle stygge Jæren hev kunstmålarar. Kvar sumar kjem dei. Færre og fleire ... Og det som er det utrulege: dei målar ikkje berre sjø og strand. Æar og bruir, engir og låvar, bondegardar og alt som er vert emne for kunst ...; endå det er frå Jæren. Ja um eg skal våge meg fram med alt: sjølve svarte torvmyrane vert måla. Med torv og alt ... Jamvel ei dame av den fine Kiellandætti held seg ikkje for god til å gå i torvmyri og måle. Og torvmyri vert poesi, så svart ho er.»[5]

Gude oppdager Jæren

Det var etter et besøk i Stavanger sommeren 1872 at Hans Gude selv så Jæren for

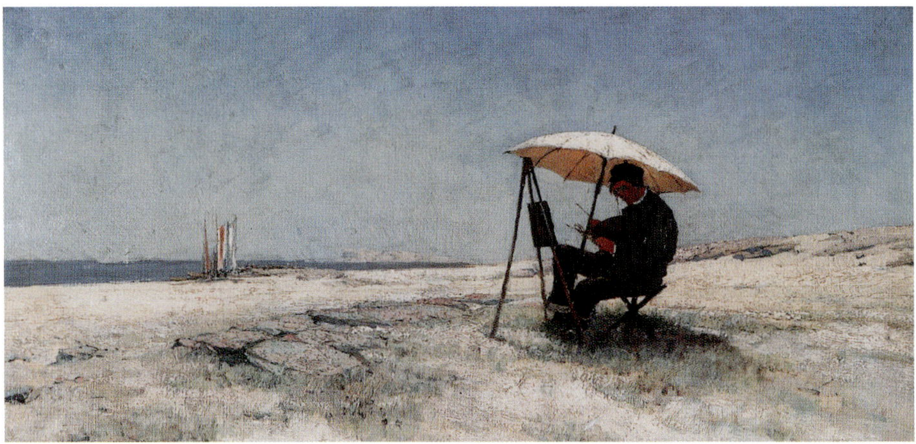

Kat. 70 Nikolai Ulfsten, *Eilif Peterssen*, (1879)

første gang. Hans yngre bror, Ove Høegh Gude, var overrettssakfører i Stavanger og hadde noen år tidligere giftet seg med Johanne Sømme. Nå var Hans Gude invitert i barnedåp, og tok den lange turen til Stavanger. Her møtte han sin svigerinnes familie, blant dem Kitty L. Kielland og hennes far Jens Zetlitz Kielland. Kitty hadde i flere år fått litt veiledning i tegning og maling av ulike kunstnere. Men faren, som i 1865 hadde tatt initiativ til å etablere Stavanger Kunstforening og selv var en ivrig amatørmaler, mente at videre utdannelse var lite aktuelt. Han tvilte på hennes talent.[6] Hans Gude var av en annen oppfatning. Han var kjent som en av tidens dyktigste lærere og ville gjerne ha Kitty som elev i Karlsruhe. Året etter var hun på plass der.

Gude reiste med kystruten. På tilbaketuren rundt Jæren må han ha vært heldig med været. Han så de uendelige lyngheiene, den lange stranden, den høye himmelen, det særegne lyset og ble fascinert. Her var det utfordrende oppgaver for hans unge elever.

Den første som fulgte Gudes oppfordring var Kitty Kielland. Hun kjente Jæren fra familiens sommerbesøk gjennom mange år. De pleide å holde til på Orre, på de to velholdte gårdene ved Orreelven, kjent for sitt gode laksefiske. Vi vet ikke hvor Kitty bodde sommeren 1874, men motivene hun malte er hentet fra Høg-Jæren. Somrene 1876 og 1877 var hun også hjemme. Nå oppdaget hun Ogna. Begeistret skrev hun til Eilif Peterssen: «De kan tro jeg har sett mageløs natur ude paa Jæderen for næste aars studier, sand og lyng.»[7] Da hun sommeren etter malte sine første motiver fra Ogna, går det frem at hun hadde funnet sitt sted. Og hun var ikke alene.

Jærsommeren 1878

At sommeren 1878 ble starten på en jevnlig maleraktivitet på Jæren, hadde en høyst prosaisk forklaring. I februar var den nyanlagte jernbanen mellom Stavanger og Egersund ferdig. Den stoppet på stasjoner nedover Jæren, med Thime og Ogna som sentrale steder. Tidligere hadde all transport foregått med hest og vogn på den gamle kongevegen. Med Jærbanen ble det annerledes. Nå kunne man uten store vanskeligheter følge Gudes oppfordring om å dra til dette særegne landskapet, som ingen tidligere hadde festet til lerretet. At landskapet hadde fellestrekk med Skagen, der flere av dem allerede hadde malt, virket ganske sikkert stimulerende.

Gudes elever ønsket å gjengi det de så på en mest mulig naturtro og sannferdig måte. De ønsket å male ute i friluft, og de ville helst gjøre bildet ferdig på stedet. Ulfstens lille skildring av Eilif Peterssen som sitter under en hvit parasoll og maler på stranden, bekrefter nettopp dette (kat. 70). Sand, hav og himmel opptar det meste av bildeflaten. Men vi er ikke i tvil om at Peterssen er på Jæren. Hos Gude lærte elevene å ha blikk for naturens særpreg.

Da Kitty Kielland begynte å male på Jæren, laget hun bare små oljeskisser ute, mens det endelige bildet ble malt ferdig i atelieret. Men tanken på at hele bildet kunne gjøres ferdig utendørs, virket besnærende. Sommeren 1878 skriver hun til Eilif Peterssen: «Mon det ikke skulle være nok for mig at gjøre detailstudier og tegninger, at male directe billeder efter studier er saa sløvende ...».[8] De to maleriene fra Ogna som hun fikk antatt på Salongen i Paris 1879, var malt på denne måten (kat. 43). Men etter hvert gikk hun modig i gang med å male også store lerreter ferdige ute. Det kunne ofte by på problemer. Flere år senere, da hun bodde i Stolpabuo på Wiig gård, ble hun overrasket av en voldsom storm: «Nede ved stranden havde jeg et to meters billede

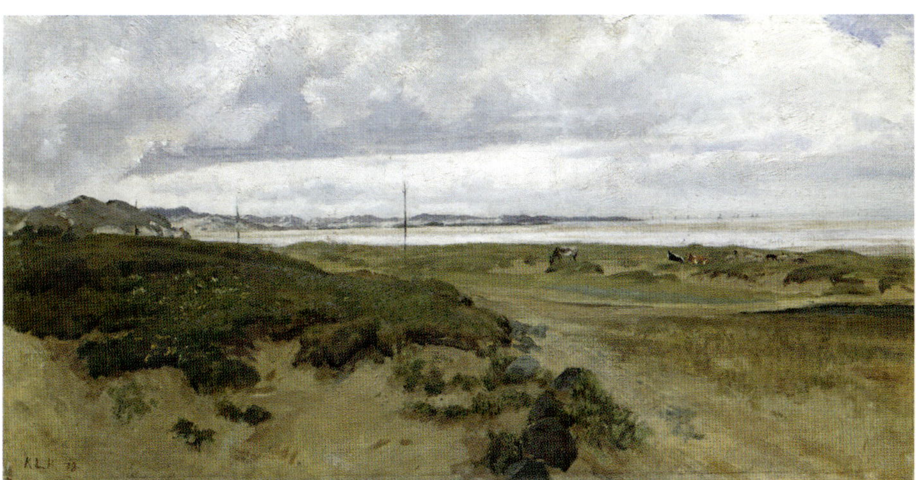

Kat. 43 Kitty L. Kielland, *Studie fra Ogna på Jæren*, 1878

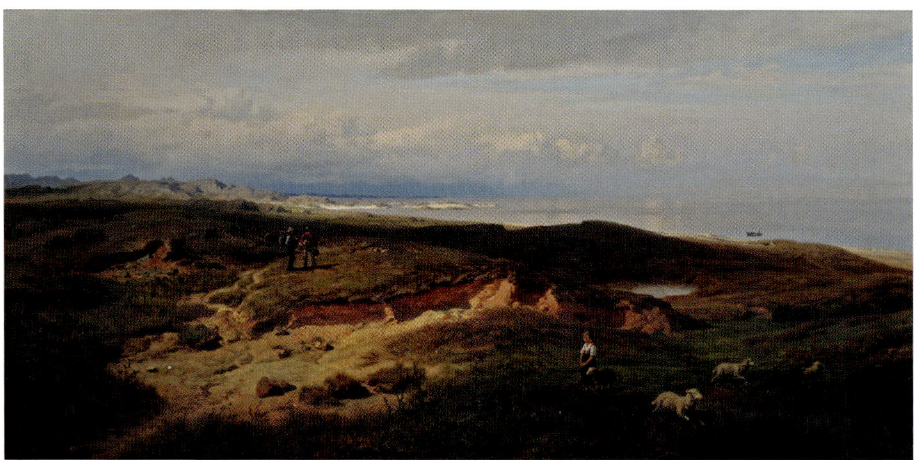

Kat. 29 Hans Gude, *Lynghede fra Huseby på Lista*, 1880

under arbeide; det sto i sin kasse vel fortøiet; skypumpen tog denne og hvirvlede den op ned i luften. Billedet reddede sig ved at falde ud af kassen ned i sin aa, – den som var malet paa det. Kassen reves i stumper, som fandtes strøet udover hele egnen sammen med pensler, palet og farver.»[9] Kitty Kielland skulle male mange større bilder fra Jæren, men de hun senere donerte til Nasjonalgalleriet var tidlige studier. «Ja, hvad jeg skulle ønske at kunne si om mig selv som Maler, det var, at jeg hadde lært andre Mennesker at forstaa, hvad Jædderen er ... Hist og her i gamle Studier er der kanskje smaa Stumper av virkelig Jæder, længer er jeg ikke nådd.»[10] Hos Gude hadde hun lært å se friluftstudiens kvaliteter.

Høsten 1875 kom Nikolai Ulfsten til Karlsruhe. Gude oppfattet ham som en av de mest talentfulle elever han noensinne hadde hatt, og de ble nære venner.[11] Ulfsten ble hos Gude i over tre år, avbrutt av et vinteropphold i Paris, og ble sterkt påvirket så vel av hans motivvalg som av hvordan han bygget opp sine bilder. Først fulgte Ulfsten i Gudes fotspor på Lista (kat. 29), men etter at han i 1878 fikk se Jæren, ble dette hans kjæreste motiv. Han konsentrerte seg om lave strandlandskaper og høye himler, men landskapene var nesten alltid befolket. Oftest med fiskere som gikk til og fra sin daglige dont eller arbeidet med båter og garn på stranden. Han malte tarekjørere og tarebrenning, auksjon på Jærens rev, skipsforlis og en enkelt strandvasker. Han ga oss en nøktern og avdempet gjengivelse, sjelden iscenesettelser, av kystbefolkningens hverdagsliv. Som sin lærer holdt han seg unna psykologiske menneskeskildringer, men befolket sine landskaper med karakteristiske fiskerbønder, ofte også kvinner og ikke minst barn. Mørke billedelementer, som mennesker, naust og båter, settes opp mot lyse flater, som sand og hav (kat. 71).

Ulfsten kjente etter hvert Jæren bedre enn de fleste, og hans motivkrets overgikk de andre malerne med hensyn til variasjon. I 1883 giftet Nikolai Ulfsten seg med legedatteren Bolette Jebe fra Bergen, og de ble boende i et solid og vakkert jærhus på Nærland over vinteren. De kjøpte tomt i det lille strandstedet Sirevåg og planla å bygge eget hus.[12] Slik gikk det ikke. Ulfsten døde av tuberkulose 31 år gammel.

Jæren med urbant blikk

Som sine venner, kom også Eilif Peterssen til Ogna sommeren 1878, men fikk visst ikke gjort så mye. Været var usedvanlig bra. «Jeg bader her i et Vand som vel ikke findes bedre på kloden ... Jeg maler ikke noget, men tegner af og til, men jeg spadserer, rider og morer mig mest,» skriver han til sine foreldre.[13] En liten oljeskisse av Ulfsten røper likevel at også Peterssen nå prøvde seg som friluftsmaler. Men «Jærmaler» ble han ikke ennå.[14] Først etter at han i 1888 hadde giftet seg med Magda Kielland, Kitty og Johanne Gudes kusine på Ledaal i Stavanger, malte han jevnlig på Jæren.[15] Nå foretrakk han å bo på Sele, der gårdene lå tett og det var relativt folksomt. Det var lenge siden Peterssens elevtid hos Gude, men i motivene med laksefiske og tarekjøring kan vi kanskje fremdeles ane tradisjonen fra 1870-årene. *På utkikk* (1889, se kat. 63) er et hovedverk. Det er også det store, mørke og stemningsfulle *Laksefiskere Figgen elv* (1889), som er preget av nye, nyromantiske impulser.

Mens Kielland, Ulfsten og Peterssen gjorde Jæren til et hovedtema i sin kunst, kom Thaulows besøk i 1878 til å bli en engangsforeteelse. Thaulow var elev av Gude 1873–75 og hadde hatt flere opphold i Paris, før han sommeren 1877, på Gudes anbefaling, malte på Lista. Da han kom til Jæren sommeren året etter, var han allerede en erfaren naturalist. Det kommer kanskje best til syne i det lille bildet *Fra Jæren, landskap med telefonstolper* (1878), som viser at den moderne tid også har inntatt Jæren. Thaulow skal ha malt fem bilder denne sommeren. *Fra Jæren* (1878), viser opprørt hav og et skip i havsnød oppunder land. Mange mennesker er samlet på stranden, mens to hester synes å ha kjørt seg fast med en kjerre i sanddynene. Om *Strandbredd* (Paris 1879, kat. 69) skrev Henrik Grevenor at det hadde fått et europeisk snitt. «Sanden på Jæren er formelig blitt forandret til noget så fornemt og fint som Ostende eller Scheveningen.»[16]

Etter det vi vet, har Gude selv aldri malt motiver fra Jæren. Det er likevel Gudes store fortjeneste at Jæren ble motiv i norsk kunst mot slutten av 1870-årene.

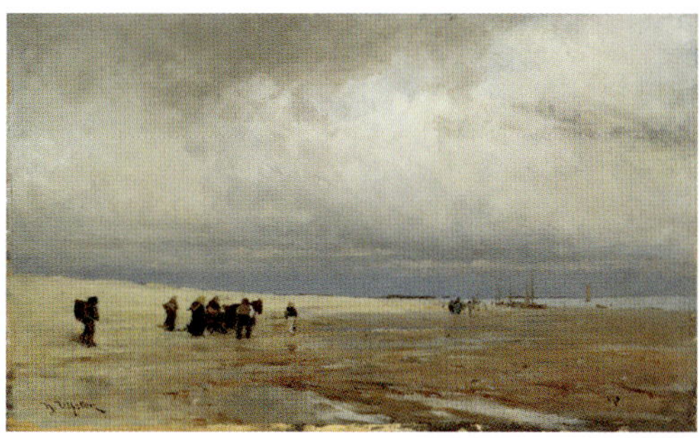

Kat. 71 _ Nikolai Ulfsten, *Fra Jæren*, 1879

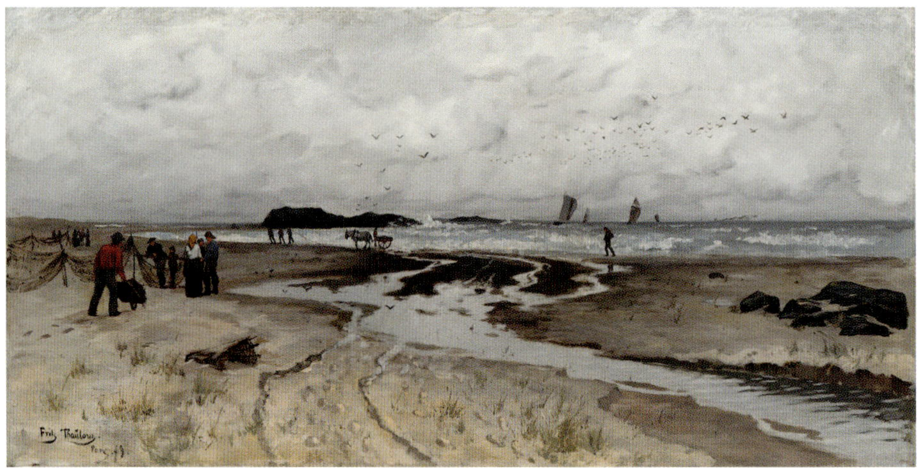

Kat. 69 Frits Thaulow, *Strandbredd*, 1879

---

1 Henrik Grevenor, «Jæren i malerkunsten», *Kunst og Kultur* 1933, 157.
2 Otto Sinding var også på Jæren denne sommeren, men vi kjenner ikke til om han malte noe.
3 Se f.eks. Bendix Christian de Fine, «Stavanger Amptes udførlige beskrivelse 1745», *Norske Magazin* III. Gjenopptrykk Stavanger 1952.
4 Ivar Aasen, *Reise-erindringer og reise-indberetninger 1842–1847* (Trondhjem 1917), 64.
5 Arne Garborg, *Knudaheibrev*, Verk 9, 153–54, Oslo 1980.
6 Jacob Kielland, «Kitty L. Kielland», *Aftenposten* 11. oktober 1914.
7 Brev fra Kitty L. Kielland til Eilif Peterssen, 06.10.1876, Brevsamling 209, Nasjonalbiblioteket.
8 Udatert brev fra Kitty L. Kielland til Eilif Peterssen, Ogne 1878, Brevsamling 209, Nasjonalbiblioteket.
9 Kitty L. Kielland, «Jæderen. Norge i XIX aarhundre II, 1909, 159.
10 «Kitty Kielland» i Christian Krohg, *Kunstnere I og II* (Kristiania 1891–92), 93.
11 Brev fra Gude til Christiania Kunstforening 1876, Nasjonalmuseets dokumentasjonsarkiv.
12 Lisabet Risa, «Eilif Peterssen – møte med menneske og gardar på Jæren», Katalog Hå gamle prestegard 2015, 4.5
13 Brev fra Eilif Peterssen til foreldrene 28. august 1878, Brevsamling 209, Nasjonalbiblioteket.
14 Han kom også til Jæren på en rekognoseringstur i 1884, men hensynet til moren gjorde at han foretrakk å male på Sandø denne sommeren.
15 Interessant nok giftet brudeparet seg i Time kirke på Jæren. Lisabet Risa, «Eilif Peterssen – møte med menneske og gardar på Jæren», i katalog Hå gamle prestegard 2015, 43.
16 Henrik Grevenor, «Jæren i malerkunsten», *Kunst og Kultur* 1933, 157.

Amaldus Nielsen
Gudes elev i Karlsruhe 1867–68

TONE KLEV FURNES

Amaldus Nielsen kjenner sjøens mangfoldige faser og bevegelser og bølgenes lover, så hans vann alltid går godt. En liten svak bris lar han gjerne blåse henover en eller annen fjord. Hans tone i forhold til luft og vann er så sann som det er mulig å bli, og uten noen gjentakelse fra tidligere (...).[1]

Slik omtaler Christian Krohg Amaldus Nielsens utstilling i Blomqvist Kunsthandel i Kristiania i august 1909. Amaldus Nielsen (1838–1932) omtales gjerne som Sørlandets maler, men i hans produksjon finnes like mange verk fra Vestlandet som fra Sørlandet. Han var opptatt av motiv og atmosfære som landskapet langs Norges kyst bød på. Han ønsket å fange lyset og fargene direkte etter naturen, og han gjorde det før det var blitt vanlig i malerkunsten.

Nielsen var elev av Hans Gude i to omganger; først ved kunstakademiet i Düsseldorf i perioden 1857–59 og senere ved kunstakademiet i Karlsruhe i 1867–68. Hans Gude hadde stor betydning for ham; kunstnerisk, men også personlig. For Gude bidro indirekte til økonomisk støtte til Nielsens kunstutdanning ved akademiet i Düsseldorf. Dessuten innebar bekjentskapet med Gude også kameratskap. De to kunstnerne ferierte i Lillesand i 1858, og de fant sine motiver fra samme områder på Sørlandet; som i Lillesand og Farsund og på Lista. I denne artikkelen blir det forsøkt vist hvordan Gudes kunstneriske egenart og hans lærergjerning i Karlsruhe kan ha påvirket Nielsens kunstneriske utvikling, spesielt i forhold til gjengivelsen av kystmotivet og de atmosfæriske forhold.

Studier ved kunstakademier

Amaldus Nielsen ble født i Mandal i 1838 og fikk der privatundervisning av en omreisende tegnelærer. I hans barndom var Mandal et handelssentrum med en kulturell bevissthet, noe som for en stor del skyldtes den internasjonale skipstrafikken knyttet til Mandals havn, Kleven. Den kanskje aller viktigste årsaken til at Nielsen valgte kunstens vei, var påvirkningen fra bysbarnet Adolph Tidemand.

Etter studier ved kunstakademiet i København i årene 1854–57, reiste Nielsen sommeren 1857 til Düsseldorf for å studere ved kunstakademiet der. Han ble godt tatt imot av Tidemand som introduserte ham for Hans Gude, som var en skattet professor i den

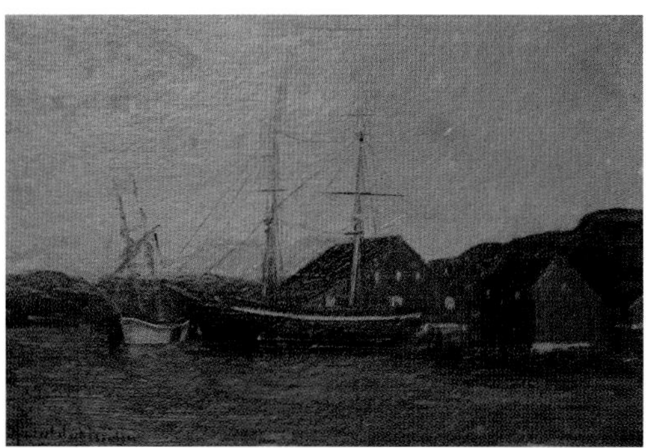

Ill. 1 Amaldus Nielsen, *Gismerøen*, Mandal, 1858. Mandal kommune

skandinaviske kretsen av malere. Gude fikk se Nielsens arbeider i vannfarger og ble klar over hans begavelse.[2] Allerede året etter skriver Gude rosende om Amaldus Nielsen i et brev til jernverkseier Diderik Cappelen. Gude fremholder i brevet at Nielsen trenger ytterligere økonomisk støtte for å klare et år til ved akademiet. Dessuten kunne han trenge en studiereise, skriver Gude til Cappelen.[3]

Pengestøtten gikk i orden, og sommeren 1858 foretok Nielsen en studiereise til Mandal og kystområdene rundt. Han valgte motiver holdt i en dagklar palett og en skarp belysning, som i studien *Gismerøen, Mandal* (ill. 1). I løpet av sommeren ble det også anledning til å besøke Hans Gude som ferierte hos sine foreldre i Lillesand. Her malte Nielsen en studie av et båtbyggeri, og Gude valgte landskap med et fiskerhus som motiv. Begge synes opptatt av det fordringsløse motivet og vektlegging av belysningen, men mens Nielsen maler en studie i klart dagslys, er Gudes bilde gjennomarbeidet som maleri med gråværsbelysning.

Vel tilbake i Düsseldorf ble Nielsen senere den høsten innskrevet som elev ved akademiets landskapsklasse under professor Gude. Interessen for belysning og naturstudium fikk dermed nye impulser, for friluftsmaleriet var i sterk vekst i Düsseldorf.

Frode Haverkamp påpeker at selv om Gude ikke var noen «født» kolorist, ønsket han tidlig å frigjøre seg fra Düsseldorf-akademiets fargekonvensjoner. Som ung fikk han på grunn av sitt mesterskap i gjengivelsen av atmosfæriske virkninger, tilnavnet «Der Luftdoktor».[4] Samlet sett kan vi si at det er den direkte naturiakttakelsen og følelsen for luften og lyset som karakteriserer landskapsstudien fra Düsseldorf, og som peker fremover mot hans friluftsmalerier.

Amaldus Nielsen avsluttet sine studier ved kunstakademiet i 1859. Han ønsket å utvikle seg videre innen landskapsmaleriet ved å arbeide selvstendig gjennom naturstudier.

Studiereiser

Perioden 1859–67 viet Amaldus Nielsen til studiereiser i norsk natur, og da fortrinnsvis langs kysten av Sør- og Vestlandet. Av stor betydning for hans kunstneriske egenart, slik den utviklet seg i de årene, var likevel en sjøreise til den spanske byen Cadiz. Reisen ga Nielsen anledning til å dyrke lyset og de atmosfæriske virkningene i solskinn, tåke, dis og regn. I et brev til Diderik Cappelen kommer det tydelig frem hvordan han definerer sitt kunstneriske program:

«... Det er jo ikke min Plan at blive Marinemaler, men Kystmaler, men jeg troede en Søtur vilde være god.»[5]

En rekke malte studier fra denne sjøreisen minner om de friske friluftsstudiene malt i Mandal året før. Det er ikke seilbåtene på havflaten som opptar Nielsen, snarere de atmosfæriske forholdene. Luften synes å dirre av varm etterregnsluft, og hav og himmel glir sammen i et slør av sølvskimrende lys over Atlanterhavet. Tanken går til John Constables og Joseph Turners kunstneriske aktiviteter fra småbåter på Themsen flere år tidligere, for selve interessen for skiftningene i atmosfæren ved kontakten mellom luft og vann er et fellestrekk hos disse tre.

Amaldus Nielsens arbeidsmetode karakteriseres etter disse årene av et direkte og nært naturstudium og en nesten vitenskapelig gjengivelse av atmosfæriske forhold som dis, tåke og brytninger i kontakten mellom luft og vann. I den frodige vestlandsnaturen fant han motiver som forsterket fascinasjonen hans for værlagets særegne karakter. Et eksempel på dette er *Fra Eide, Hardanger,* malt på studiereisen til Vestlandet i 1865 (ill. 2). Motivet er en strand med naust og to sjekter. Bak ser vi fjorden og store,

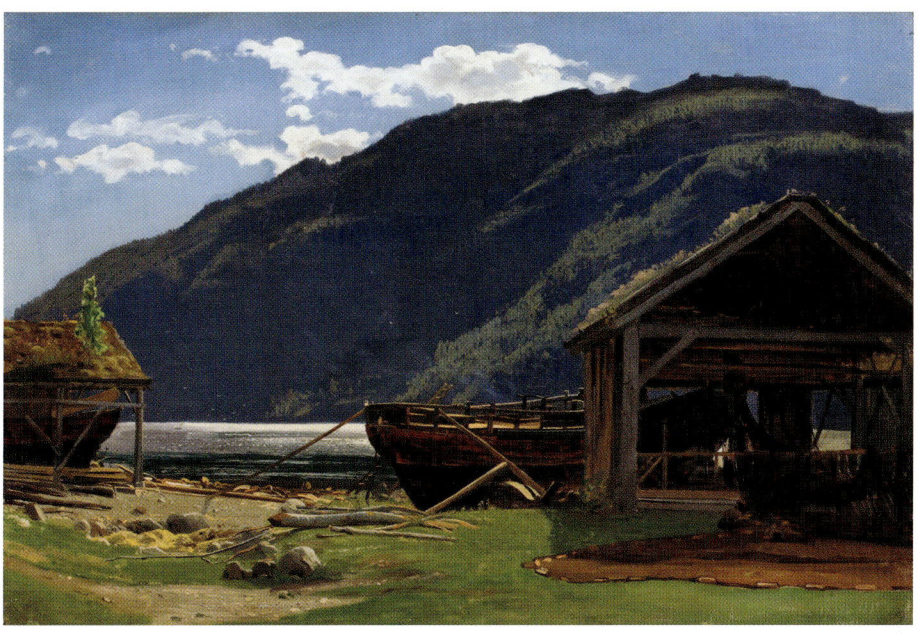

Ill. 2 Amaldus Nielsen, *Fra Eide, Hardanger*, 1865. Oslo kommunes kunstsamling

blåsvarte fjell. Et skarpt sollys faller inn i bildet fra venstre og lyser opp forgrunnen. Interessen samler seg om solens spill på det stille vannet.

Gjengivelsen av solreflekser på vann gjentas i arbeider de følgende årene. Nielsen ønsket nå å legge et år til utdanningen sin, og han søkte seg nok en gang til Gude. Denne gangen gikk reisen til Karlsruhe.

Gudes professorgjerning ved kunstakademiet i Karlsruhe omfattet perioden 1864–80. I hans produksjon fra disse årene opptar lysreflekser i vann en vesentlig del av hans oppmerksomhet, enten som småbølger fra innsjøer i solgangsbris eller fra kyst og hav med robåter og seilskuter. Blant Gudes norske elever i Karlsruhe var Kitty Kielland, Nikolai Ulfsten, Eilif Peterssen og Frits Thaulow. Amaldus Nielsen var innskrevet ved akademiets landskapsklasse for skoleåret 1867–68. Han hadde rukket å arbeide selvstendig i flere år, og kanskje var det derfor han ikke syntes at undervisningen ga et forventet utbytte. Han skrev til kunstkritikeren Andreas Aubert at Gudes kritikk var helt «udenom».[6]

Selv om Nielsen ikke syntes han hadde utbytte av undervisningen, kan det likevel antas at Gudes friluftsmaleri har virket inspirerende på ham, især hans opptatthet av solreflekser i vann. Om vi betrakter Nielsens produksjon *etter* oppholdet i Karlsruhe, ser vi en vedvarende interesse for speilingen av solskinn over vann, stille vann og solreflekser i småbølger, ikke ulikt en del av Gudes motiver.

Gudes interesse for friluftsmaleriet, slik det viste seg i årene hans i Wales, ble videreutviklet i Karlsruhe. Vi har grunn til å anta at Amaldus Nielsen med sin interesse for kyst og hav har hatt større glede av Gudes undervisning i Karlsruhe enn det han selv ville innrømme.

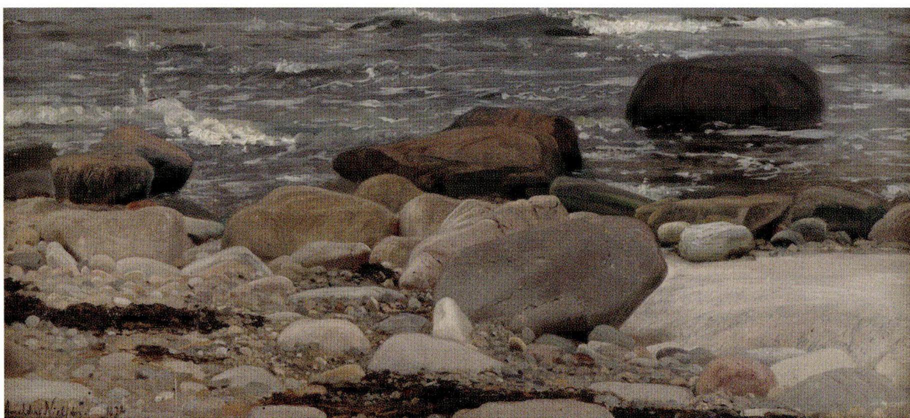

Kat. 55 Amaldus Nielsen, *Stenstudie Hvaler*, 1872

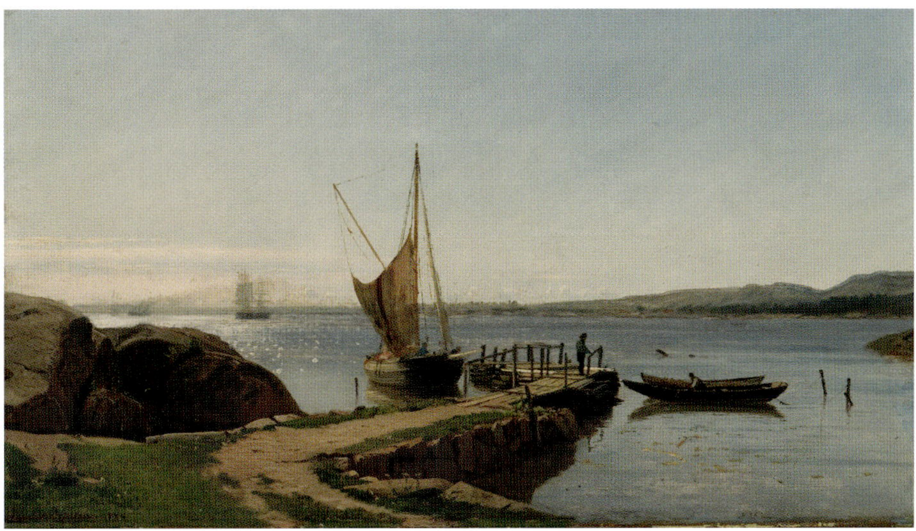

Kat. 56 Amaldus Nielsen, *Hvalerbrygge*, 1874

Etablering i Norge – arbeider fra 1870- til 90-årene

Fra 1869 bodde Amaldus Nielsen i Majorstuveien 8 i Christiania. Det var herfra han nesten hver vår og sommer frem til midt i 1920-årene la ut på studiereiser langs kysten av Norge. Hans dyktighet i gjengivelsen av steiner vises i det lille *Stenstudie, Hvaler* fra 1872 (kat. 55). Her gir han et nærbilde av steinene i vannkanten. De er gjengitt med sine karakteristiske særtrekk og fremstår blanke og rene; det er som om bølgene nettopp har skyllet over dem. Utenfor ses havet, mørkt og med enkelte hvite topper. Bildet har lyse farger og en klar belysning. Nielsens evne til å fange lysets spill av subtile nyanser og skygger i landskapet er resultatet av en årvåken observasjon.

På en reise til Hvaler i 1874 malte han *Hvalerbrygge* (kat. 56). Kystmotivet gjengis i dirrende solskinn, og solens stråler reflekteres på den stille sommerfjorden. Magne Malmanger omtaler Nielsen som friluftsmaler og utdyper:

> Amaldus Nielsen regnes som Norges første friluftsmaler. Allerede i 1856 malte han sitt første bilde direkte etter naturen, og de senere utendørs malte naturstudiene kom til å bli viktige forløpere for 80-årenes friluftsmaleri. For Nielsen var naturstudiene ikke bare skisser beregnet som forlegg for større atelier-malte produkter. De var fullgode, fullførte, signerte bilder.[7]

Videre mener Malmanger at Nielsen gikk inn for et naturalistisk program 20 år før naturalismen kom på moten her til lands. Han viser også til at Nielsen fortsatte å male naturalistisk en hel mannsalder etter at retningen var gått av moten.[8]

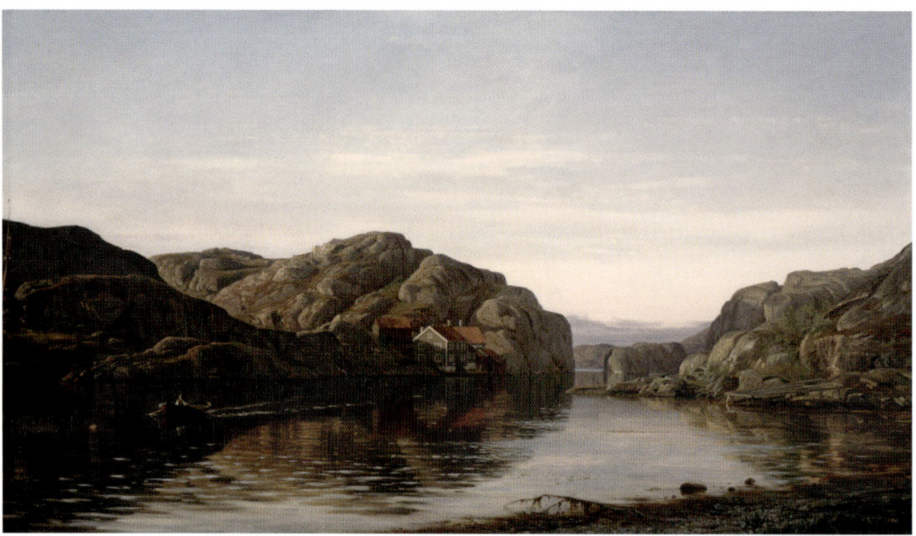

Kat. 58 Amaldus Nielsen, *Morgen ved Ny-Hellesund*, 1885

I 1881 var Amaldus Nielsen for første gang i Ny-Hellesund. En morgen klokken halv fire sto han opp og malte en studie av sundet badet i et rødlig morgenlys; *Morgen i Ny-Hellesund*, 1881. Studien ble i 1885 utgangspunktet for et stort atelierbilde, og med årene skulle det bli mange flere tolkninger av morgen- og kveldsstemninger fra dette sundet i den sørlandske skjærgården.

I maleriet *Morgen ved Ny-Hellesund* fra 1885 (kat. 58), følger Amaldus Nielsen studien fra 1881 nøye. I forgrunnen til høyre ses litt av stranden. Det er fjære. Dette er tydeliggjort ved store steiner i vannkanten og en grein med tangrester liggende på stranden. En mann kommer roende, foran robåten ses en notkork. Til venstre i bildet stikker masten fra en skute frem. Fjellknauser og svaberg er farget i et varmt, rødt sollys, og noen hus ligger lenger inne i sundet. Lyset faller inn fra venstre, men det er ikke så rødt som i studien. Himmelen er klarere blå, mens svabergene har et nærmest rosagult lys. Formen er gitt den største oppmerksomhet, og knauser og svaberg er modellert plastisk. Sammen med avskjæringen av skuta i venstre billedkant og den realistiske belysningen lar bildet seg klassifisere som naturalistisk. Mannen i robåten kan oppfattes som et romantisk trekk i billedfremstillingen; han blir et identifikasjonsobjekt for betrakteren. Gjennom ham trekkes vi inn i maleriet slik at vi skal kunne ta del i samme opplevelse som kunstneren.

Billedserien fra Ny-Hellesund har sin største verdi som eksempel på Nielsens presise registrering av værlagets skiftninger. Sundet er gjengitt i så vel morgen- som ettermiddags- og kveldslys, og de forskjellige lysforholdene har stor innvirkning på landskapet.

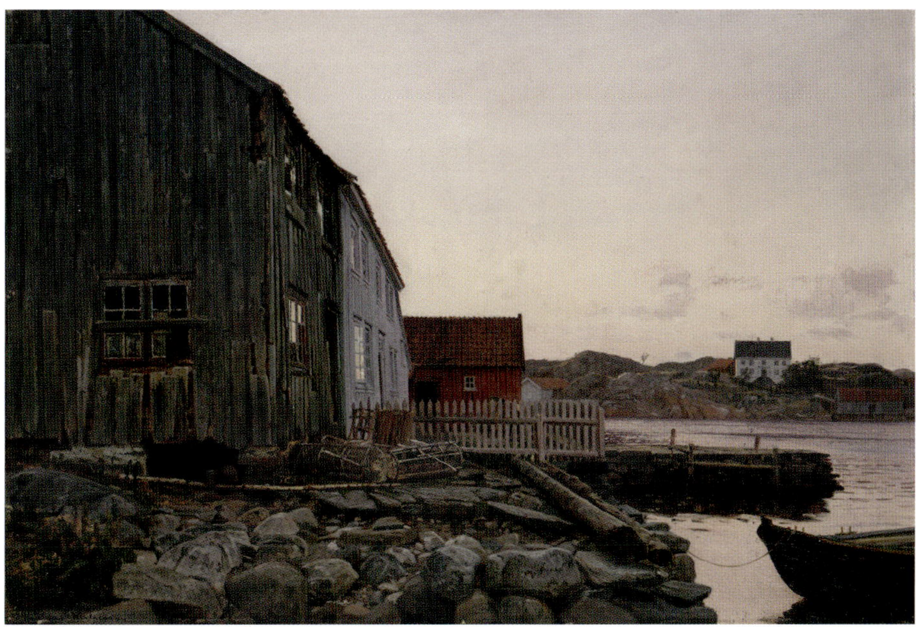

Kat. 62 Amaldus Nielsen, *Fiskerhjem, Gamle Hellesund*, 1895

I *Fiskerhjem, Gamle Hellesund* (1895) (kat. 62) rykker Nielsen nært inn på motivet; to hus, et umalt og et lyseblått, beliggende ved bryggen til venstre i bildet, tegner seg mot den skarpe, men litt mørke belysningen i bildet. I motsetning til *Morgen ved Ny-Hellesund* fra 1885, der oppmerksomheten samler seg om lyset i naturen og hvordan det virker inn på landskapet, er husene her malt med stor presisjon, nærmest fotorealistisk. Lyset og atmosfæren fremstilles skarpt og klart, og viser interessen for atmosfæriske særtrekk.

Amaldus Nielsen besøkte Jæren i flere perioder i 1890-årene. Den lille studien *Solstreif Jæren* (1893) er malt med bred pensel og raske strøk. Mer gjennomarbeidet er utstillingens to bilder fra Jæren, malt året etter; *Godvær Jæren* og *Aften Jæren* (se kat. 60, 61). Jærens omskiftelige værtyper reflekteres i de to bildene, og vi legger merke til hvordan solen trenger gjennom skylaget og gir reflekser og skinn til sjøen. De to studiene er små i format, men Nielsen evner å formidle landskapets utstrekning ved å aksentuere de horisontale linjene. Hild Sørby viser i sin bok om jærmaleriet at Nielsen var blant Norges mest populære malere i sin samtid, og at bildene hans fra Jæren bidro sterkt til å gjøre landskapet kjent i vide kretser.

Hvor stor påvirkningen fra Hans Gudes friluftsmaleri og hans lærergjerning var for Nielsens kunstneriske utvikling, er vanskelig å si med sikkerhet. Det er likevel naturlig å slutte at uten vennskapet med den modne kunstneren, hadde ikke Amaldus Nielsen hatt de samme rammer og utviklingsmuligheter innen maleriet i årene han hadde mest kontakt med Hans Gude, fra 1857 til 1868. Det er også i denne perioden at Nielsens friluftsmaleri når en selvstendig form som han videreutvikler gjennom et langt kunstnerliv.

---

1 Christian Krohg i *Morgenposten* 12.08.1909.
2 Brev fra Amaldus Nielsen til Diderik Cappelen, datert 2. oktober 1857. Privat brevsamling.
3 Brev fra Hans Gude til Diderik Cappelen, datert 22. januar 1858.
4 F.E. Haverkamp, «Hans Gude i Düsseldorf. Grunnleggelsen av en akademisk kunstnerkarriere i det 19. århundre», magistergradsoppgave, Universitetet i Oslo 1982, 92.
5 Brev fra Amaldus Nielsen til Diderik Cappelen, datert 23.7.1860.
6 Brev fra Amaldus Nielsen til Andreas Aubert, datert 29.6.1900. NBO. Brevs. 32.
7 Magne Malmanger: "Maleriet 1814-1870". *Norges Kunsthistorie* bind IV (Oslo: Gyldendal, 1981), 275.
8 Magne Malmanger i katalogen *Fjord og Skip* ved utstilling på Baroniet Rosendal i 1991, (Bergen, 1991), 4.
9 Hild Sørby, *Jærmaleriet. Fra landskap til visjon,* (Oslo: Universitetsforlaget, 1983), 74.

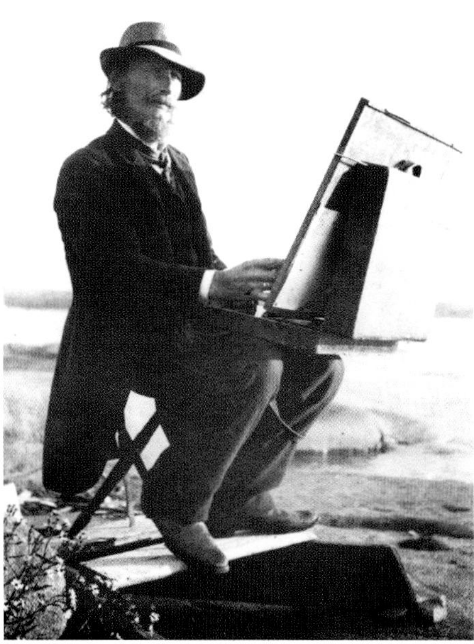

Ill.3 Amaldus Nielsen på Jæren (1894).
Oslo kommunes kunstsamling

Det maritime blikket – fra Sogn til Sandefjord

BRIT BERGGREEN

Som gutt var forfatteren Aasmund Brynildsen (1917–1974) med en los i båt utenfor Veierland ved Tønsberg for å læres opp i å «se» sjøen, og han skriver om det i *Hudø: Minner fra en barndom* (1974). Det kunne dreie seg om sjøens adferd over en farlig grunne eller landfaste orienteringspunkter, såkalte «med». Det kan for eksempel hete: «Når du samtidig ser kirken rett bak brygga til Johansen og fabrikkpipa på land rett bak varden på Vesleholmen, da er du på fiskeplassen.» Ikke alle *med* blir allemannseie, fiskeplasser holdes hemmelige som ei moltemyr eller et jordbærsted blir det. Mens losen pekte og Aasmund glodde med løst blikk, brast det ut av losen: «Du *ser* jo ikke! Du bare glaner med øya!»

Dette *å se* i forhold til å bare glo eller glane, gjelder ikke bare på sjøen, men egentlig alltid når blikket skal søke noe spesielt og skjerpes mot objektet. Men her skal vi samle oss om kysten og det sjønære.

Det maritime blikket

Enhver los, og etter hvert den unge Aasmund Brynildsen, har tilegnet seg det vi kan kalle *det maritime blikket*, et blikk som skjerpes og styres mot fartøyer og maritime virksomheter, som er knyttet til transport, fangst og fiske, lystseilas – og krig. Dette blikket kan overse helheten, gli forbi fjell, mark og eng, stuer og fjøs, men ta inn brygger og skipstømmermenn, hvem som sitter og binder garn, og fremfor alt båter, skip, rigg og sjøfolk om bord og i land. Det er mange ulike interesser bak et slikt blikk. Vi snakker sjø- og kystliv, kystbasert økonomi og i siste instans nasjonale og internasjonale forhold. Et slikt spesialisert blikk kan komme til å sette til side det som har vært en kunstners formål med et bilde, og sette fart i tanker som i utgangspunktet er skapt av en *distraksjon*. Slik kan plutselig et bilde som *Brudeferd i Hardanger* (ill. 1) fremstå som et maritimt motiv. Dette ikonet av nasjonalromantisk fremstilling av festkledde bønder får plutselig en ny dimensjon når en visuell digresjon går over i assosiasjoner, og det maritime blikket settes i funksjon.

Vi tenker og ser etter spor. Vi er rundt 1850. Hardingene var sjøvante handelsfolk og dro viden om med sine Hardanger-jakter. Den forgrenete fjorden var et av de økonomisk fremmelige områdene i Norge, der kyst møtte handelsfolk som kom østfra, langs slepene over vidda eller fra Setesdal og Ryfylkeheiene. Lokalt produserte småbåter,

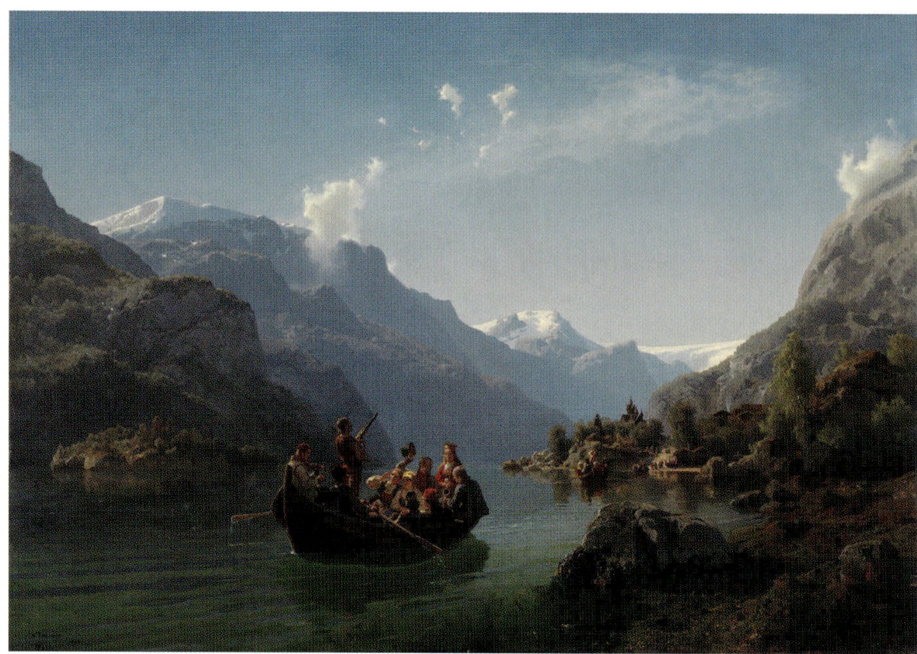

Ill. 1 Tidemand og Gude, *Brudeferd i Hardanger,* 1848, Nasjonalmuseet

færingene, var billige og ble vanlige kysten rundt som upåaktede bruksbåter fra Hardanger og Sunnhordland. Turismen kom også tidlig.

Vi ser en brudebåt med felespiller, roere og fremstående gjester i et landskap som skal være Hardanger. Bildet var opprinnelig malt i Düsseldorf i 1848 av den erfarne Adolph Tidemand og den unge Hans Gude. Det ble motiv for et *tableau vivant*, ledsaget av dikt av Andreas Munch, tonesatt av Halfdan Kjerulf, et *Gesamtkunstwerk* på Christiania Theater i 1849. I Norge den gangen var det bondesamfunnets kvinner og menn som representerte det nasjonale. Mot disse sto *Kulturen* som ble forvaltet av det tynne befolkningssjiktet av embetsmenn og velstående borgere som ble kalt «De kondisjonerte» eller «Dannelsen». Den norske bondestanden ble forherliget av et sjikt som visste lite, men diktet desto mer.

Sansene åpnes: Egnen er i helligdagsskrud, i blålig luft, mektige fjell, skinn fra breen og grønnklar bølge. I stavnen sitter den fagre brud, brudgommen svinger sin hatt. Båt etter båt slutter seg til. Det blåner og risler og skinner og dufter og felespilles og børsens smell ruller fra fjell til fjell. Så avsluttes hvert vers i Andreas Munchs kommenterende dikt med o hoi og tralala, og vi lytter og gynger med Halfdan Kjerulfs toner. Så bryter en stemme inn, usentimental og taktløst: «Hva slags båter er det de bruker? Hvordan ser hovedbåten ut, og hva med de øvrige båtene i brudefølget?»

For det er ikke en hardangerbåt, såpass er umiddelbart klart. Ekspertise antyder vestlandsbåt, men noe lengre nordfra. Er forresten ikke båten vel overfylt til å være så liten? Ni personer i en færing! Det ble vitset om det allerede da maleriet forelå, men bildet ble malt i flere versjoner. På det siste fra 1852 er båten blitt forlenget med mer rom til følget. Nå slås det fast av arkeologiprofessor og båtforsker Arne Emil Christensen: *«Det er en sognabåt»*.

I 1849 fikk Tidemand og Gude hvert sitt utsmykningsoppdrag av Kong Oscar I og Dronning Joséphine på Oscarshall, på Bygdøy. Da lystslottet sto ferdig i 1852, hadde Gude malt historiske landskaper i kongens private gemakker. Det er fire malerier med motiver fra Fridthjovs Saga, opprinnelig en islandsk fornaldersaga fra 1300-tallet, med handlingen forankret i Sogn. I svenske Esaias Tegnérs gjendiktning fra 1825, er den nøkterne sagaen gjort om til en kjærlighetshistorie mellom Fridtjov den frøkne (tapre) og kong Beles datter Ingeborg den fagre. Fra barndommen av ble de begge oppfostret hos storbonden Hilding.

Som *Brudeferd i Hardanger* ble Fridthjovs Saga et *Gesamtkunstwerk,* men på internsjonalt plan. Tegnér traff midt i tidens smak. Flere komponister tonesatte diktene, og kunstnere lot seg inspirere.

I Gudes historiske landskapsmalerier på Oscarshall finner vi et vikingskip. Fridtjovs saga uten vikingskip var utenkelig, og det er interessant å se hvordan Gude ville male vikingskip i 1849. Dette var før verden fikk se virkelige vikingskip, som Gokstadskipet fra Sandefjord i 1880 og Osebergskipet fra Tønsberg i 1905. Tuneskipet ble funnet allerede i 1867, men det er mer fragmentarisk.

Gudes bilder i Oscarshall er gransket på et forstørret utsnitt (ill. 2). «Den har i hvert fall styreåre,» sier vikingskipseksperten, professor Arne Emil Christensen. Autentisiteten ellers er tvilsom, men det er ikke dårlig tenkt. Forhøyningene for og akter minner meg om for- og akterkastell på middelalderskip. Seilet og klesdraktene til de mange folkene om bord er fargerike, og de mangefargete skjoldene langs rekka gir et muntert inntrykk. Skipet er som en drage med halen vippet fremover. Tenker vi bare skrog uten pynt, får vi en lang båt, kanskje en av nordlandstype. Seilet er lavere, og riktigere, enn det Magnus Andersen hadde problemer med da han seilte Gokstadskipskopien

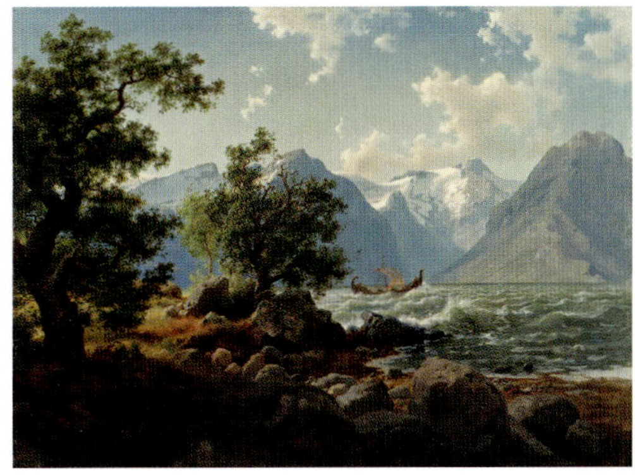

Ill. 2 Hans Gude, *Framnes,* 1850. Oscarshall

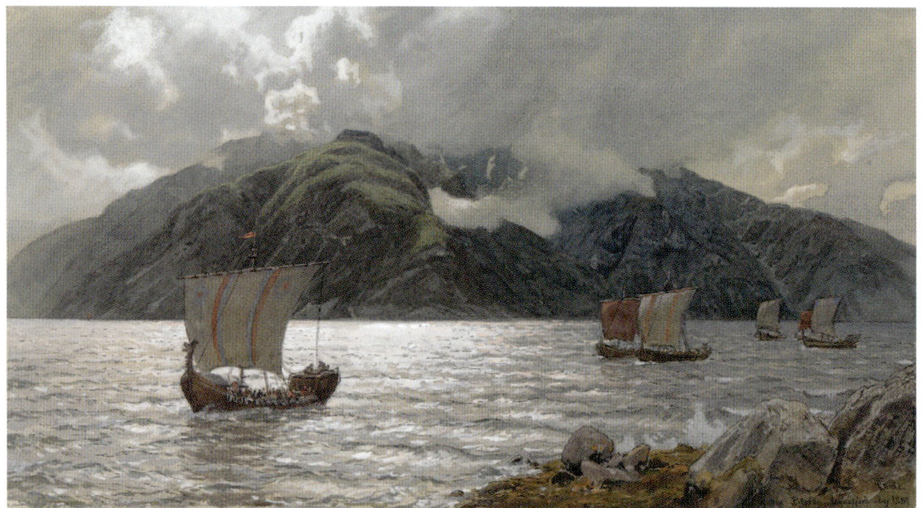

Ill. 3 Hans Gude, *Vikingskip i Sognefjorden*, 1889. Nasjonalmuseet

«Viking» over Atlanterhavet i 1893. Gude kunne bygge på sagalitteratur, bautasteiner, billedsteiner fra Gotland, innrissede stevner og hele skip i kirkevegger samt helleristninger. Fra besøk på Vestlandet kjente han selv trolig jektene fra Nordfjord og Sogn.

Som de andre malerne, gjorde han feltstudier og tok skisser med seg til atelieret. De endelige komposisjonene besto av elementer hentet fra forskjellige steder.

Tiden som fulgte etter Gudes første vikingskip, ble en blomstringstid for norsk sjøfart og skipsbygging. Kunstnerne inntok Oslofjorden og Skagerrak, de oppdaget kystens arbeidsliv, losene og fiskerne, og senere Skagen og Jæren. Gude slapp ikke vikingtemaet, og 1889 laget han bildet, *Vikingskib i Sognefjorden* (ill. 3). Det gikk mot oppdagelsen av Osebergskipet og unionsoppløsning, og produksjonen til Gude og hans elever ble så å si rammet inn av Vestlandet og Vestfold.

Oslofjorden og Skagerrak

I tiden mellom Gudes vikingskip fra 1849 og hans bilde av vikingskip i Sognefjorden fra 1889, ekspanderte norsk sjøfart. Den første årsaken var at i 1851 ble den engelske navigasjonsakten opphevet. Loven stammet fra 1651 og sa at varer til britiske samveldeland bare kunne fraktes på britiske skip eller på skip fra varenes opphavsland. Bestemmelsen ble til fordel for norsk trelasteksport til England, for eksempel etter at London brant i 1666, men for øvrig virket den hemmende for norsk sjøfart. Men fra 1851 kunne norske skuter frakte varer fra alle land.

Den neste årsaken til at sjøfarten vokste var Krimkrigen 1853–56. Årene utover fra 1851 ble eksplosivt gode for norske kystsamfunn der partsrederier skjøt opp. Byborgere, skogeiere, smeder, tømmermenn, riggere, seilmakere og jordeiere, tjenestejenter og andre kunne skaffe seg part i skuter, øke sin velstand, og alle kunne regne seg som redere, med en av dem som korresponderende reder. Hans Gude var selv partsreder og fikk briggen «Hans Gude» oppkalt etter seg.

Kunstnerne, det være seg gjennom bilder eller tekst, forlot høystemte sagahelter og helgekledd allmue, og beveget seg videre til hverdagslivet og det arbeidende folk. Begeistringen for det nasjonale avtok. Theodor Kjerulf skrev i november 1849 at «hver kjeft fører det [nasjonale] i munden – pjat – pjat – huldre, skinfeld, mysost, beltespending, Tidemand, Tønsberg.» (sitert etter Paasche i *Norges Litteraturhistorie* III: 420).

Det gikk kort tid fra det nasjonale kom på moten til kunstnerne hadde skiftet motiv. Eilert Sundt bidro til at oppmerksomheten ble rettet mot fattigdom, nattefrieri, utenomekteskapelige barn, høy dødelighet og drukkenskap. Menneskeskildringene tok en ny retning. Det stakkarslige og primitive gjaldt nå dem oppe i dalene og i nordvest, men ikke folk langs kysten. Især i sjøfartsbygdene i sør og sør-øst var det velstand, og som Sundt skriver: «Der bor pyntelige folk». Det var blomstring til krakket plutselig kom, og fra slutten av 1870-årene var forholdene blitt ganske annerledes.

Ibsen og Bjørnson la også sagatiden og bonderomatikken bak seg og ble mer samtidsrettede. Ivar Aasen ble en underfundig kritiker av reformiveren som gikk over landet. Ironi mestret han til fullkommenhet. Han raljerte over fornyelsene, som i sin *Lovtale yver Culturen* (1866). Bjørnson hyllet landet med begeistring og skrev dikt som kunne blitt brukt som tekster til billedkunsten.

I 1868 beveget han seg ut på sjøen og diktet *Den norske sjømann* som flere satte melodi til, blant dem Edvard Grieg. Anledningen var Landsregattaen for norske småbåter i Stavanger, en konkurranse om de beste egenskapene for norske bruksbåter. Regattaen ble skjellsettende fordi båten fra Lista som vant, ble mønsterdannende for bruksbåter langs kysten. Ikke minst kom gaffelriggen til å erstatte råseil og spriseil som etter hvert omtrent ikke ble å se. Diktet er en fin hyllest til sjøens folk:

Den norske sjømann er
et gjennombarket folkeferd;
Hvor fartøy flyte kan,
der er han førstemann.
På tokt og hjemme her,
ved sund og skjær og fiskevær
han tar sin Gud i sinn og setter livet inn.
(...)
Hurra for dem i dag,
som farer under norske flagg!

Hurra for losen, som
dem først i møte kom!
Hurra for dem, som ror
sin fiskerbåt på hav og fjord!
Hurra for alles lyst,
vår skjæromkranste kyst!

Bjørnson hyller det heroiske; bak ordene lærer vi om farer som truer, mest det som er knyttet til vind og skjær og fartøy, havarier og folk som blir borte på sjøen.

Hvor var de norske seilskutene?

Hans Gude var en fremragende marinemaler. Hans studier av sjø og ikke minst himmel, er uovertrufne. Som Christian Krohg, lot Gude ofte sjøen være hovedmotivet. Men Krohg gikk også om bord, tett på sjøfolkene og lot betrakterne føle sjøsprøyt og vind. Men også han lar fantasien løpe og dikter på lerretet *Leiv Eiriksson oppdager Amerika* (1893).

Det er påfallende slunkent mellom skutene på de malte kystprospektene i forhold til de masteskogene vi vet om fra andre kilder, ikke minst fotografier. Siden malerne så å si utelukkende tok ut sine staffelier om sommeren, kan vi trygt si at de ikke så *så* mye til den norske handelsflåten. Når isen gikk om våren, dro skutene ut, men innen Mikkelsmess, den 29. september, het det at de helst skulle være hjemme. Skutene som var på langfart kunne være borte i mange år. Dette førte til stort mannsfravær i sjøfartsbygdene, der kvinnene passet dyr og gård, ofte med hjelp fra innvandrete svenskearbeidere og flokker av unger som kom fra de indre bygdene for å gjete.

«Når de hadde fått de ungene de skulle ha, så dro mannen på langfart,» sa en kvinne fra Tvedestrand rundt 1975. «Etter fem år kom skutene hjem for å bli forkobra. Derfor er det fem år mellom ungene på Sørlandet.» Dette er den slags opplysning som pirrer nysgjerrigheten og fører en til andre kilder, for eksempel til kirkebøkene. Sikkert er det at etter 1850 begynte skutene i mange slags fart, og i seilingsruter som bare sjelden brakte dem til hjemmehavn.

Hvordan er forholdstallet mellom skuter og folk sommer og høst, vinter og vår i norsk billedkunst? Slik er folkelivsforskerens spørsmål i møte med kunsten. Og enhver assosiasjon og ethvert spørsmål til kunst er like gyldig. Men til sist er det bare kunstneren selv som bestemmer.

Fartøyportretter som dokumentasjon

Marinemaleri er akademikunst, og Hans Gude brakte sjangeren til et høyt nivå. Her ser vi på en annen sjanger, og det er nærliggende å vende seg til maleriet av briggen

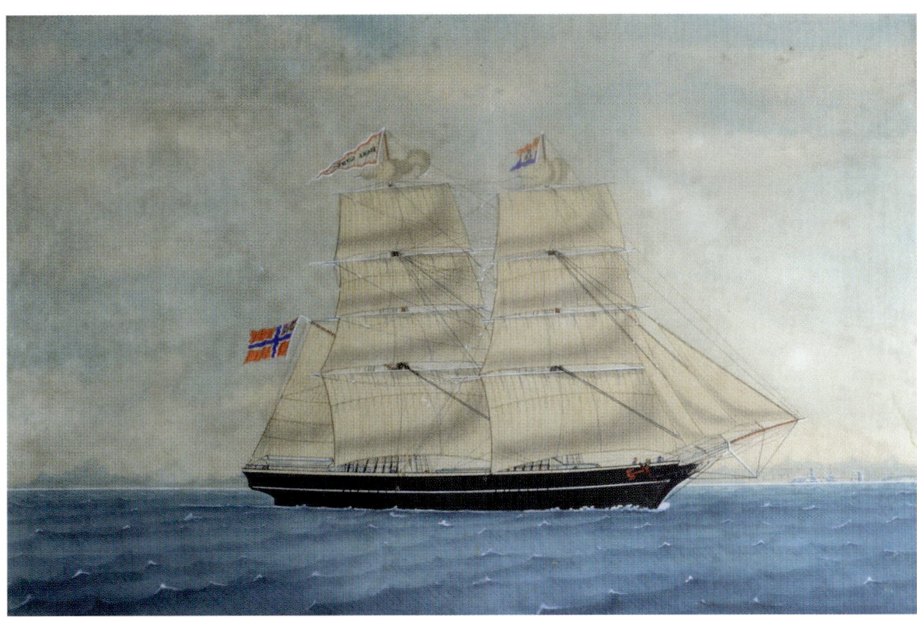

Ill. 4 *Briggen Hans Gude af Grimstad.* Vest-Agder-Museet

Hans Gude af Grimstad. Captn. Oluf Due, datert 1865 (ill. 4). Dette er et eksempel på *fartøyportretter* som skipperen fikk utført i fremmed havn som en souvenir og hengte opp i kahytten før han tok det med i land.

Skutene seilte i mange slags fart i Middelhavet, Østersjøen og i Nordsjøen, inn i Svartehavet og på de store hav. Om last, havner – og havarier – kan vi lese i sjøfartshistorien, Statistisk Sentralbyrås tabeller, rapporter og artikler, og i havarirapporter og sjøforklaringer. Men hvis vi bare vil se på bilder, har vi fartøyportrettene, «skutebilder» eller på svensk «kaptenstavlor». Dette er langt fra marinemalerier, snarere folkekunst som identifiserer både skuta, skutas navn og dens hjemmehavn. Skipperens navn og anløpsåret blir angitt, men anløpshavnen eller farvannet angis gjennom bakgrunnen, som kan være klippene ved Dover, dogepalasset i Venezia eller Dyna fyr i Kristiania, og hører med som en innforstått posisjon for dem som allerede visste. Som kilder burde de bli mer påaktet.

Som regel er bildene konvensjonelt fremstilt i normalformat. Men de kunne være «bøyebilder», innrammet av en livbøye ca 25 cm i diameter og priset så lavt at vanlige sjøfolk kunne skaffe seg dem. Fra Cape Town kjennes «kappblader» der skuta ble malt på et blad fra en stedegen busk, miniatyrer i mesterlig utførelse. Helt spesielle var bildene laget av Thomas Willes i New York. De var dels brodert, dels applikert slik at det ble krumming – «bus» – i seilene. I Antwerpen i tiden 1820–70 malte far og sønn

Weyts «underglassmalerier», der motivet er malt speilvendt bak glass, og gjerne med stor detaljrikdom. Disse knuses lett, og de er sjelden å se nå.

Fordi disse bildene skal smigre og gi en tiltalende presentasjon av norsk tonnasje, er de ikke helt ærlige. Blant annet mangler alltid vindmøllepumpene, som hånlig ble kalt «Det norske våpen», tegnet på gammel tonnasje og lekke og kjølsprengte skuter. Et unntak var polarskuta Fram som seilte ut med vindmøllepumpe som nybygd i 1893. Årene som fulgte fra 1874 ble kalt «seilskipenes dødskamp» av sjøfartshistorikeren Jacob S. Worm-Müller, med året 1894 som et redselsår, *annus horribilis*.

Samuel Plimsoll (1824–1898) arbeidet for å bedre sikkerheten til sjøs, og en «plimsoller» ble betegnelsen på et fartøy i uforsvarlig dårlig stand, som gjerne brakte rederne assuransepenger, men kostet sjøfolk livet. Henrik Ibsen tok opp temaet i *Samfundets Støtter* (1877). Det er en dramatisk episode der den amerikanske skuta, Indian Girl, ligger til reparasjon på verftet i en norsk småby der det yrer av amerikanske sjøfolk. Fra rederen i New York kommer et telegram: «Gør mindst muligt af reparationen; Send 'Indian Girl' over så snart flydefærdig; god årstid; svømmer i nødsfald på lasten.» Skipet seiler. Så blir det oppstyr. Rederens sønn har sneket seg om bord. Ibsen valgte hensynsfullt å gjøre skuta amerikansk og få sønnen trygt i land, men i realiteten ville nok en norsk skute fortelle en sannere historie.

Dobbeltsvermeriet: Vikingen og bonden

I Norge fantes det et dobbeltsvermeri for vikingtid og bondekultur, med et fortrinn for vikingene gjennom Esaias Tegnérs gjendiktning fra 1825 av fornaldersagaen om Fridthjov den Frøkne, forankret i Sogn og Sognefjorden. Så gjennom en voksende nasjonalfølelse kom bildet *Brudeferd i Hardanger*, ledd i et allmenneuropeisk bondesvermeri, men begynnelsen på en maktkamp mellom Dannelsen og Det nasjonale. Elementer fra folkelivet på bygdene ble tatt opp i borgerskapets kultur, mens bondekulturen fikk støtte gjennom Ivar Aasen og «norskdomsrørsla». Etter funnet av Tuneskipet, men enda mer av Gokstadskipet i 1880, ble vikingtid og bondeliv parallelle elementer i norsk kulturbygging og selvforståelse, begge politisk brukt – og misbrukt.

Vi har nå tatt avstikkere og søkt etter bilders tilleggsverdi ut over det estetiske, som dokumentasjon og som illustrasjon til vikingtid, folkeliv og sjøfartshistorie. Sammen med diktningen er bildene estetiske samtidsdokumenter og kilder til historiske forhold som supplerer mer konvensjonelle kildeserier.

Enhver avbildning bekrefter forventinger som er styrt av sosiale konvensjoner og eksperters tilrettelegging. De holdes fast av fotografier, postkort og film, eller av modeller som autoriteter har lagt til rette for, og med forklaringer, så vi kan se på den «rette» måten. Dersom vi anvender et trassig blikk, så å si et motblikk, så kan kanskje noe annet komme til syne, som kan åpne for nye tolkninger.

Hans Gude: En teknisk undersøkelse

THIERRY FORD OG LAURA HOMER

Hans Gude har en sterk posisjon innen norsk kunsthistorie, både som maler og akademilærer. Likevel finnes det lite kunnskap om Gudes maleteknikk og om materialene han benyttet seg av. Nasjonalmuseet i Norge huser den største enkeltsamlingen av Gudes kunst, som omfatter både skissebøker, tegninger, akvareller, oljeskisser samt større ferdige komposisjoner på lerret. Samlingen spenner over store deler av Gudes kunstneriske karriere.

Den følgende teksten er et kort sammendrag av resultater fra en rekke undersøkelser utført på ni oljeskisser og fem malerier fra samlingen.[1] Alle de 14 kunstverkene er typiske eksempler på kystlandskaper og maritime motiver fra Gudes periode i Karlsruhe (1864–80). Resultatene fra de ulike undersøkelsene gir en innsikt i Gudes arbeidsmetode som kunstner.

Undersøkelsesmetoder

Innledningsvis ble alle de malte overflatene nøyaktig observert under mikroskop (5X-50X forstørrelse), etterfulgt av en rekke undersøkende fototeknikker. Undersøkelser i sidebelysning ble benyttet for å studere kunstverkenes overflatetopografi. Ultrafiolett fluorescens (UVA) ga verdifull informasjon om fernisslag, senere restaureringer samt fordelingen av enkelte pigmenter og bindemidler. Ved bruk av infrarødt reflektografi (IRR) ble det mulig for konservatoren å «se» gjennom malerioverflaten og avdekke eventuelle undertegninger. Et lite utvalg mikroskopiske fargeprøver ble tatt ut for å studere tverrsnitt av fargestrukturene. Slik var det mulig å få et innblikk i oppbyggingen av grunderings- og fargelag samt noen av de ulike pigmentene som er benyttet. Der det ikke var ønskelig å ta ut prøver, ble et håndholdt røntgenfluorescens (XRF)-instrument benyttet for å gjøre pigmentanalyser fra malerioverflaten.[2]

Den innledende skissen

Fra ung alder fikk Gude et solid grunnlag innen tegning som elev hos maleren Johannes Flintoe, og Gudes ferdigheter er godt representert i de mange bevarte skissebøkene fra 1860- til 1880-årene.[3] Landskaper og maritime motiver, studier av skip, seilbåter, rigger og figurer om bord i båter var typiske motiver for skissene i blyant på papir. Gude refererer ofte i sine memoarer til det å benytte skisser gjort i friluft som utgangspunkt for

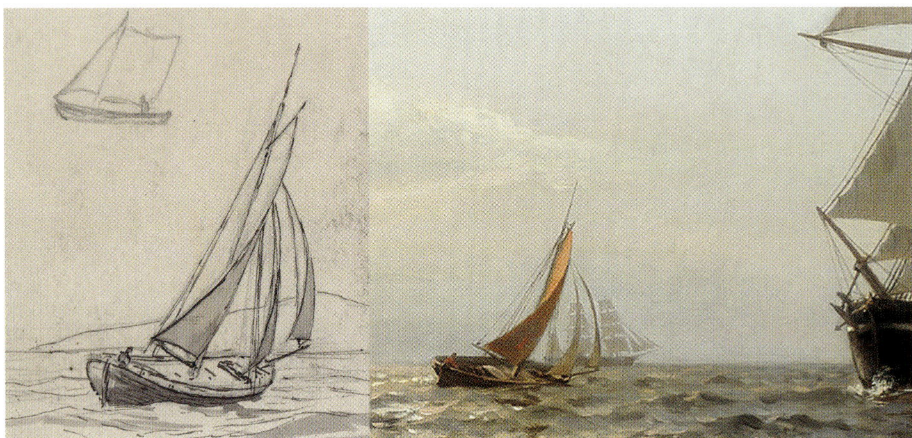

Ill. 1 Venstre; skisse (penn og blyant), høyre; detalj av samme seilbåt i *Frisk Bris*, 1876

senere komposisjoner malt i atelieret. Mange av skissene er faktiske kilder til detaljer i de ferdige maleriene.[4] For eksempel er den lille skissen i penn og blyant datert 1875, identisk med seilbåten i maleriet *Frisk bris*, som ble malt et år senere (ill. 1, se kat. 22). Ofte henviser Gude til observerte farger, lys, toner og presise detaljer i korte notater skrevet ved siden av skissene. I enkelte tilfeller har han til og med benyttet en nummerert fargekoding.[5] Til tross for denne hjelpen fra nedskrevne notater, var det mangelen på farger som forble den største begrensningen for friluftstegningen når det gjaldt å gjenskape det autentiske lyset utendørs.[6] Gude synes å overvinne denne begrensningen ved å tilføre andre malemedier til sine monokrome skisser. Han kombinerer ofte blyanttegning med penn for delvis å forsterke konturer og omriss, og han skaper enkle graderinger ved hjelp av lyse, transparente strøk i gouache.

I løpet av sitt opphold i Wales (1862–64) ble Gude trolig introdusert for nye, mer fleksible vannfarger tilsatt glyserin som mykgjørende middel, og han var sannsynligvis allerede godt kjent med akvarellfarger på tube.[7] Disse tekniske fremskrittene gjorde det enklere å utføre skisser i friluft. Han fortsatte å eksperimentere med dette malemediet gjennom hele sin karriere. Ofte tegnet han konturer med penn før han tilsatte vannfarger.

Til tross for de praktiske fordelene når det gjaldt å male utendørs, forble vannfarger i Gudes øyne lite smidige sammenliknet med oljefarger. Vannfarger tillot for kort arbeidstid og lite rom for å gjøre endringer.[8] Gude arbeidet i fotsporene etter J.C. Dahl og Thomas Fearnley, og var godt kjent med at oljefarger var et vel så egnet malemedium for å gjenskape naturtro friluftstudier.[9] Å male små, transportable utendørsstudier i oljefarger, var en praksis med røtter tilbake til tidlig på 1700-tallet, og var en godt etablert tradisjon i Gudes levetid. Hjelpemidler og utstyr tilrettelagt for friluftsmaleri (mobile staffelier, malerskrin o.l.) var lett tilgjengelige på midten av 1800-tallet.[10]

Oljestudiene

Gude utførte små, håndterlige oljestudier på en rekke ulike underlag som lerret og papir, og senere i sin karriere, på trefiberplater. Undersøkelser gjort av flere av studiene i samlingen tilsier at Gude benyttet seg av materialer han allerede hadde i sitt atelier, som avklipte lerretsrester etter oppspenningen av de ferdige verkene i store formater. Denne teorien underbygges av at samme lerret ser ut til å ha blitt benyttet til ulike malerier utført i løpet av samme sommer. *En sognejakt* (Fresvik, 29. august 1866, se kat. 5) er malt på fiskebensvevet lerret, mens *Tordenskyer over Chiemsee* (26. august 1867, kat. 6) og *Fiskerbarn* (Chiemsee 18. september 1867, kat. 7) er malt på liknende lerret i toskaftsbinding.[11] I likhet med noen av akvarellskissene, har også flere av oljestudiene synlige nålehull i hjørnene. Dette tilsier at studiene ble festet til en plate eller et staffeli, framfor å bli spent opp (ill. 2). Tilstedeværelsen av mange slike nålehull kan indikere at verket enten ble utført i løpet av flere omganger eller at det er blitt benyttet til undervisning, som noe en elev kunne kopiere.

Lerretene har generelt blitt preparert med to grunderingslag. Det tykke, nederste grunderingslaget ble trolig påført av lerretsmakeren eller fargeforhandleren, slik det var vanlig på denne tiden, og består av kritt i olje.[12] Over dette laget er det påført et tynt, lyst, opakt lag av blyhvitt i olje.[13] Det var forholdsvis vanlig at fargeforhandlerne påførte to grunderingslag: et tykkere lag for å fylle mellomrommene i lerretsveven og et lag for å sørge for et jevnt og lyst underlag til å male på. Likheten mellom komposisjon og lagstruktur i de ulike studienes grunderinger tilsier at Gude trolig kjøpte sine lerreter fra én fargeforhandler.[14]

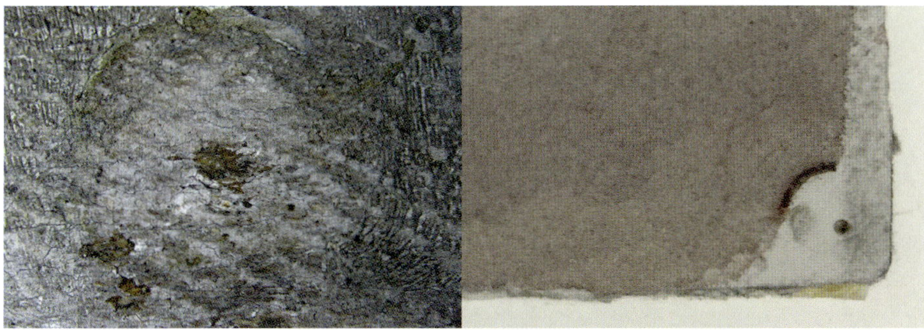

Ill. 2 Venstre; et av de seks nålehullmerkene funnet i *En sognejakt,* oljestudie på lerret, 1866
Høyre; nålehullmerke i hjørnet av papiret til akvarell, penn og blyant, 1890

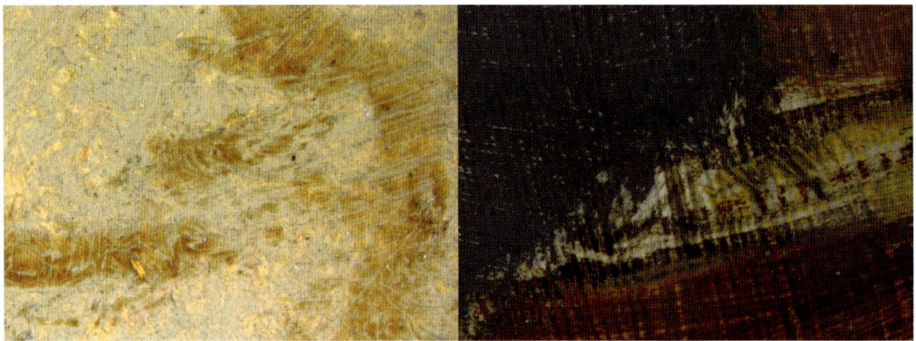

Ill. 3 Detaljer som viser malte konturer, venstre: *Fiskerkone fra Rügen*, høyre: *En sognejakt*

Et fellestrekk ved friluftsstudiene i olje er den raske påføringen av maling og mangelen på undertegninger. Det virker imidlertid som om Gude planla sine skisser ved innledningsvis å male inn raske omriss av figurer, båter og landskaper. Disse malte konturene er enkelte steder synlige langs figurenes kanter der de ikke er dekket av fargelag. I noen av de uferdige skissene er disse omrissene fullstendig eksponert, som i *Fiskerkone fra Rügen* (ill. 3, se kat. 33). Her har Gude skisset inn konturene av både kvinnen og barnet, men han har bare malt kvinnen. Barnets omriss er etterlatt udekket og er åpenbart kun lagt til for å gi kontekst til kvinnen. Disse konturene gir samtidig konservatorer en innsikt i kunstnerens arbeidsmetoder og materialbruk. Grundige undersøkelser avslører et rikt oljebindemiddel, så vidt pigmentert med svarte, brune og røde pigmenter. Tilstedeværelsen av karbon i det svarte pigmentet betyr at tegningen som skjuler seg under fargelagene kan synliggjøres ved bruk av IRR. Da framstår de tegnede linjene tydeligere, og eventuelle *pentimenti,* eller forandringer i komposisjonen, kan avsløres. Generelt følger Gude sine forhåndstegnede linjer relativt nøyaktig når han maler, noe som kan være et tegn på hans evner og selvtillit som tegner. Fra tid til annen gjør han imidlertid små endringer i komposisjonen, som å forandre posisjon eller høyde på en båtmast eller plasseringen av et tre langs horisonten, slik som i *To losbåter* (kat. 21).

Gude var ikke spesielt eksperimentell, verken i maleteknikk eller i valg av materialer i sine oljestudier. Det er imidlertid tegn på en viss utvikling i løpet av hans karriere. I de tidlige skissene er fargelagene gjerne jevne og glatte, og fargene ser ut til å være blandet i hverandre. I de senere skissene har Gude påført fargene friere og med større selvsikkerhet. Til tross for ulikheten i sluttstrøkene, er fargelagene nesten alltid påført i raske, spontane strøk, og høylys er malt inn før de underliggende lagene har tørket fullstendig. Dette har resultert i at fargene er blitt blandet og dratt over overflaten vått-i-vått, en teknikk som er typisk for *plein air*-bevegelsen (ill. 4). Fargelagene varierer i

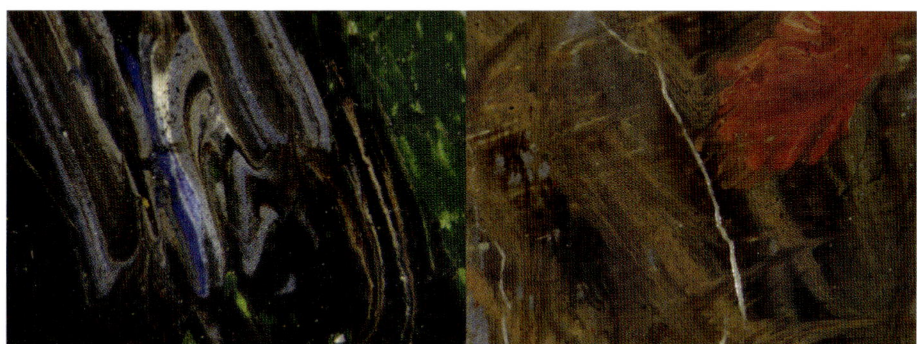

Ill. 4 Detaljer som viser vått-i-vått penselstrøk, venstre: *En sognejakt,* høyre: *Fiskerbarn*

tykkelse, fra tynne transparente strøk, til tykkere fargelag som ser ut til å være påført direkte fra tuben, nesten uten fortynning, slik som i *Skystudie* (kat. 15). I de mer ferdige oljemaleriene i lite format er fargelagene generelt tykkere og har pastose strøk, spesielt i høylys, slik som i *Fiskerbarn* (se kat. 7) og *To losbåter.*

Gude refererer kun én gang, i 1839, til preparering av oljefarger ved å rive pigmenter i olje, for deretter å oppbevare dem i griseblærer. Dette var før oppfinnelsen av maling på metalltuber, og fra Gudes første erfaringer med oljefarger i årene hos Flintoe.[15] De korte bemerkningene om bruk av malingstuber som finnes i Gudes memoarer tyder på at han tidlig tok i bruk denne kommersielle nyvinningen, sannsynligvis fordi tubene var enklere å transportere. Han valgte derimot sjelden å bruke de nye, utestede pigmentene som kom på markedet og som ble brukt av mer eksperimentelle kunstnere som Turner og van Gogh. Gude holdt seg isteden til tradisjonelle, kommersielt tilgjengelige pigmenter.[16]

Han hadde ingen fast rekkefølge han malte i. Mens mange kunstnere gjerne maler himmelen langs hele øvre del av lerretet og havet langs hele nedre del før de maler inn figurer, hadde Gude en tendens til å fylle inn områdene mellom de raskt skisserte konturene, for deretter å male inn himmel og hav rundt disse linjene. Båter og figurer er ofte malt først, mens landskap er fylt inn med tynne, transparente strøk etter den innledende tegningen. Himmelen, som gjerne er malt direkte på den hvite grunderingen, er ofte det siste elementet som er malt inn. Det er mulig å observere at penselstrøk i partiene som er malt inn sist, er påført rundt og over tidligere malte partier. Ofte er det helt til sist i maleprosessen lagt inn strøk som forsterker båtenes og figurenes konturer. Disse penselstrøkene, sammen med innmalte høylys, utgjør de øverste fargelagene (som i *En sognejakt* og *To losbåter*).

Kanskje har disse sluttstrøkene og høylysene blitt utført senere, i atelieret der kunstneren hadde mulighet til å evaluere komposisjonen på nytt og tilføye de siste fin-

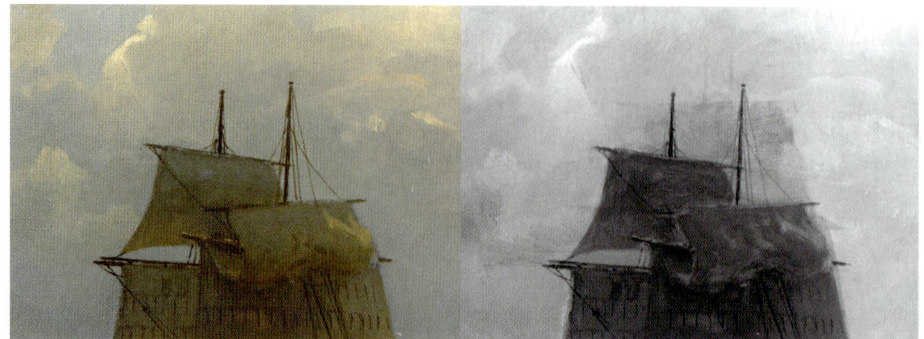

Ill. 5 Venstre: detalj av master og seil, *Innseilingen*, 1874, normalt lys
Høyre: samme detalj viser kunstnerens endringer og undertegning i infrarødt lys

justeringene. Både *Fiskerbarn* og *Skystudie* har klare indikasjoner på at de er blitt bearbeidet på et senere tidspunkt.[17] Undersøkelser av *Fiskerbarn* i UV-lys samt tverrsnitt av fargelagene, avslører at himmelpartier og flere områder i havet har blitt malt i to separate påføringer med et tynt fluoriserende lag mellom. Det er mulig at kunstneren begynte på maleriet utendørs som en studie, og bearbeidet det til et mer ferdig verk da han var tilbake i atelieret. Kanskje er det fluoriserende laget et beskyttende fernisslag påført før transporten tilbake til Karlsruhe. En alternativ forklaring er at kunstneren valgte å bearbeide skissene for å kunne stille dem ut i Christiania Kunstforening, fordi mange av de ferdige maleriene ikke var tilgjengelige for hans utstilling her. Interessant nok klagde Gude på at skissene var flekkete etter å ha blitt brukt av studenter gjennom årenes løp, og at det var nødvendig å retusjere dem før denne utstillingen.[18]

Ferdige atelierverk

Gude hadde en relativt innbringende produksjon av større, maritime ateliermalerier i løpet av årene i Karlsruhe. Maleunderlagene som ble valgt for verkene i stort format er ofte av høyere kvalitet enn de som ble brukt til de mindre oljestudiene.[19] Både *Innseilingen til Christiania* (se kat. 19) og *Frisk bris*, som begge ble malt for salg, er malt på fine, ferdigpreparerte lerreter av lin og spent på blindrammer av tre i høy kvalitet. Tilstedeværelsen av undertegninger, som ble oppdaget med IRR-undersøkelser, indikerer at dette var nøyaktig planlagte komposisjoner utført i atelieret. Enkelte endringer kan observeres, disse er gjerne små forandringer av detaljer, som plasseringen av et skip eller en bygning, framfor dramatiske endringer i komposisjonen (ill. 5). Horisontale og vertikale hjelpelinjer, som ofte forekommer i blyantskissene og i noen av oljestudiene (*Fiskerkone fra Rügen*), gir et mulig innblikk i kunstnerens tankeprosess når det gjelder valg av detaljer og komposisjon for de større maleriene. Den faktiske overføringsprosessen fra en gruppe blyantskisser til den ferdige opptegnede komposisjonen på den hvite oljegrunderingen, forblir imidlertid uklar. De forhåndsskisserte konturene av horisonten, skipene, deres seil og rigger er forsterket nøyaktig og presist i tynne oljelag. Det er benyttet en tykkere fargepåføring for å modellere seilenes flagg og figurer, mens de mørke skipsskrogene er malt i tynne lag av jordfarger og transparente lasurer.[20]

Å fange vannets flyktige bevegelser var en særlig utfordring, som Gude trolig mestret gjennom en trenet hukommelse kombinert med utallige friluftsstudier. Selv om Gudes ferdige komposisjoner og motiver i stor grad synes å ha vært planlagt, er utviklingen mot en mer løsrevet og fri påføring av farger synlig i hans tolkning av krusningene i vannet i *Frisk bris* (kat. 22). Oppbyggingen av individuelle penselstrøk i varierende størrelse, tykkelse (impasto) og farge, over en tynnere, mørkere imprimatura, gjenskaper den urolige effekten av havet som reflekterer det glitrende sollyset. Påført vått-i-vått og vått-på-vått og med bredere penselstrøk, indikerer denne tilnærmingen en viss hurtighet i utførelsen. Denne teknikken ble gjort mulig ettersom ulike typer pensler med metallhylser ble mer tilgjengelige. Havet i *Frisk bris* framstår annerledes enn vannet i *Vestlandsfjord,* malt 14 år tidligere, og illustrerer en utvikling fra den roligere sjøen i *Innseilingen.*[21]

Himlene til Gude er relativt tykt påført og bearbeidet til blandede, jevne overflater, i tråd med den akademiske tradisjonen. Skyformasjonene er nesten helt sikkert hentet fra tidligere friluftsstudier. Utvalgte pigmentanalyser av kunstverkene i stort format tilsier at Gude har brukt en liknende palett som i de mindre oljestudiene.[22]

At Gude var opptatt av de ferdige malerienes utseende, selv etter at de hadde forlatt hans eie, er tydelig. Før han flyttet til Berlin, etter et besøk i byens nasjonalgalleri, skrev Gude til museumsdirektøren med ønske om fernissering av et stort maleri der overflaten framsto som matt.[23] Likeledes kan den amerikanske *compo cove*-rammen til *Frisk bris* virke som et overdådig og kostbart valg. Gude må imidlertid ha ansett rammen som viktig for sitt opptak til Philadelphia-utstillingen i 1876, der han vant en medalje for maleriet.[24]

Konklusjon

Grundige undersøkelser av Gudes oljestudier og hans større komposisjoner viser en kunstner med relativt konsekvente arbeidsmetoder og teknikker. Betydningen av *plein air*-skissene i blyant som hovedkilder for de større komposisjonene, bekrefter hans ferdigheter som tegner med sans for planlegging og detaljer. Når det gjelder materialbruken synes han å ha vært relativt konservativ. Han benyttet et begrenset utvalg pigmenter som var lett tilgjengelige i både Tyskland og i Norge.[25] Disse kvalitetene var med på å forme en dyktig maler og en etablert lærer innen landskapsmaleri. Samtidig vitner Gudes arbeidsmetoder og oljestudier om at han lot seg påvirke av noen av endringene som fant sted innen utførelsen av landskapsmaleri rundt midten av 1800-tallet. Særlig gjaldt dette synet på de spontane friluftsstudiene som ferdige verk samt bevegelsen mot stadig friere penselstrøk. Selv om Gudes tegninger hovedsakelig forble hovedkilde for atelierkomposisjonene, anså han mange av sine oljestudier som gode nok for senere utstilling og salg, i tillegg til å være redskaper i undervisningen for studentene.

---

1 *En sognejakt* (NG.M.00635-003), *Tordenskyer over Chiemsee* (NG.M.00635-004), *Fisker fra Rügen* (NG.M.00635-007), *Båtstudie* (NG.M.00635-008), *Fiskerbarn* (NG.M.00635-010), *To losbåter* (NG.M.00636-013), *Storm på Rügen* (NG.M.00636-015), *Innseilingen til Christiania* (NG.M.00262), *Fiskerkone fra Rügen* (NG.M.00775), *Fra Kristianiafjorden* (NG.M.00898), *Frisk Bris* (NG.M.01487), *Båtstudie* (NG.M.02973), *Vestlandsfjord* (NG.M.03487) og *Skystudie* (NG.M.04248).

2 XRF: Et håndholdt energidispersiv røntgenfluorescens (EDXRF)-instrument av merket Thermo Scientific NITON® XL3t 900 Gold, ble benyttet.

3 Lorentz Dietrichson, *Af Hans Gudes liv og værker. Kunstnerens livserinderinger,* (Kristiania: Det Norske aktieforlag, 1899), 5 (omtalt som Gudes memoarer i teksten).

4 Ibid, 51, 52, 56 og 97.

5 Se tegning; NG.K&H.B.06523-018.

6 Anthea Callen, *The Work of Art. Plein-Air Painting and Artistic Identity in Nineteenth-Century France,* (London: Reaktion Books, 2015), 25.

7 Ibid, 26. Permanente fuktige akvarellfarger var tilgjengelige fra 1830-årene og senere på tube rundt midten av 1840-årene.

8 Dietrichson, 47.

9 Kate Lowry, «Thomas Fearnley: A Technical Examination of his Oil Paintings», *In front of Nature The European Landscapes of Thomas Fearnley,* (Birmingham: Barber Institute of Fine Arts, 2012), 106.

10 Callen, 34 og 52–75.

11 Det finnes en skisse av *Fiskerbarn* i penn med tynne, transparente fargelag (tuschtegning) datert dagen før oljestudien, den 17. september 67. Dette indikerer at Gude skisset komposisjonen in situ i penn og blekk, før han malte den i olje i atelieret dagen etter (Dietrichson, 87).

12 I tverrsnitt tatt fra noen av skissene er det mulig å se at den nedre grunderingen inneholder sink (partikler som fluoriserer sterkt gult i UV-belysning). Det finnes svært få referanser til at sink har blitt tilsatt kommersielle grunderinger, dette ble mer vanlig mot slutten av 1800-tallet (Leslie Carlyle, *The Artist's Assistant*, London: Archetype Publications, 2001). Det er uklart hva som var hensikten med slike sinktilsetninger.

13 I tverrsnitt fra enkelte av skissene kan det observeres et inert, fargeløst tilsetningsstoff, trolig kritt eller bariumsulfat. Dette samsvarer med typiske grunderingslag fra perioden.

14 Det kan antas at platene og papiret fikk en type preparering før de ble malt på, som limdrenking for å redusere underlagets absorberende egenskaper.

15 Dietrichson, 6. For oppfinnelsen av malingstuben (1841) se; Iris Schaefer, Caroline von Saint-George & Katja Lewerentz, *Painting Light. The Hidden Techniques of the Impressionists* (Milano: Skira, 2009, 64).

16 På grunn av omfanget samt den varierende kvaliteten på pigmentene som var tilgjengelig på denne tiden, i tillegg til XRF-teknologiens begrensninger, har det ikke vært mulig med eksakt identifisering av

mange av pigmentene undersøkt i dette forskningsprosjektet. Følgende pigmenter har imidlertid blitt identifisert med stor sannsynlighet: blyhvitt, elfenbensort, naturlige jordpigmenter av jernoksid, vermillion og rød lakkfarge (karmin ble brukt i begynnelsen, og ble siden erstattet av syntetisk alizarin etter fargestoffets oppfinnelse i 1868), kromoksidgrønn (tilgjengelig fra 1862); koboltblått (ofte i kombinasjon med sink, noe som kan antyde en variant fra en spesifikk forhandler, eller en rimeligere atelierversjon av pigmentet; iblant brukte Gude kunstig framstilt ultramarin; kadmiumgult; «Cadmium Lemon» (et begrep benyttet av produsenter om den sitrongule fargen fremstilt av kadmiumgult iblandet sinksulfid. Sink ble identifisert med XRF); neapelgult. Både kadmiumgult og neapelgult ble identifisert i ulike passasjer i *To losbåter*, noe som viser at Gude brukte ulike pigmenter til samme farge, sannsynligvis for å oppnå mer realistiske tonale variasjoner i sine landskaper.

17 XRF-analyser avdekket bruk av to pigmenter som ikke ble tilgjengelige før mye senere i århundret, titanhvitt (TiO_2) og sinkgult ($ZnCrO_4$). Dette underbygger antakelsene om at maleriet *Luftstudie* ble bearbeidet på et senere tidspunkt.

18 Dietrichson, 143.

19 Haverkamp, Frode Ernst, «Hans Fredrik Gude, Fra nasjonalromantikk til realistisk landskapsfremstilling», *Tidemand & Gude. Der aander en tindrende Sommerluft varmt over Hardangerfjords Vande*, Nasjonalgalleriet, 2003, 51–52.

20 Bekreftet gjennom analyse av tversnitt.

21 Utviklingen av en rekke typer flatpressede metallhylser som holdt penselbusten på plass, åpnet for nye muligheter når det glaldt påføring av farger. Denne typen pensler kan observeres i portrettet av Gude fra 1889, malt av Nils Gude (NG.M.00397, kat. 38).

22 Gjennom XRF-analyser ble følgende identifisert: koboltblått, blyhvitt, jordpigmenter inkludert gul oker i himmelen, kromoksidgrønn, neapelgult, elfenbensort og vermilion.

23 Dietrichson, 119.

24 Francis Amasa Walker, *United States Centennial Commission:* International Exhibition, 1876, XXVII, (Philadelphia: J.B. Lippincott & Co., 1877), 105. «588. Hans Gude, Norway. Oil painting, Report – Commended for artistic excellence in landscape: 'A fresh breeze, Norwegian Coast;' 'Calm, Christianiafjord'.» En etikett fra utstillingen er bevart på baksiden av blindrammen og refererer til «*prize 5000 dollars gold.*»

25 I en norsk fargeforhandlerkatalog, datert 1872, blir kunstnerpigmenter, som tilsvarer pigmentene som ble oppdaget i analysene, beskrevet som: «*Fint revne olie-Farver i 1/1 Tuber. (Düsseldorf Fabrikat)*», Brödrene Nicolaysen, *Pris Courant,* Christiania, 1872, 18–20.

UTSTILTE VERK

EXHIBITED WORKS

1 Adolph Tidemand og Hans Gude
Likferd på Sognefjorden, 1853
Funeral Procession on the Sognefjord
Olje på lerret, 127 x 187,5 cm
Privat eie, Oslo
Avbildet side 10

Likferd på Sognefjorden kan studeres på utstillingen i to forskjellige versjoner. Mens fellesarbeidet med Adolph Tidemand (kat. 1), ferdigstilt i Düsseldorf i 1853, bærer preg av nasjonalromantikkens stemninger, er motivoppfatningen enklere i den senere utgaven, som Gude utførte på egenhånd i Karlsruhe i 1866 (se kat. 4, avbildet s. 15).

Det er kjent at Tidemand og Gude påbegynte arbeidet med bildet ved juletider i 1852, basert på en skisse de hadde utført i fellesskap i november. I tysk presse (*Deutsches Kunstblatt*) ble bildet rosende omtalt allerede før det var ferdigmalt, og det ble spesielt fremhevet at figurfremstillingen var bedre enn det som var vanlig i liknende komposisjoner. Tidemands fremstilling av sørgende mennesker i alle aldre skildrer en allmennmenneskelig situasjon som betrakteren umiddelbart kan identifisere seg med uten forhåndskunnskap om det tradisjonsbundne norske bondesamfunnet.

FEH

Two different versions of *Funeral Procession on the Sognefjord* can be studied in the exhibition. Whereas the version painted in collaboration with Adolph Tidemand, completed in Düsseldorf in 1853, is notable for its national romantic mood, the work that Gude alone executed in Karlsruhe in 1866 shows a simpler treatment of the theme (see cat. 4).

It is known that Tidemand and Gude began work on this painting around Christmas in 1852, using a sketch they had developed jointly in November. The picture was lavishly praised in the German press (*Deutsches Kunstblatt*) even before it was finished, with the depiction of the human figures receiving special mention as better than was commonly the case in such compositions. Tidemand's characterisation of grieving people of all ages captures a universal human experience the viewer can immediately identify with, even without prior knowledge of traditional Norwegian peasant society.

2 Hans Gude
Bro i Nord-Wales, 1863
Bridge in North Wales
Olje på lerret, 41,5 x 55,5 cm
NG.M.00279, Nasjonalmuseet for kunst, arkitektur og design, Oslo

En bestilling fra Christiania Kunstforening ble en kjærkommen oppmuntring mens Gude bodde i Wales. De to årene representerte en økonomisk nedgangstid, men ga rikt kunstnerisk utbytte. Klimaet ga mulighet for utendørs arbeid store deler av året, og fraværet av plikter overfor elever og administrasjon ved akademiet frigjorde tid både for kunstnerisk fordypelse og for refleksjon over egen målsetning og arbeidsmetode.

Til kunstforeningen skriver Gude den 11. februar 1863: «Det skal være mig en Fornøielse at levere et Maleri med Ramme til dette Aars Udlodning til den Priis af 150 Sp[esie]d[a]l[e]r.» På blindrammen har kunstneren tidfestet utførelsen av motivet: «Lledr bridge Betts-y-Coed. June 1863.» I brevet fra Gude til kunstforeningens sekretær i oktober 1863 heter det: «For Kunstforeningen valgte jeg dette Emne da jeg tænkte mig det kunde interessere til en Forandring at see et Landskab fra en fremmed Egn, og da jeg kunde male dette direkte efter Naturen, troede jeg det kunde have en særegen Interesse. Stedet er lige nær ved mit Huus; oppe i Aasen bag Broen seer De Taget af min Cottage skimte frem.»

Bildet av elven og rytteren som beveger seg langsomt over den overgrodde broen, har en intim sjarm med bladverkets vare grønn-nyanser og bakgrunnens disige luftperspektiv. Kunstnerens antakelse om at nettopp hans nære forhold til motivet fra et eksotisk sted ville virke attraktivt på Christiania Kunstforening synes å ha holdt stikk; for maleriet ble ikke utloddet, men innlemmet i Kunstforeningens Faste Samling. Det ble vist både på Den nordiske Industri- og Kunstudstilling i København i 1871 og på Verdensutstillingen i Wien 1873. Det ble overført sammen med hele den faste samling i Christiania Kunstforening til Nasjonalgalleriet i 1877.

FEH

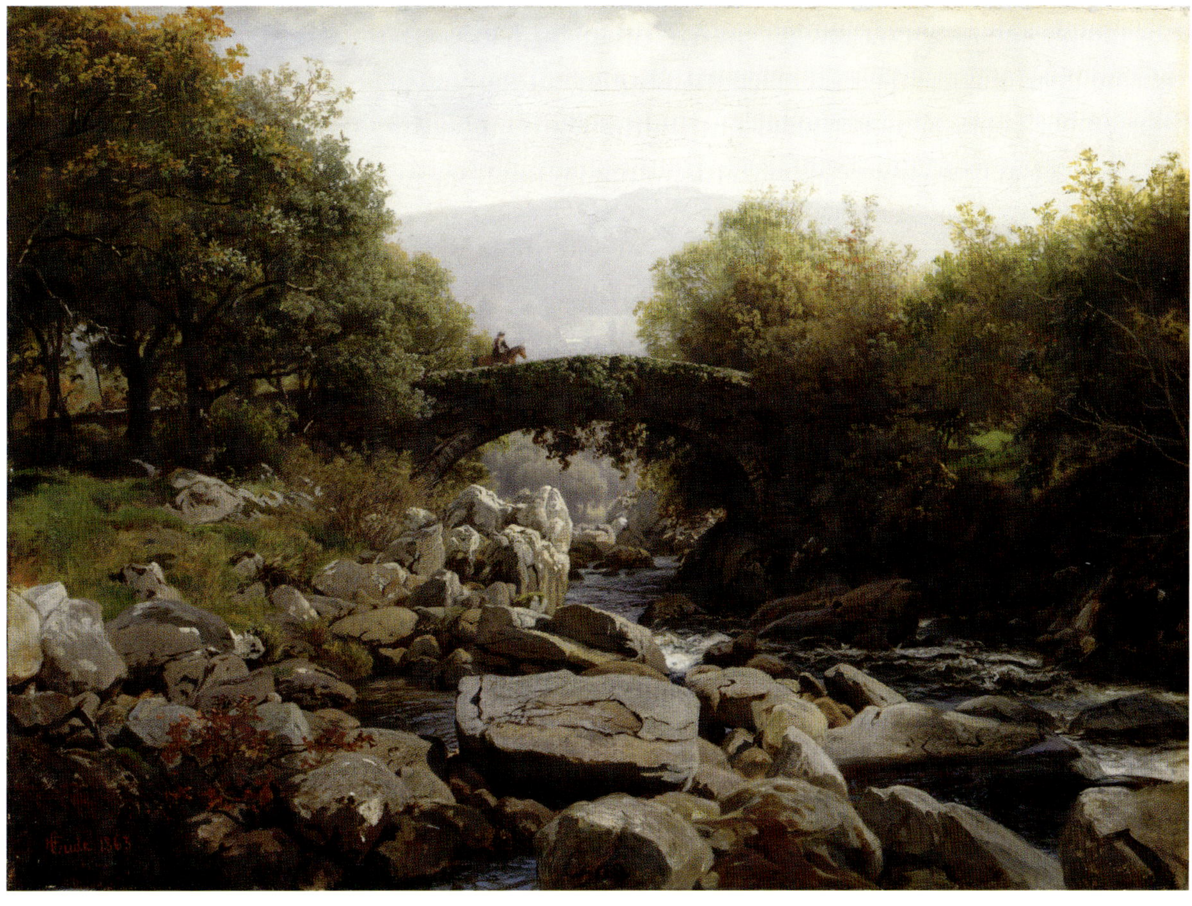

2

A commission from Christiania Art Society came as a welcome consolation for Gude during his stay in Wales. The two years he spent there, brought financial difficulties, despite the rich artistic dividends. The climate allowed him to work outdoors much of the year, and free of academic teaching and administrative duties he could devote himself to artistic contemplation and reflection on his personal objectives and working methods.

On 11 February 1863, Gude wrote to the Art Society: "It will be a pleasure for me to deliver a framed painting for this year's raffle at a price of 150 rix-dollars." The artist has recorded the date of the painting on the stretcher: "Lledr bridge Betts-y-Coed. June 1863." In a letter from Gude to the secretary of the Art Society in October 1863 he wrote: "I chose this subject for the Art Society because I thought it might be interesting to see a landscape from a foreign country for a change, and since I was able to paint this directly from nature, I thought it might be of all the more interest. The place is very close to my house; up on the hillside behind the bridge you can just glimpse the roof of my cottage."

The picture of the river and the man on horseback moving slowly across the overgrown bridge has an intimate charm with its evergreen shades of foliage and the misty vista in the background.

The artist's assumption that his close relationship to the exotic location he depicts would be particularly attractive to the Christiania Art Society seems to have been borne out; for the painting was not raffled but rather incorporated into the Art Society's permanent collection. It was shown at both the Nordic Exhibition of Industry and Art in Copenhagen in 1871 and the World Exposition in Vienna in 1873. It was transferred to the National Gallery together with the rest of the Christiania Art Society's permanent collection in 1877.

3 Hans Gude
Brenning, 1864
Breakers
Olje på lerret, 96 x 127,5 cm
Privat eie, Oslo

Mens høyfjellsmotivene hadde dominert Gudes produksjon i 1840- og 50-årene, fikk kysten og sjøen en bredere plass de neste tiår. Under sitt opphold i Wales (1862–64) skriver Gude til kunsthandler Schulgen, som hadde forretning i både Düsseldorf og Paris, at hvis han skulle ha håp om å gjøre lykke hos et fransk publikum, måtte det være med motiver fra den norske kysten. Fra Karlsruhe 18. juni 1864 heter det: «Om dette tør jeg si at det er det maleri, som har lykkedes meg best av alle de kystbillleder jeg har malt. Jeg har deri nedlagt resultatet av min studiereise på den norske kyst for to år siden.» (*Looström* 1882, 48.)

Beskrivelsen som svogeren geolog Theodor Kjerulf gir i 1867 av kystbildene han fikk se i Gudes atelier i Bettws-y-Coed i Wales, passer godt på dette maleriet:

> Havet bryder mod Granitskjær ved den norske Kyst. En Brig arbeider sig langt ude gjennem de svære Bølger, og en liden Lodsbaad danser ud for at møde den. Dette er det bevægede Lysnende Hav med Gjennemsigtighed i hver Top af de vældige Bølger [...] Paa den glatte vaade Granit [...] læser du Mærker efter Tidernes Gang – den faste haarde oprindelige Masse, Afslibningen fra den fjerne Istid og Bølgernes ustandselige Værk med at vadske og glatte og Solen med at tørre – nu kommer netop atter et brusende Stænk, men Vandet glider hurtig af de hvælvede Flader – og du ser til Himmelen med de flyvende Skyer og tænker: I al den Tid har Herren vaaget ove Vandene og Ordet har staaet som en Klippe.

Kjerulfs motivtolkning med symbolske overtoner er karakteristisk for allmennreligiøsiteten hos en lyrisk-romantisk betrakter på 1800-tallet.

FEH

Whereas high mountains had been the dominant theme of Gude's art in the 1840s and 50s, the coast and the sea gained prominence in his work of the decades that followed. During his stay in Wales (1862–64), Gude wrote to the art dealer Schulgen, who had galleries in both Düsseldorf and Paris, that he was more likely to achieve success among French art-lovers if he painted scenes of the Norwegian coast. In a letter from Karlsruhe dated 18 June 1864 we read: "Concerning this I can say that of all the coastal scenes I have painted, this one is the most successful. In it I have invested the results of my study trip to the Norwegian coast two years ago." (*Looström* 1882, 48.)

The description that Gude's brother- in-law, the geologist Theodor Kjerulf, wrote in 1867 of coastal paintings he saw in the artist's studio at Betws-y-Coed in Wales could have been about this painting:

> The sea crashes against the granite rocks of the Norwegian coast. In the distance, a brig is battling against the heavy swell, while a small pilot boat goes bobbing out to meet it. This is the glittering sea in motion, the top of every mighty wave translucent [...] On the slippery wet granite [...] you read the marks of passing time – the hard solidity of original substance, eroded by the remote Ice Age and the incessant washing and polishing of the waves and the drying of the sun – another foaming surge is just raising its head, but the water pours quickly off the domed surfaces – and you look to the sky with its scudding clouds, and think: Throughout all the ages the Lord has watched over the waters and the Word has stood firm as a rock.

Kjerulf's interpretation of the picture, with its symbolic overtones, is characteristic of the universal religiosity among lyrical-romantic art enthusiasts in the 19th century.

4 Hans Gude
Likferd på Sognefjorden, 1866
Funeral Procession on the Sognefjord
Olje på lerret, 98,5 x 142 cm
Göteborgs Konstmuseum
Avbildet side 15

Motivet griper tilbake til Tidemand og Gudes fellesarbeid fra 1853 (kat. 1). Sognefjordslandskapet er det samme, men her har alle robåtene lagt fra land, og figurene spiller en mindre rolle ettersom de ses på avstand. Den svøpte kisten ros i den første båten, og her synges fra salmeboken. Hva komposisjonen mister i psykologisk nærbilde av de sørgende fra Tidemands hånd, kompenseres i den fortettede stemningen med skyene som henger lavt og atmosfæriske virkninger med lysningen av håp, som reflekteres på vannflaten i det mollstemte landskapet.

Årsakene til at Gude 13 år senere maktet å gjenskape *Likferden* alene i en selvstendig og helstøpt komposisjon, kan ha ligget i hans reflekterte og mer realistiske oppfatning av landskapet. Men nettopp dette motivet aktiviserte et minne fra forlovelsestiden som han beskrev i et brev, datert Balholm 20. august 1849, til Betsy Anker, som befant seg i Danmark:

> Fra vort Vindu see vi ud over den brede Sognefjord, men idag seer der ikke lystigt ud, Skyerne hænge tungt ned over Fjeldene, og oventil lyse de kolde Snebræer frem, naar Vinden et Øieblik river et Hul i Taagen, og Regnen indhyller hist og her Fjeldene og skjuler dem ganske; netop roede der flere Baade forbi med mange Mennesker i; de vare Alle tause og Qvinderne var tilhyllede med hvide Liin, og den forreste Baad bar i Bagstævnen en sørgelig Byrde – en Liigkiste. De skulde til Kirkegaarden, som ligger her strax ved, ligeover Fjorden.

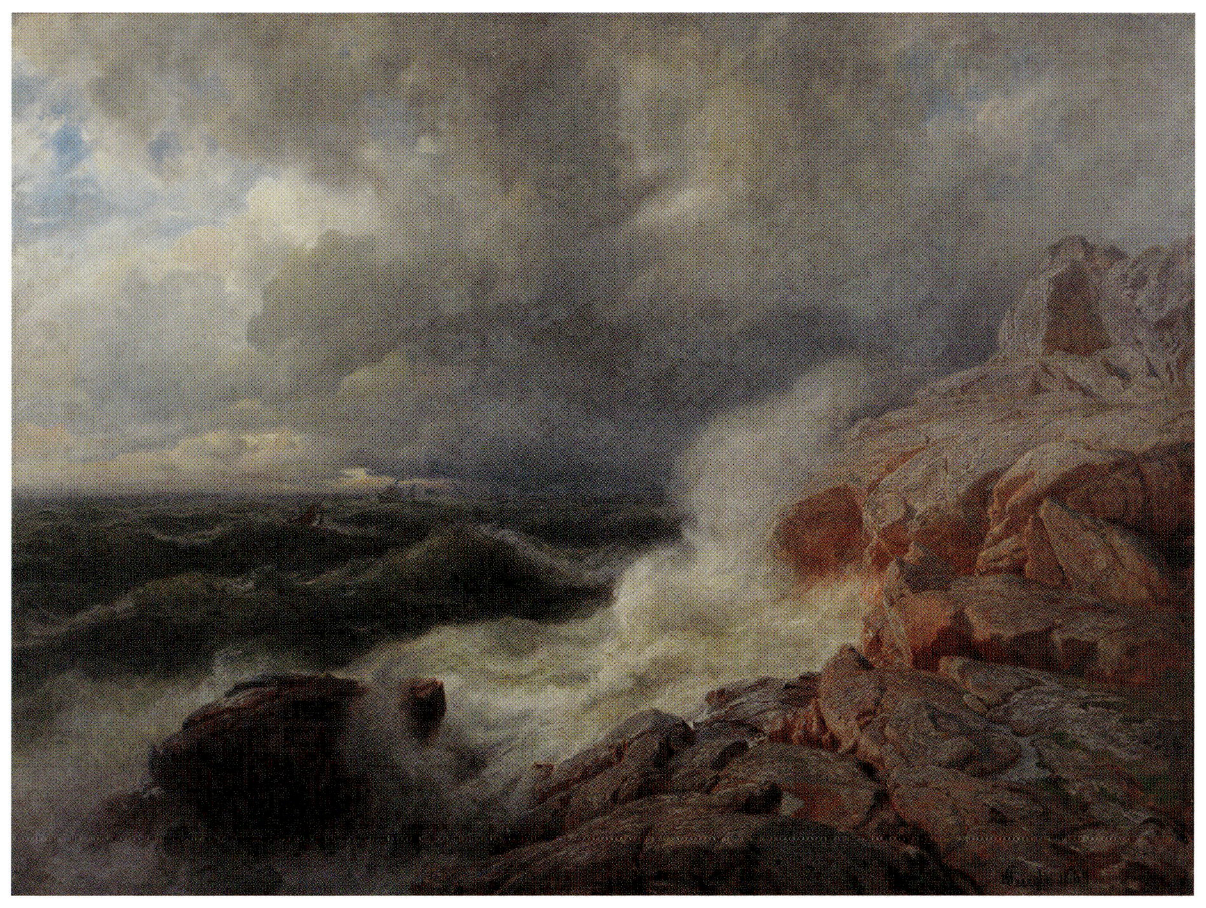

3

Begravelses- og kirkegårdsscener sto høyt i kurs blant Düsseldorf-malerne, og likferd til vanns, som var et norsk bidrag til dette repertoaret, ble også tatt opp av andre malere.

FEH

This painting looks back to Tidemand and Gude's collaborative work from 1853 (cat. 1). The Sognefjord landscape is the same, but here all the rowing boats have already pushed off from the shore, and the figures play a less significant role, insofar as they are further in the distance. The flag-draped coffin is lying in the first boat, where the passengers are singing from their hymn books. What the picture lacks in terms of the psychological intensity that Tidemand gave to his mourners is compensated by the more intense mood of the low-hanging clouds and the atmospheric effect of the light reflected on the water, a symbol of hope in this melancholy landscape.

Gude's success in recreating *Likferd* alone, as an autonomous and unified composition, some thirteen years after the version he painted with Tidemand, is primarily attributable to his thoughtful and more realistic treatment of the landscape. It was this very picture that brought back a memory from his period of betrothal to Betsy Anker, and which he described to her in a letter dated Balholm 20 August 1849, at a time when she was in Denmark:

> From our window we look out across the broad Sognefjord, although today it does not look cheerful, the clouds hang heavy over the mountains, and high up there is the cold glint of the snowfields when for a brief moment the wind rips a hole in the mist, while here and there the mountains are cloaked in rain and utterly hidden; a moment ago, several boats carrying many people went rowing past; none of them spoke, and the women were dressed in white linen, and in its stern the leading boat carried a sorrowful cargo – a coffin. They were on their way to the cemetery, which lies close by, just across the fjord.

Funeral and cemetery scenes were popular among the Düsseldorf painters, and funeral processions by boat, a Norwegian contribution to this repertoire, were also attempted by other painters.

5 Hans Gude
En sognejakt, 1866
A Sloop from Sogn
Olje på lerret, 41 x 62,5 cm
NG.M.00635.003, Nasjonalmuseet for kunst, arkitektur og design, Oslo

6 Hans Gude
Tordenskyer over Chiemsee, 1867
Thunder-Clouds over the Lake Chiemsee
Olje på lerret oppklebet på papplate, 19,5 x 31,5 cm
NG.M.00635.004, Nasjonalmuseet for kunst, arkitektur og design, Oslo

Sommeren 1867 tilbrakte Gude på den kjente Fraueninsel i Chiemsee, Bayerns største innsjø. Fraueninsel, en av innsjøens tre øyer, har sitt navn takket være «et gammelt endnu blomstrende Nonnekloster (om man saa kan kalde det) paa Øen,» for å sitere malerens humor i *Liv ogVærker* (s. 83). Her møtte Gude også kunstnere fra München som løste de maleriske problemer som bød seg, på en ganske annen måte. De forsto ikke at man kunne male i fullt dagslys, slik Gude gjorde, ettersom de var mest opptatt av «stemninger».

Gudes skisse av den vidtfavnende utsikten med lav horisont, nedtegnet på stedet den 26. august, er i hovedsak en skystudie. Det tetner til over munkeklosteret på Herreninsel, den andre av de tre øyene, hvor bygningene kan skimtes i det fjerne mot horisonten. Men skydekket splittes opp, og sollyset, som bryter gjennom skyene, reflekteres i vannflaten. Denne Chiemsee-studien er en frisk og umiddelbar naturobservasjon som hevder seg meget godt i norsk landskapstradisjon.

FEH

Gude spent the summer of 1867 on the famous Fraueninsel in Chiemsee, Bavaria's largest lake. One of three islands in the lake, Fraueninsel derives its name from "an ancient and still flourishing nunnery (if one can describe thus) on the island," as the artist humorously notes in his memoirs (*Liv og Værker,* p. 83). Here Gude also encountered artists from Munich, who applied very different approaches to the problems of painting. For them, it was hard to understand why anyone should want to paint in broad daylight, as Gude did, since their own primary concern was with "mood".

Gude's sketch of this broad vista with its low horizon, captured at the location on 26 August, is essentially a study of clouds. Above the monastery on Herreninsel, the second of Chiemsee's three islands, where the buildings are just visible on the distant horizon, the sky is growing overcast. But there is still a break in the clouds, letting through sunlight, which reflects on the surface of the water. Fresh and immediate in its observation of nature, this Chiemsee study is an excellent example of the Norwegian landscape tradition.

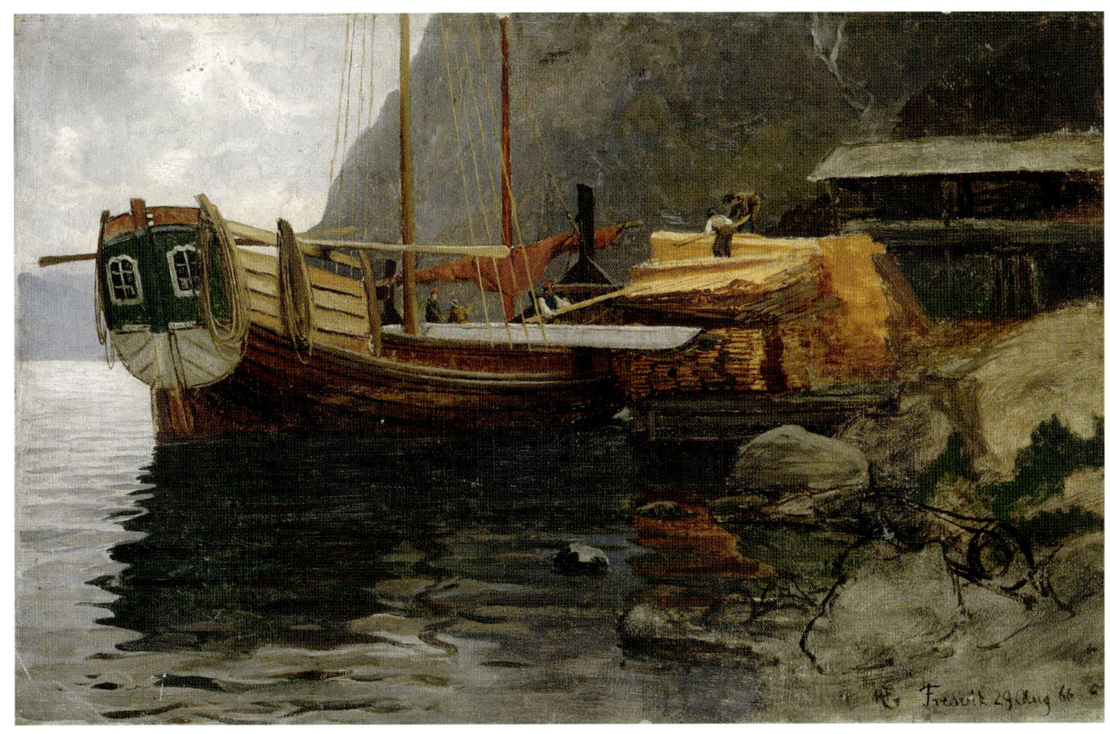

5

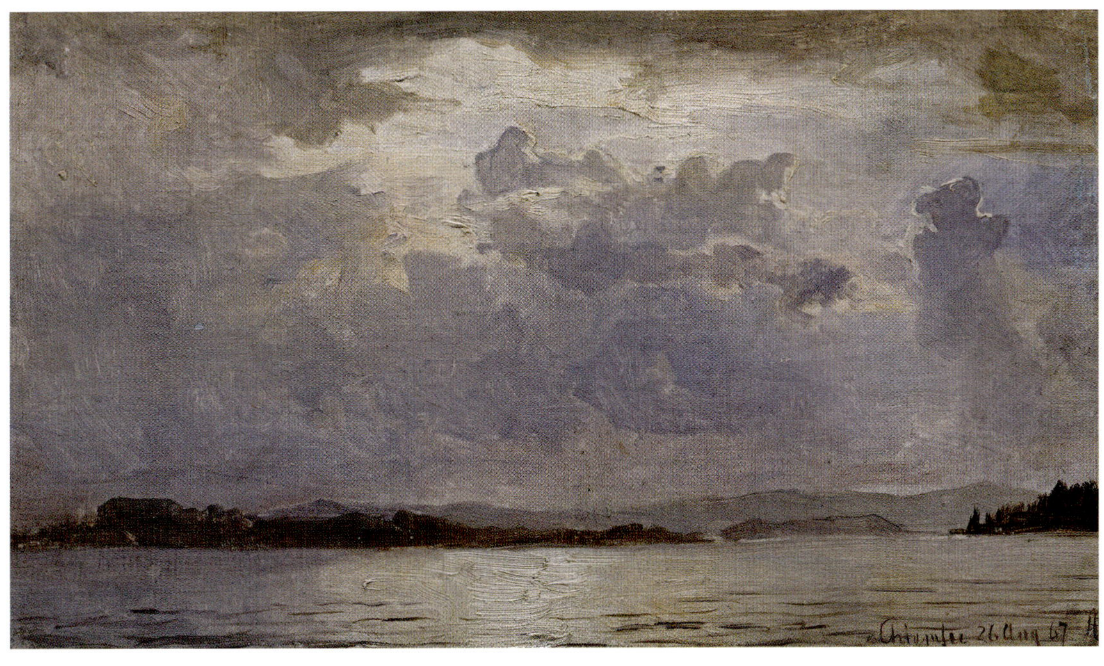

6

7 Hans Gude
Fiskerbarn Chiemsee, 1867
Children fishing in the Chiemsee
Olje på lerret oppklebet på papplate, 25 x 20,5 cm
NG.M.00635.010, Nasjonalmuseet for kunst, arkitektur og design, Oslo

Sommeren ved Chiemsee i Bayern 1867 ble et gjennombrudd for figurstudiene, og heretter opptok menneskene større plass i Gudes komposisjoner. I dette lille arbeidet fra 1867 dominerer gutten og jenta i robåten nesten hele billedflaten, og de gjengis i naturlige, avslappede stillinger mens han ordner fiskeredskapen og hun ser ned i vannet. Med lettflytende pensel gjengir Gude i relativt stort format de to barna i stavnen på en karakteristisk «Chiemsee-pram», en *Einbaum,* som er en flatbunnet båt uthult av én stor stokk. De naturlige bevegelsene mens de holder på med åren og fiskeredskapene, den «tilfeldige» avskjæringen av motivet samt datoen 18. September 67 i nedre kant får oss til å tro at dette er en oljeskisse spontant utført på stedet. I kunstnerens livserindringer (s. 87) har imidlertid Lorentz Dietrichson presentert nøyaktig det samme motivet på papir, «Fiskerbørn ved Chiemsee», datert i akvarell dagen før: «Chiemsee 17 Sept 67». Trolig er altså dette lille oljemaleriet ikke gjort foran motivet, men basert på akvarellskissen av barna fra dagen før.

FEH

The summer Gude spent at Chiemsee, a lake in Bavaria, in 1867 brought a breakthrough in his figure studies, and from then on, people featured much more prominently in his compositions. In this little work from 1867, the boy and the girl in the rowing boat dominate the entire picture. Depicted in natural, relaxed positions, the boy is handling the fishing net, while the girl looks down in the water. Using easy, flowing brushstrokes and a relatively large format, Gude has painted the two children in the prow of a characteristic Chiemsee *Einbaum*, a flat-bottomed rowing boat made from a single, hollowed-out log. The casualness of the way they handle the oar and the fishing gear, the "arbitrary" cropping of the motif, and the date 18. September 67 written along the lower edge all create the impression that this is a spontaneous oil sketch executed on location. In the artist's memoirs (p. 87), however, Lorentz Dietrichson includes a watercolour on paper with exactly the same motif, Fiskerbørn ved Chiemsee (Children Fishing in Chiemsee), which bears the date of the previous day: "Chiemsee 17 Sept 67". In other words, it is probable that this small oil painting was not done in front of the subject, but was based instead on the watercolour sketch from the day before.

8 Hans Gude
Strandidyll Chiemsee, 1869
On the Shore of the Chiemsee
Olje på lerret, 90 x 140 cm
Privat eie, Oslo

Gude besøkte Chiemsee første gang sammen med sin finske elev Werner Holmberg (1830–1860) i 1856 og returnerte så elleve år senere med kone og barn. En kvinnelig elev fra Hannover hjalp Gude med å få folk til å stå modell, noe malerprofessoren var altfor sjenert til selv å forsøke. «Min Hustru klædte sig ogsaa i en Fiskerpiges Dragt, og da hun havde staaet Model nogle Gange, var det ikke mere vanskeligt at faa Andre til. ... Jeg fik Stof til en hel Mængde Billeder, hvori Vandet og Fiskerlivet var det Herskende,» mintes Gude. (*Liv og Værker,* s. 85.)

I maleriet ser vi kvinner og barn ved stranden. En båt med fiskere med garnet ute stakes inn mot bredden. Staffasjefigurene ved stranden harmonerer med de enkle omgivelsene. Det smekre sivgresset danner silhuett mot vannflaten i den store innsjøen som brer seg ut og gir dybde til landskapskomposisjonen, som avsluttes med fjellene som avtegnes mot de drivende skyene og munkeklosterets bygning på Herreninsel langt borte. Det er noe ærlig og vakkert ved dette upretensiøse ettermiddagsmotivet med fiskerne i sitt lokale miljø, som reflekterer et ideal om mennesker som lever i pakt med naturen omkring seg.

FEH

Gude visited Chiemsee for the first time together with his Finnish student Werner Holmberg (1830–60) in 1856. He returned eleven years later with his wife and children. A female student from Hannover helped Gude to find people to serve as models, a task the professor of painting was too shy to undertake personally. "My wife also dressed up as a fisherwoman, and having posed as a model a few times, it was no longer difficult to get others to do the same ... I produced material for a large number of pictures, in which water and fishing activities would form dominant elements," Gude later recalled (*Liv og Værker*, p. 85).

In this painting we see women and children at the water's edge. A fishing boat trailing a net is being punted towards the shore. The staffage figures harmonise with the simple surroundings. Slender rushes are silhouetted against the surface of the broad lake that spreads out beyond, giving depth to the landscape composition, which culminates in the mountains set against drifting clouds. The monastery on Herreninsel is just visible in the distance. There is an honesty and beauty to this unassuming afternoon scene of fisher folk in a local setting, reflecting the ideal of people living in harmony with the nature that surrounds them.

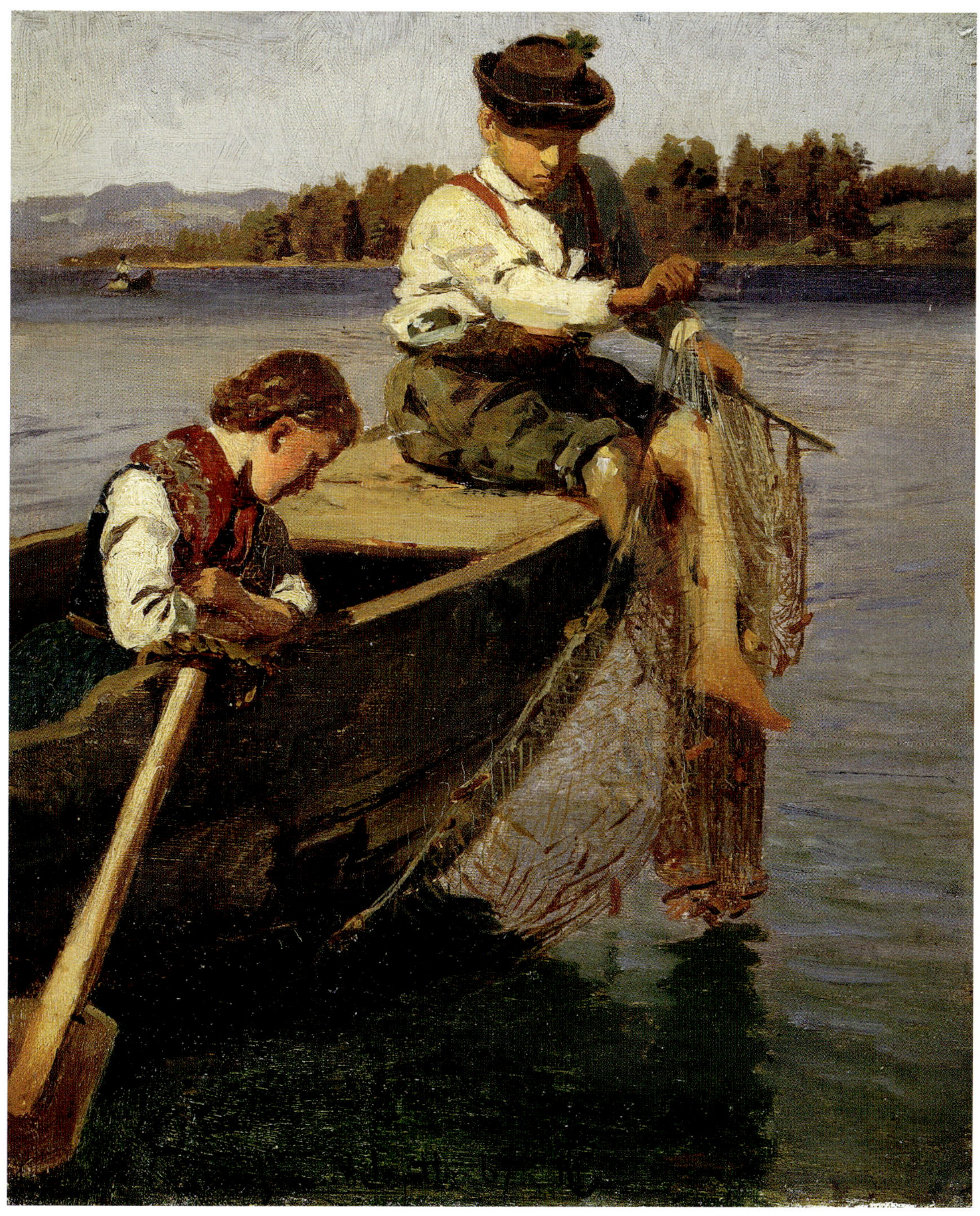

7

9 Hans Gude
Elv med stangfisker, 1871
River with an Angler
Olje på lerret, 75 x 95 cm
Privat eie, Oslo

10 Hans Gude
Mondsee med Drageveggen, 1870
The Lake Mondsee with the Mountain Drachenwand
Olje på lerret, 50 x 77,5 cm
Privat eie, Oslo

Under sin tid i Wales gjorde Gude en mengde studier, som han senere benyttet i større komposisjoner. Fjellformasjonene som forsvinner i tåken, den frodige vegetasjonen og det disige høstværet med gult og rødt løv på trærne, kan minne om Conwy Valley. Elven, som tar en sving, har god vannføring. Overskrevs på en stor stein ved bredden sitter en sportsfisker med stang og flettet fiskekreppe.

Penselføringen er ledig og lettflytende, fargespillet i naturen smelter sammen uten skarpe kontraster, og vi merker den modne kunstnerens valg av sujett. Naturutsnittet er rolig og harmonisk uten nærsynte overarbeidelser eller unødvendige detaljer. Det er ikke usannsynlig, hvis landskapet er hentet fra Wales, at forgrunnsskikkelsen er Gudes fiskende kollega, maleren John Raven, som druknet i 1877.

FEH

During his time in Wales, Gude made numerous studies, which he later used in larger compositions. Here, the mountain formations receding into the fog, the lush vegetation and misty autumn weather with yellow and red leaves on the trees are all reminiscent of the Conwy Valley. At a bend in the river, the current is fast. Sitting astride a large rock is an angler with a bag.

The brushwork is free and flowing, blending the colours of nature into one another without sharp contrasts. Note the mature artist's choice of subject. The composition is tranquil and harmonic, and avoids fastidious reworking and unnecessary detail. Since this is quite possibly a Welsh landscape, the figure in the foreground could well be Gude's friend, the angler and painter John Raven, who drowned in 1877.

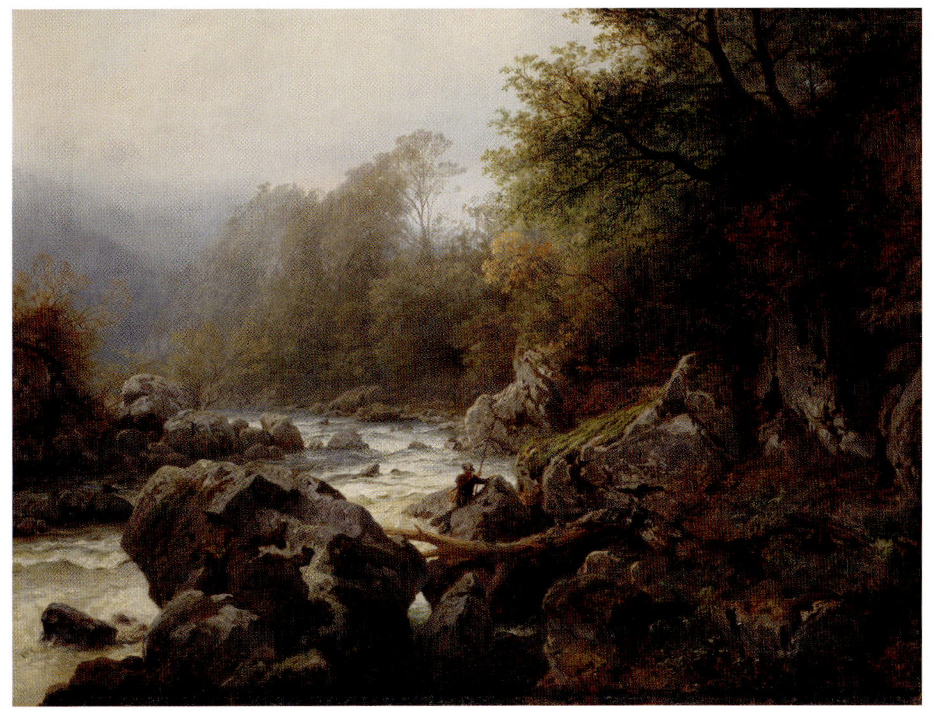

9

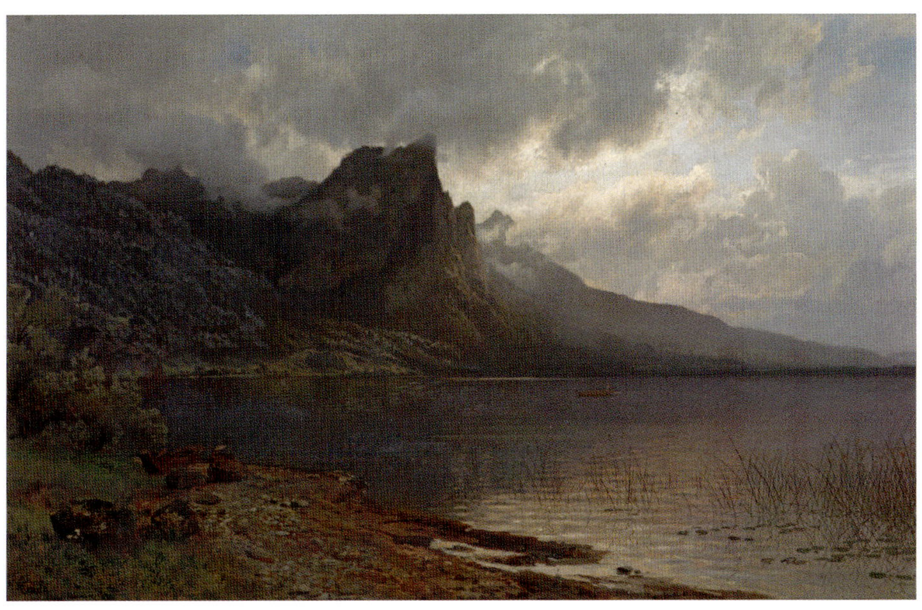

10

11 Hans Gude
Gosausee, 1871
The Lake Gosausee
Olje på lerret, 85 x 135 cm
Privat eie, Oslo

Maleriet hører til en serie på seks motiver fra østerrikske innsjøer (se kat. 10 *Mondsee* og 12 *Traunsee*), bestilt av kunsthandler Kaeser i Wien og vist på Den internasjonale Kunstutstilling i Wien i 1871. (*Traunsee* var i samlingen til Viktor Ephrussi (1860–1945), kjent gjennom oldebarnet Edmund de Waals bok *Haren med øyne av rav.*) Det var sommeren 1870 under utbruddet av den fransk-tyske krig Gude gjorde studier til denne serien. Han hadde slått seg ned med hele familien ved Mondsee i Salzkammergut og var meget bekymret over krigens utfall siden hans bopel i Karlsruhe lå ganske nær grensen. På utflukten til Gosausee hadde Gude tatt med sin eldste datter Sigrid samt to kvinnelige elever. I livserindringene (s. 92–93) skriver han:

> Det er en fuldstændig Høifjeldsdal med det mægtige Dachstein og andre 6000 Fods nøgne, steile Klippevægge og under disse den lille dystre Sø, omkranset af en mørk Skov af Ædelgran. Der var blot een skrøbelig Baad paa Søen; men det var mig om at gjøre at male Billedet midt ude fra Vandet ... men oppe bag Fjeldtoppene kom med engang mørke Skyer væltende, og inden vi fik pakket ind for at ro til Baadhuset, stod Søen i et Skum, og med de daarlige Aarer var det ikke muligt at styre Baaden, saa vi blev simpelthen kastet i land hulter til bulter, og ... det Værste var, at min Skizzebog med en Mængde Tegninger fra Reisen gikk i Søen. ... Jeg fik mine 6 Studier med tilhørende Tegninger af Baade og lignende Ting, og da vi kom hjem til Mondsee, kom der et 6 Ugers Regnveir ... Jeg gav mig til at tegne op de 6 Billeder, og da Alt var i friskt Minde, saa fik jeg dette Arbeide færdigt, til Godveiret kom igjen.

Fjelldalen har et både vakkert og dystert preg med skygge i den tette barskogen, men med lys over fjellene i det fjerne. Vi formelig hører fjelldalens ekko idet den ene av de to jegerne, som står ved styreåren, løfter hånden til munnen og roper. Begge har karakteristiske østerrikske korte jakker, *Lederhosen* og hatter med en dusk av gemsehår i båndet, et kjennetegn på jaktutbytte. Den døde gemsen med de karakteristiske krumme, små hornene ligger i baugen på båten.

I billedsyklusen er det kun de to sjøene *Gosausee* og *Mondsee* med den takkede silhuettlinjen av fjellet *Drachenwand* [Drageveggen], som konfronterer oss med alpesjøenes skremmende villskap.

FEH

This is one in a series of six paintings of Austrian lakes (see cat. 10 *Mondsee* and 12 *Traunsee*) commissioned by the art dealer Kaeser in Vienna and shown at the International Art Exhibition in Vienna in 1871. (*Traunsee* was in the collection of Viktor Ephrussi (1860–1945), known through *The Hare with Amber Eyes*, a book written by his great grandson Edmund de Waal.) Gude did his preliminary studies for this series in the summer of 1870, during the outbreak of the Franco-Prussian War. He and his family had found lodgings at Mondsee in the Salzkammergut and were deeply worried about the progress of the war, since their residence in Karlsruhe lay uncomfortably close to the border. On his excursion to Gosausee, Gude was accompanied by his eldest daughter Sigrid and two female students. In his memoirs, *Liv og Værker* (pp. 92–93), he writes:

> It is in its entirety a high Alpine valley, with the mighty Dachstein and other 6000-foot-high walls of bare, steep rock, and beneath them the sombre little lake, surrounded by a forest of dark fir trees. There was just one puny boat on the lake; I had wanted to paint the picture from far out on the water ... but dark clouds suddenly came rolling across the mountain peaks, and before we could pack our things away in order to row to the boathouse, the lake began to seethe, and because of the bad oars it was impossible to control the boat, and we were veritably cast up onto the shore all pell-mell, and ... the worst of it was that my sketchbook containing a multitude of drawings from the journey fell in the lake. ... I did my six studies with accompanying sketches of boats and similar things, and when we got home to Mondsee, a six-week period of rain set in ... I devoted myself to drawing up the six pictures, and since everything was still fresh in my memory, I had finished the work by the time the weather improved again.

The mountain valley effuses a mood of both beauty and gloom, with its mix of shadows in the dense pine forests and light above the snow-covered mountains in the distance. We can virtually hear the echo from the mountains as one of the two hunters, standing at the rudder, calls out with his hand cupped to his mouth. Both are wearing distinctive Austrian waist-length jackets and lederhosen and have tufts of chamois hair in their hatbands, a sign that the hunt was successful. The dead chamois with its characteristic short, curved horns is lying in the bow of the boat.

In this picture cycle, it is only the depictions of *Gosausee* and *Mondsee*, with the jagged silhouette of the *Drachenwand* (Dragon Wall) mountain, that confront us with the frightening wildness of the Alpine lakes.

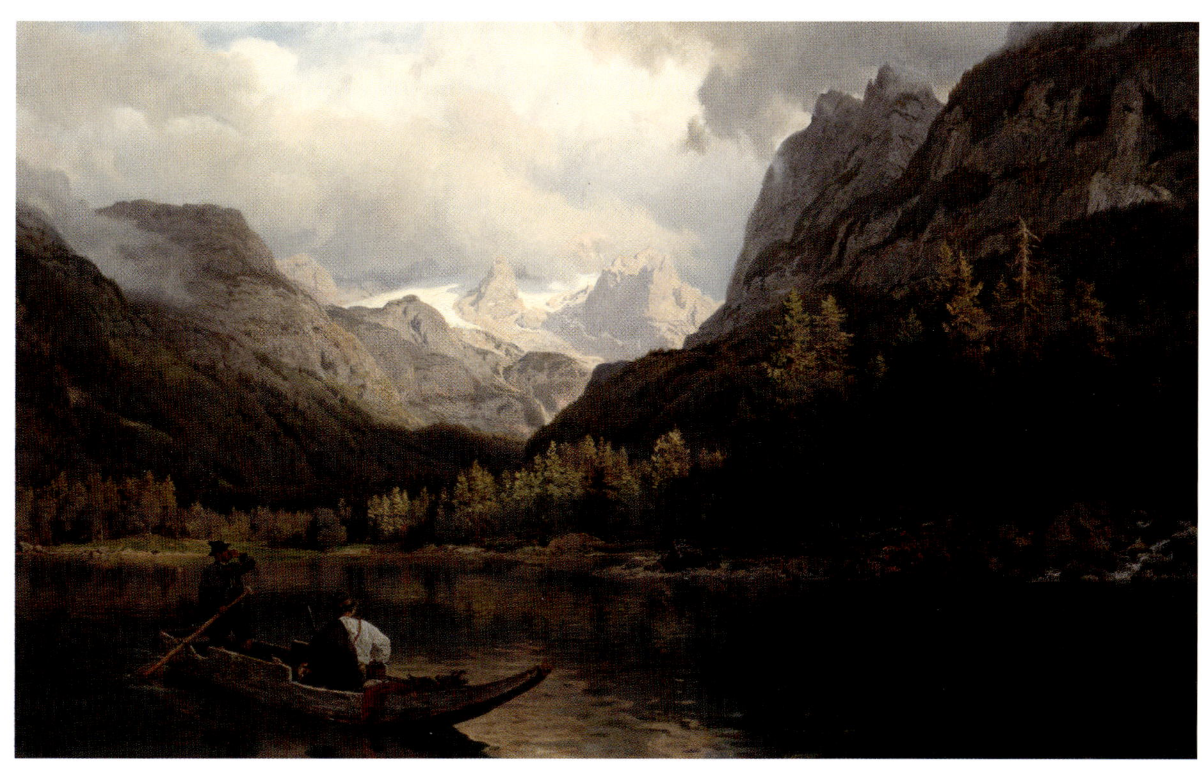

11

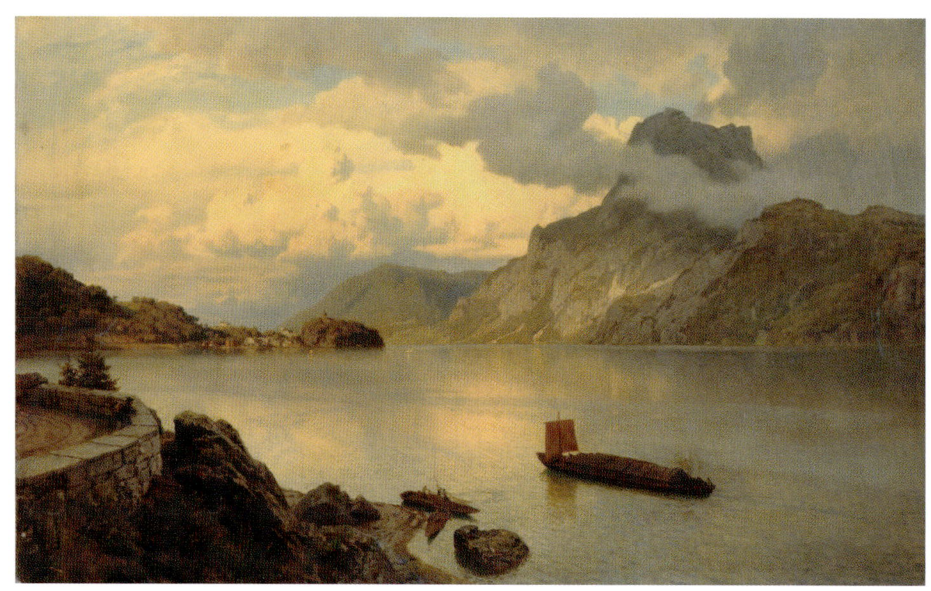

12

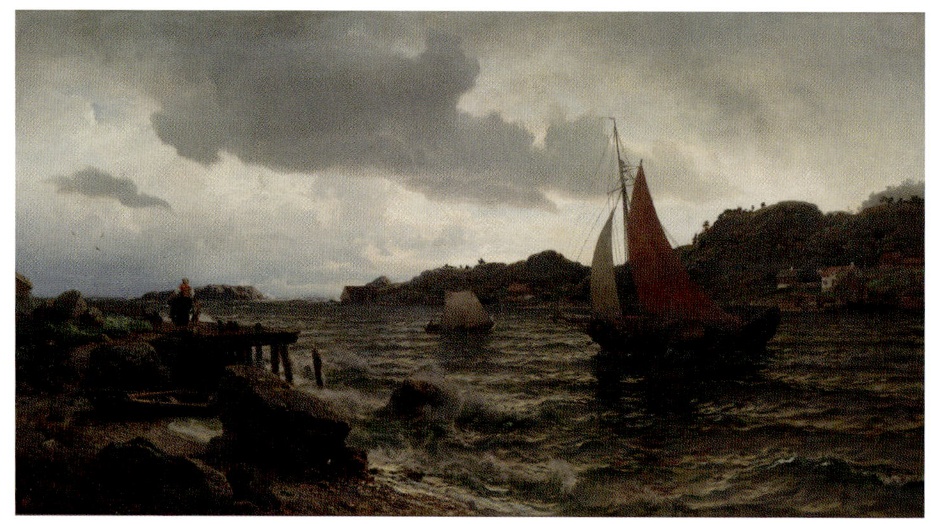

13

12 Hans Gude
Traunsee, 1871
The Lake Traunsee
Olje på lerret, 85 x 133 cm
Privat eie, Sverige

13 Hans Gude
Loshavn, 1871
Pilot Harbour
Olje på lerret, 77,5 x 137 cm
KODE Kunstmuseene i Bergen

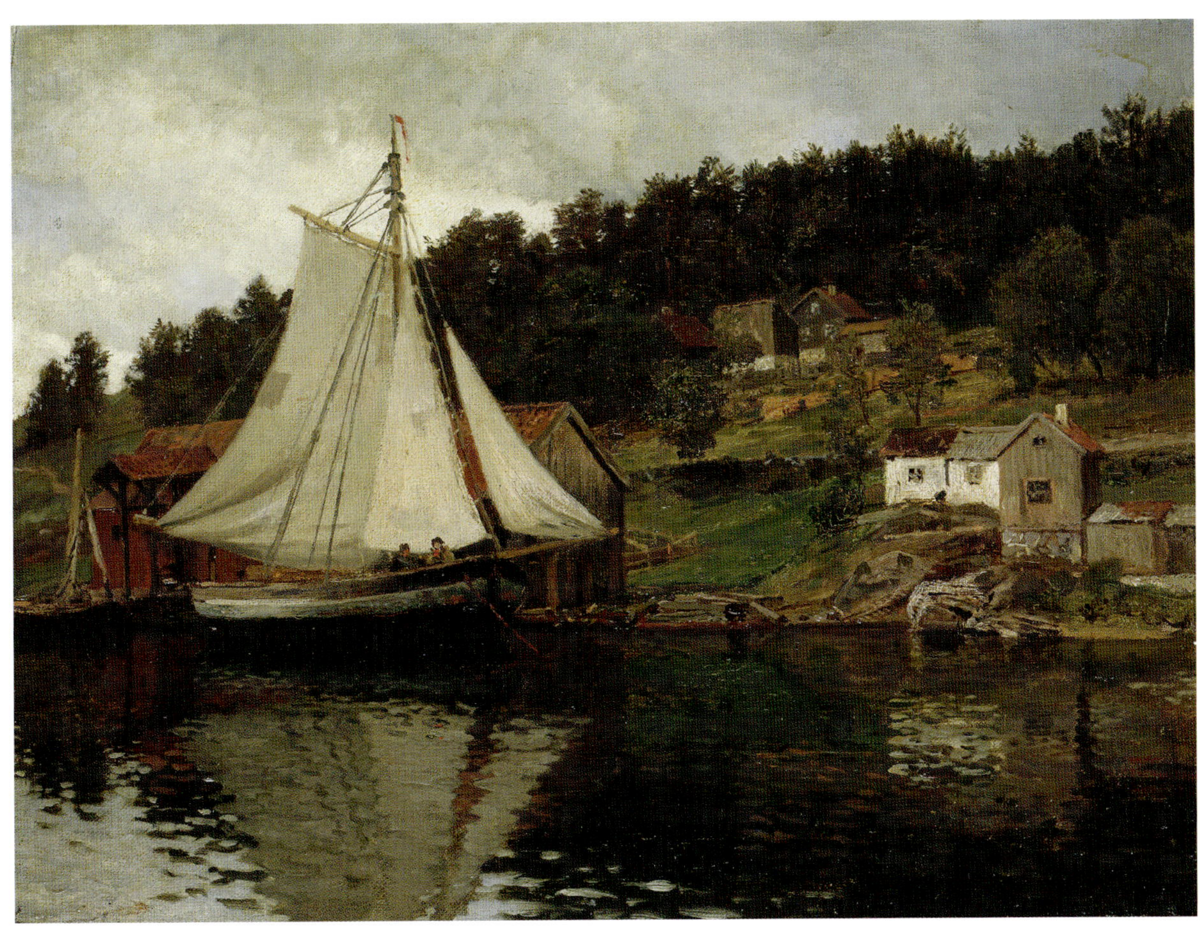

14

14 Hans Gude
Fra Sandviken, 1873
At Sandviken
Olje på lerret, 35,5 x 45,5 cm
NG.M.00635.006, Nasjonalmuseet for kunst, arkitektur og design, Oslo

15 Hans Gude
Skystudie, 1873
Study of Clouds
Olje på lerret oppklebet på papplate, 35,5 x 22,8 cm
NG.M.04248, Nasjonalmuseet for kunst, arkitektur
og design, Oslo

Et stempel på baksiden: «NACHLASS HANS GUDE» indikerer at maleriet ble registrert i Gudes dødsbo. Det hadde deltatt på den retrospektive utstillingen i Christiania Kunstforening i 1895, i forbindelse med kunstnerens 70-årsfeiring, dengang som kat.nr. 26. Merkelappens håndskrevne tekst «Luftstudie I Hans Gude» tyder på at denne skystudien også var med på salgsutstillingen samme sted over Gudes etterlatte bilder som ble arrangert av arvingene i 1904.

Landskapet er redusert til et minimum i nedre kant der en trekrone antydes med noen få penselstrøk, og den karakteristiske monogramsignaturen svever diskret over horisonten. Hovedmotivet er skyene som driver over himmelen, pastost malt med hvitt og grått mot en blå bakgrunn.

FEH

A stamp on the back, "NACHLASS HANS GUDE", indicates that this painting was catalogued as part of Gude's estate following his death. It was included in a retrospective exhibition at Christiania Art Society in 1895, on the occasion of the artist's 70th birthday, as catalogue no. 26. Handwritten on the label are the words "Luftstudie I Hans Gude" (Study of the sky I Hans Gude), suggesting that the painting also featured in a sales exhibition organised at the same venue by Gude's heirs in 1904.

The landscape is reduced to a minimum along the lower edge, where the crown of a tree is indicated with just a few brushstrokes, and the characteristic monogram signature hovers discreetly above the horizon. The main subject is the clouds floating across the sky, painted in pastose white and grey against a blue background.

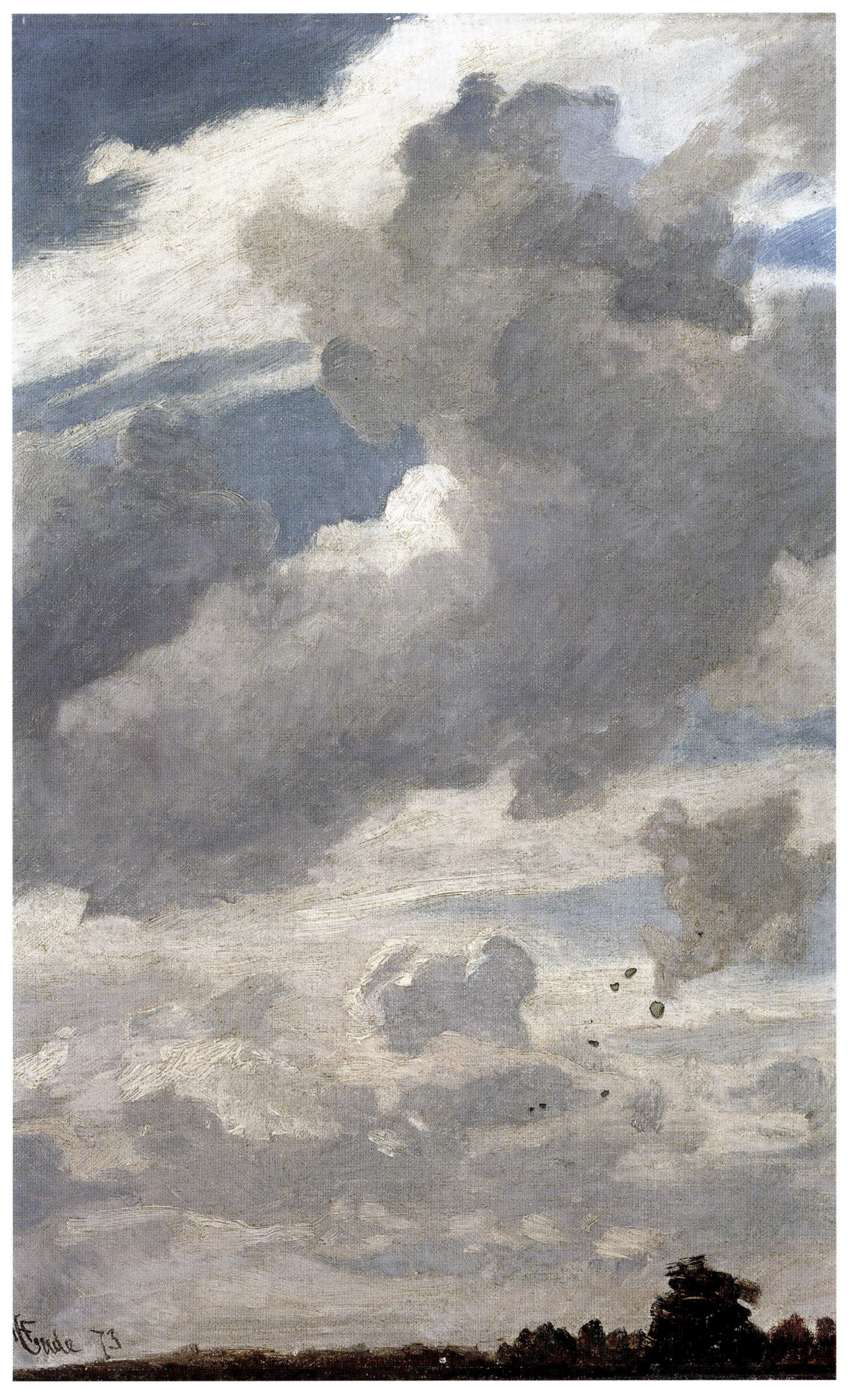

15

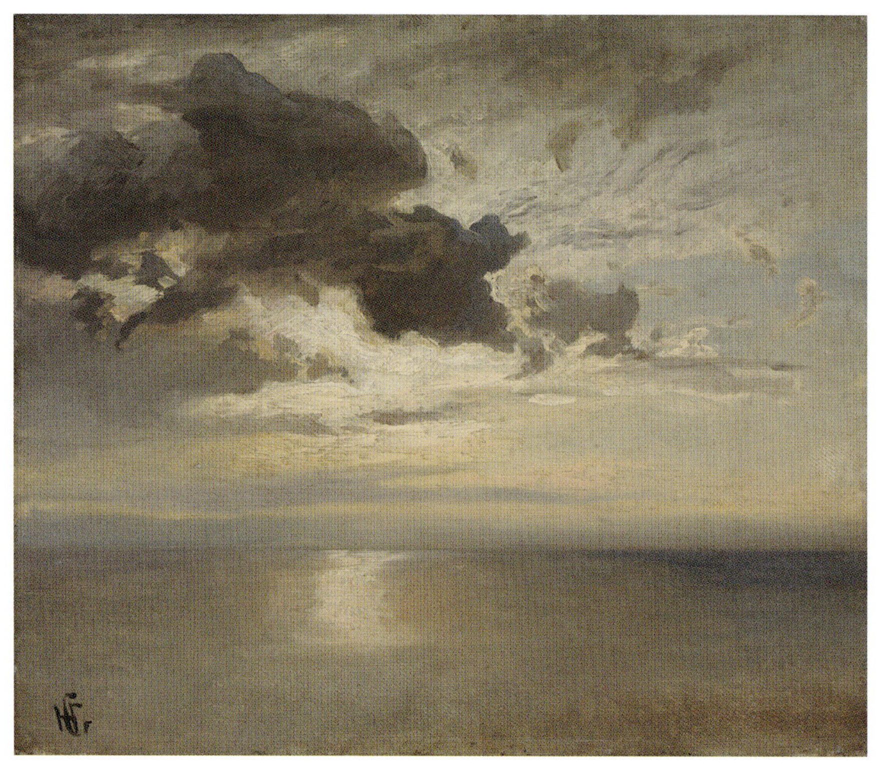

16

16 Hans Gude
Skystudie over hav, uten år
Cloud Study over the Sea
Olje på lerret, 35 x 40 cm
NG.M.02234, Nasjonalmuseet for kunst, arkitektur og design, Oslo

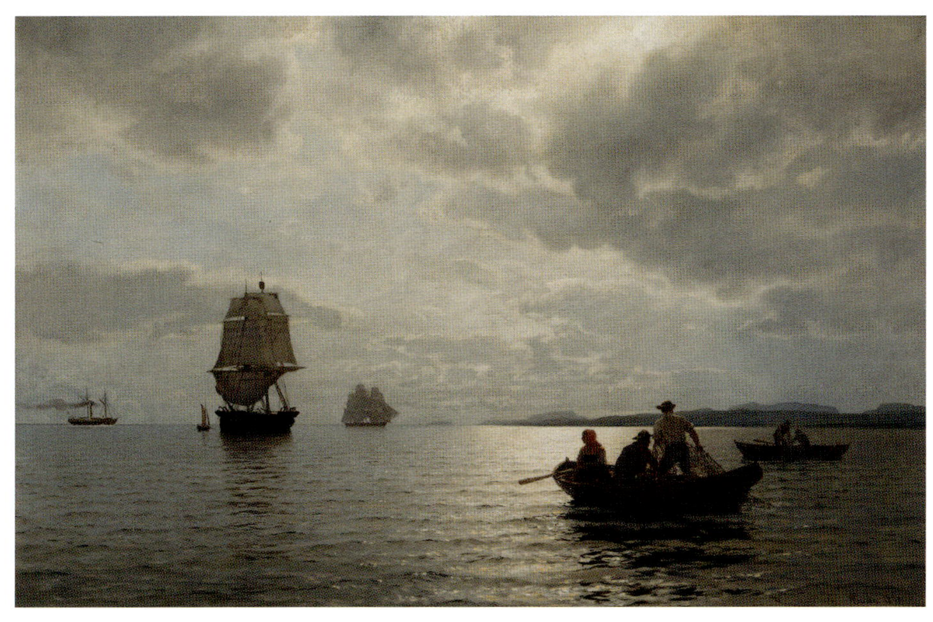

17

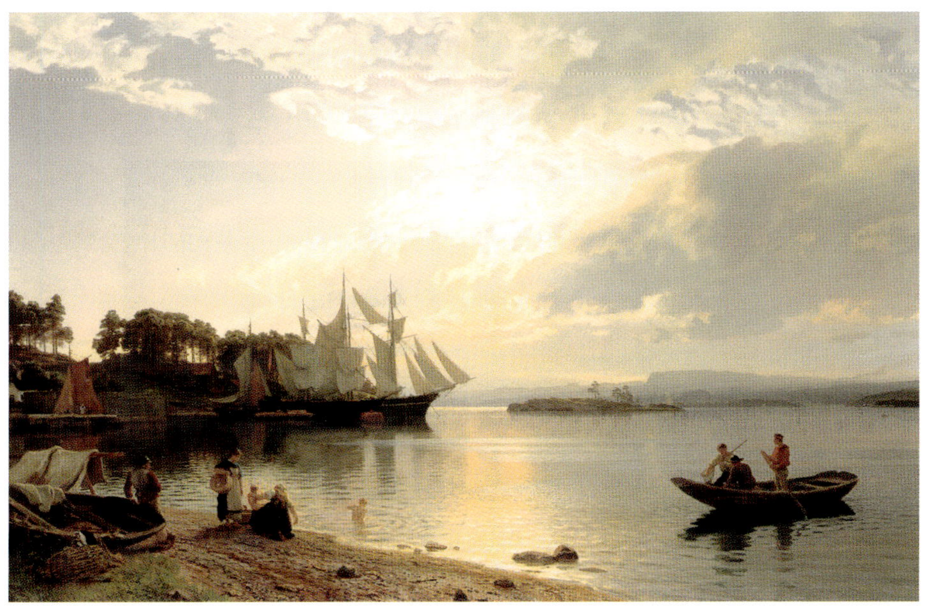

18

17 Hans Gude
Innløpet til Christiania i vindstille, 1873
The Approach to Christiania calm
Olje på lerret, 75 x 114 cm
KODE Kunstmuseene i Bergen

18 Hans Gude
Forankrede skip i en bukt i Sandviksfjorden, 1874
Ships off a wooden Coast
Olje på lerret, 91 x 139 cm
Privat eie, Oslo

19 Hans Gude
Innseilingen til Christiania, 1874
The Approach to Christiania
Olje på lerret, 98 x 140 cm
NG.M.00262, Nasjonalmuseet for kunst, arkitektur og design, Oslo

Maleriet er et representativt eksempel på skildringen av Christianiafjorden i solgangsbris, og motivet er kjent fra flere versjoner. Solen skjules bak godværsskyer, og Akershus festning er synlig i bakgrunnen. Via et par, tre småbåter ledes betrakterens blikk over lysglitrende bølger innover mot det dominerende seilskipet. Komposisjonen munner ut i en fullrigger for anker foran Kolsås i det fjerne. Ytterst mot horisonten antyder en røykstripe at vi befinner oss i dampskipsalderen. Så tilforlatelig er helhetsvirkningen at bildet slett ikke oppfattes som den iscenesettelsen det er.

FEH

The painting is a representative example of depictions of the Christiania Fjord with a sea breeze. Gude painted several versions of this motif. The sun is hidden behind fair-weather clouds, and Akershus Fortress is visible in the background. A number of smaller boats lead the viewer's gaze in across the glistening waves towards the dominant sailing ship. The composition culminates in a full-rigged ship at anchor just outside Kolsås in the distance. A plume of smoke on the horizon to the left suggests that the age of the steamship has arrived. The overall impression is so plausible that we do not perceive the picture as staged.

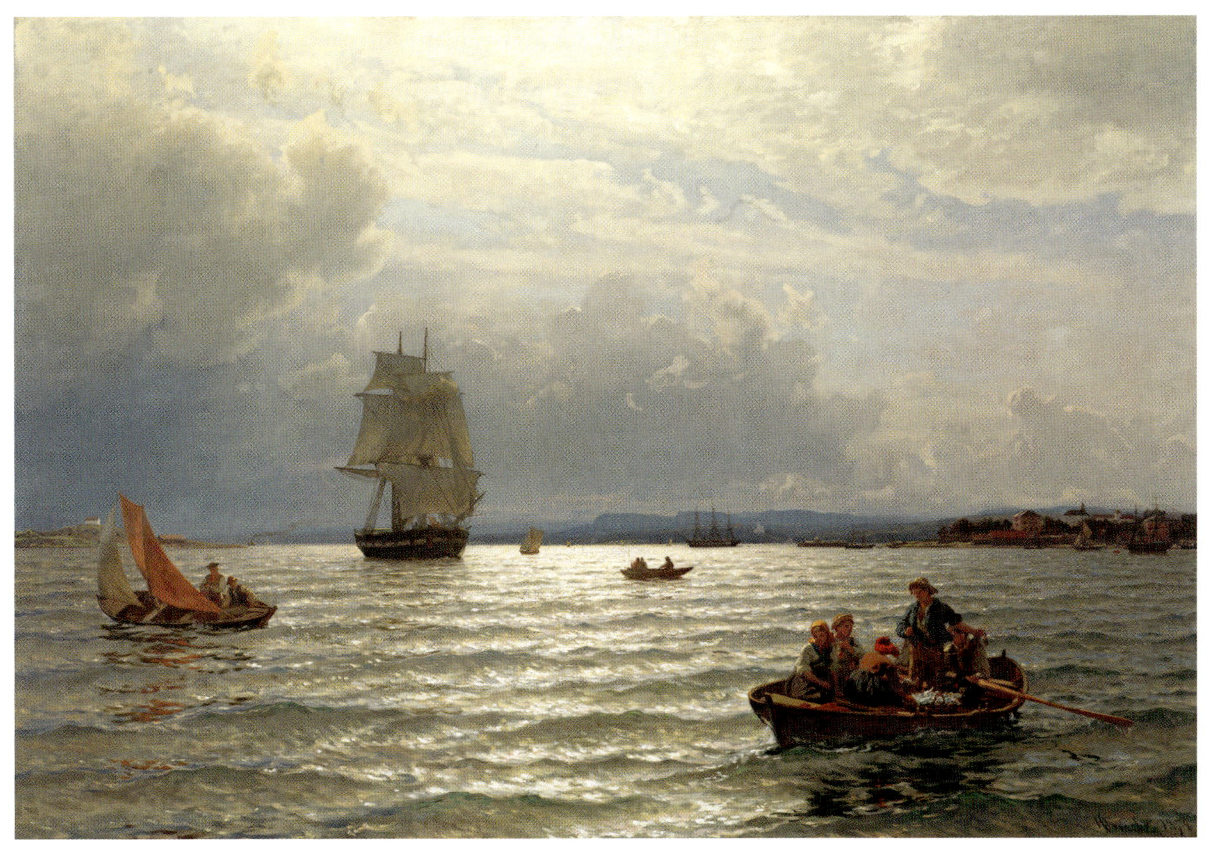

19

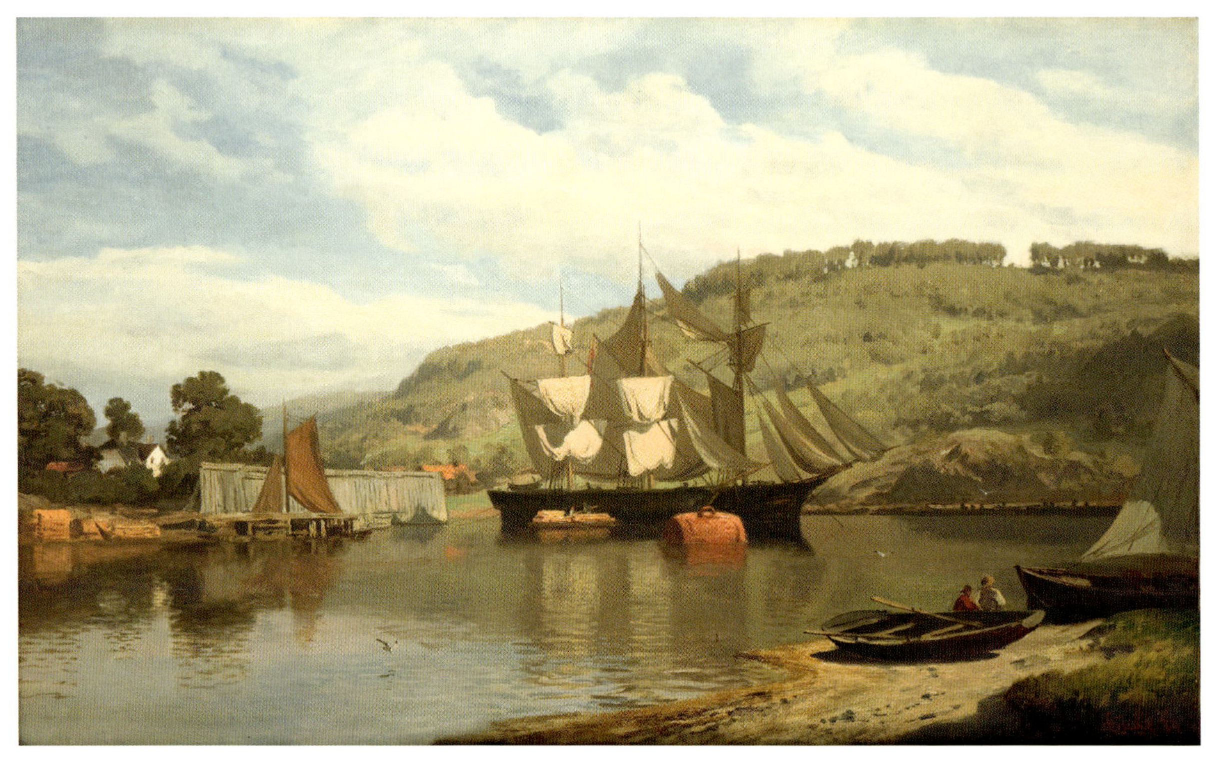

20

20 Hans Gude
Garntørk, 1874
Drying of the Fishing Nets
Olje på lerret, 31,5 x 50,5 cm
NSM-2964, Maritimt museum, Oslo

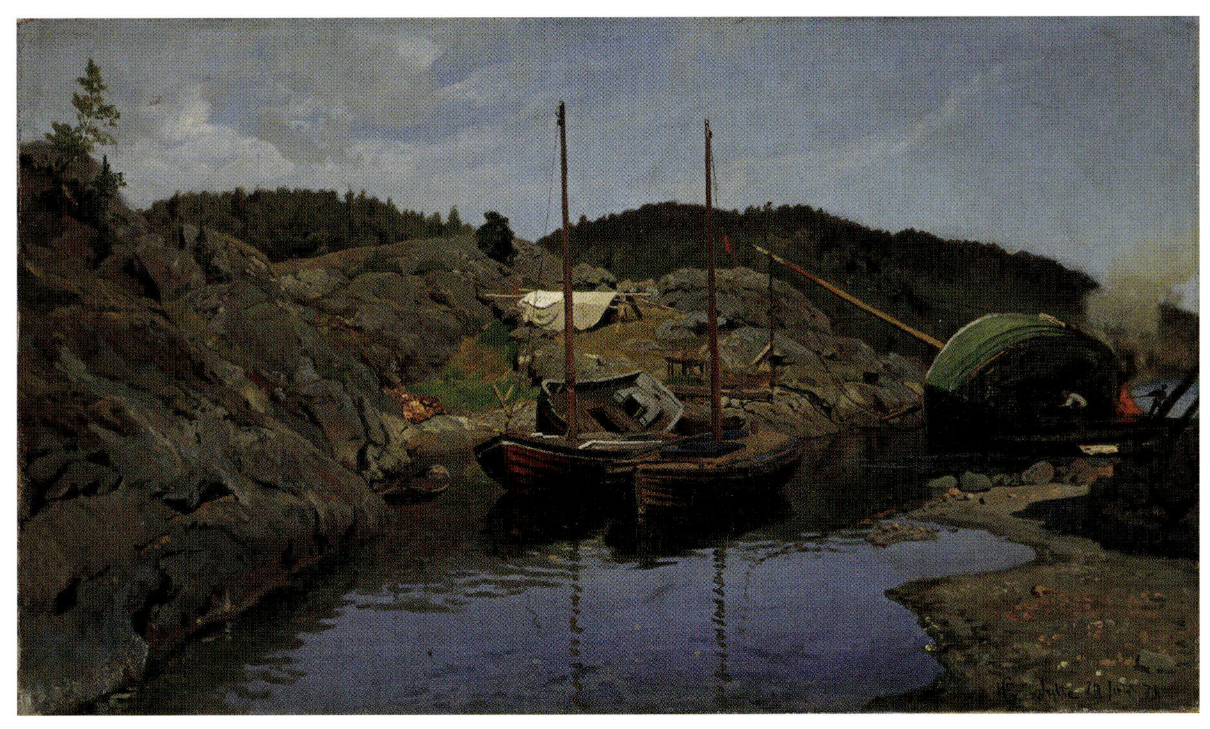

21

21 Hans Gude
To losbåter i havn, 1875
Pilot Boats
Olje på lerret, 39 x 65,5 cm
NG.M.00636.013, Nasjonalmuseet for kunst, arkitektur og design, Oslo

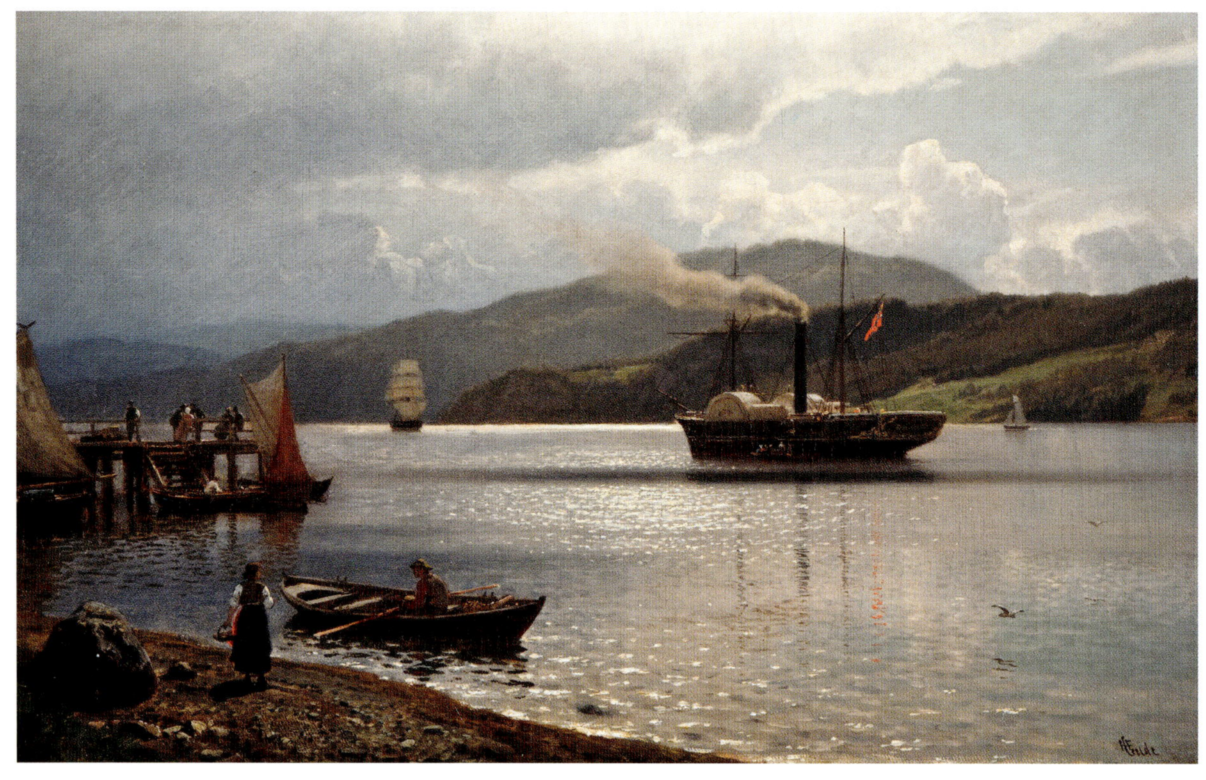

23

22 Hans Gude
Frisk bris, 1876
Fresh Breeze on the Norwegian Coast
Olje på lerret, 129 x 202 cm
NG.M.01487, Nasjonalmuseet for kunst, arkitektur og design, Oslo
Avbildet side 16

23 Hans Gude
Fra Drøbak, 1877
At Drøbak
Olje på lerret, 39,5 x 61,5 cm
Privat eie, Oslo

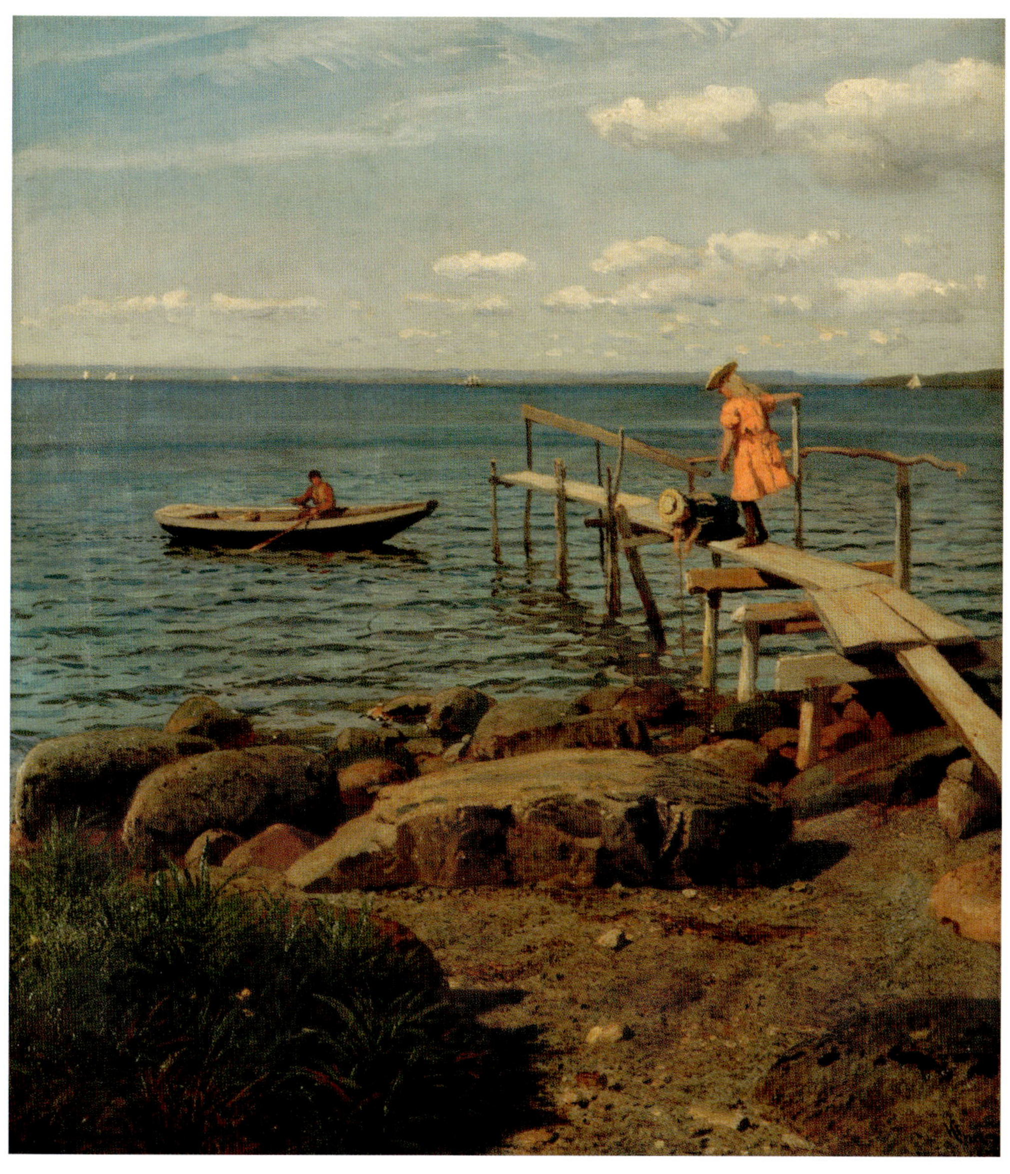

25

24 Hans Gude
Norsk fiskerhavn, 1877
Norwegian Fishing Harbour
Olje på lerret, 77 x 107 cm
Privat eie, Oslo

25 Hans Gude
Soldag ved Christianiafjorden, 1878
Sunny Day at the Christianiafjord
Olje på lerret, 51 x 44 cm
Det kongelige slott, Oslo

26 Hans Gude

Sandviksfjorden, 1879

The Fjord at Sandviken

Olje på lerret, 54 x 82 cm

Invn.nr.1343, Nationalmuseum, Stockholm

Maleriet ble av kunstneren selv fremhevet som et hovedverk, og det ble innkjøpt til Nationalmuseum i Stockholm samme år det ble malt. Bildet er en av de mest vellykkede skildringer av fjordnaturen på Østlandet fra Gudes hånd. Utsikten over Sandviksfjorden fra Solbakken i Bærum med Torvøya og røyken fra Høvik Verk i det fjerne, er en del redigert, men maleriet stråler av friskhet i naturoppfattelsen, selv om det er blitt til uten at kunstneren hadde motivet for øyet.

Sommeren 1879 tilbrakte Gude nemlig ved Bodensjøen, mens skissematerialet denne komposisjonen er basert på, ble innhentet seks år tidligere: «Atter hjem i 1873! Vi leiede en liden Villa paa Snarøen ved Christiania, saa jeg den Sommer af Hjertens Lyst kunde male den Natur, som dog, naar Alt kommer til Alt, var mig den kjæreste – mit rigtige Hjems Natur.» (*Liv og Værker*, s. 97.) Kanskje er Gudes formuleringer påvirket av Erik Werenskiolds utsagn fra 1880-årene om at skulle naturalistiske kunstnere kunne skape noe verdifullt, måtte de holde seg til hjemlige emner; «ti det fremmede kan de umulig forstaa og følgelig ikke i den grad holde av som sit eget.» (*Norges billedkunst*, bd. 1, s. 244.)

Den frapperende lysvirkningen av de sølvskimrende bølgene fremhevet gjennom mørkstemte kontraster, har Gude benyttet i en rekke komposisjoner (se kat. 19). Denne skildringen av et kjent motiv fra hjemlandet malte han året før han tok det siste skrittet i sin akademiske kunstnerkarriere og ble professor ved kunstakademiet i Berlin.

FEH

Regarded by the artist himself as one of his best achievements, this work was purchased for the Nationalmuseum in Stockholm in the same year as it was painted. The picture is one of Gude's most successful evocations of an Eastern Norwegian fjord landscape. Although the view across the Sandviksfjord from Solbakken in Bærum towards Torvøya and Høvik Verk, where we see a plume of smoke, is slightly manipulated, and despite the fact that the artist was far away from his subject matter when he executed the work, this is still a painting that radiates freshness in its perception of nature.

Gude spent the summer of 1879 at Bodensee, whereas the sketches on which he based this composition were made six years earlier: "Home again in 1873! We hired a little villa on Snarøen near Christiania, allowing me to spend the summer painting nature to my heart's content, a nature which, when all is said and done, was the dearest of all to me – the nature of my true home" (*Liv og Værker*, p. 97). Gude's formulation here may have been influenced by Erik Werenskiold, who wrote in the 1880s that if a naturalistic artist wished to create anything of value, he should confine himself to his home environment, "since one can never understand and hence care about something foreign as one can that which is one's own" (*Norges billedkunst,* Vol. 1, p. 244).

The stunning effect of the light on the glistening, silvery waves, further enhanced by contrasting darker sections, is a device Gude used in numerous compositions (see cat. 19). Gude painted this depiction of a familiar scene from his home country the year before he embarked on the final chapter of his career as an academic artist by becoming professor at the art academy in Berlin.

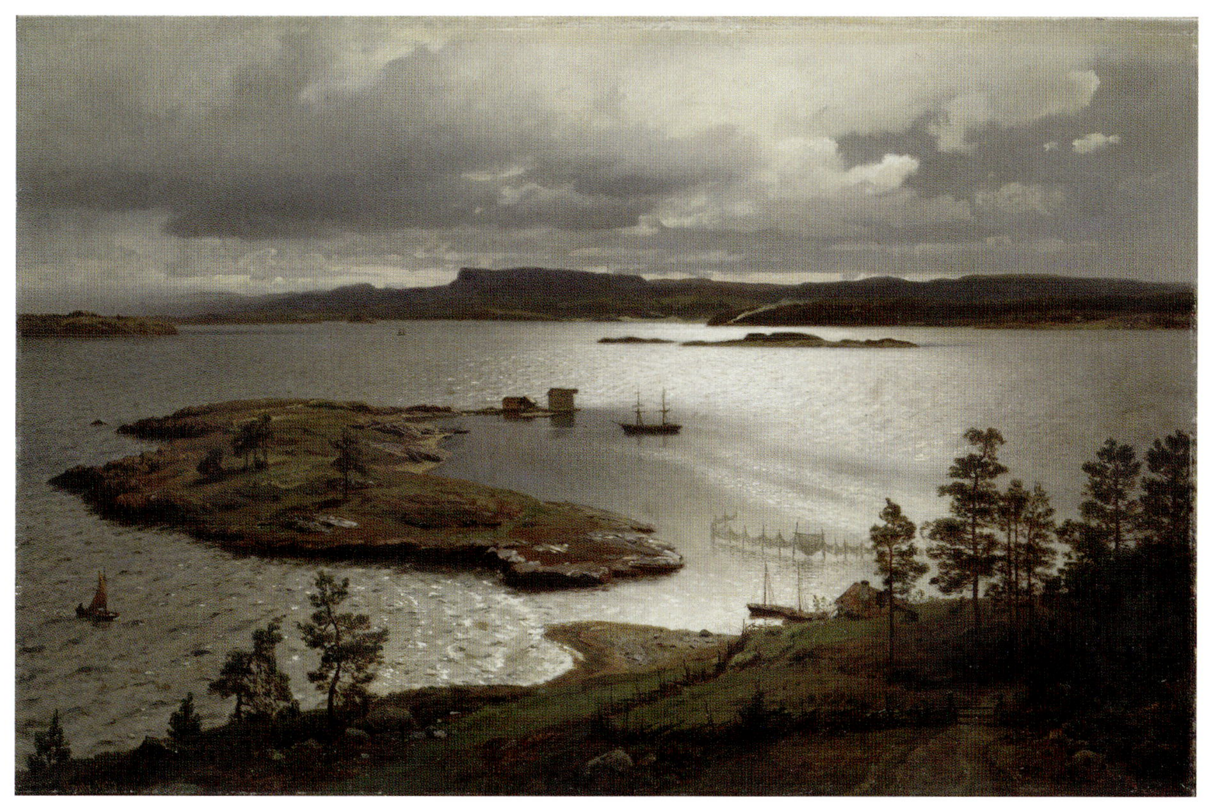

26

27 Hans Gude
Nødhavn ved den norske kyst. Skudeneshavn, 1880
Harbour of Refuge at the Norwegian Coast
Olje på lerret, 190 x 290 cm
Norske Selskab, Oslo

Motivet er en virtuos stormskildring og en sannferdig gjengivelse av kystbefolkningens harde virkelighet. Forankrede skip husker opp og ned i bølgene, skumsprøyten står om svabergene, og storhavet skimtes i det fjerne. På bryggen ses voksne og barn. En dampbåt med masser av svart røyk nærmer seg land med en havarert skute på slep. Billedflaten er disponert i en klart avgrenset forgrunn, mellomgrunn og bakgrunn; klippenes stigende og fallende omrisslinje lukker nødhavnen i et dramatisk fondmotiv. Fargene, som er avstemt etter uværsbelysningen, bidrar også til å samle komposisjonen. Den mørke sjøens blågrå tone med islett av beige dominerer koloritten. Noen av billedelementene ser vi gjentatt og variert også i andre av Gudes kystbilder, som for eksempel den spinkle bryggekonstruksjonen, grupper av figurer og robåten som legger fra land. Her får komposisjonen den samme brå avskjæring som naturalisten Christian Krohg ofte benyttet. Bildet er et godt eksempel på hvordan Gude i en avdempet realisme gjennomfører en stort anlagt komposisjon.

Gude fremhevet nettopp 1870-årene som spesielt gunstige for salg og godt betalte bestillingsverker. Kunsthalle Karlsruhe kjøpte *Nødhavn* direkte fra kunstneren det året han forlot byen for å fortsette sin karriere i Berlin.

FEH

This work is not just a virtuoso depiction of a storm but also a truthful representation of the hardships of life for people living on the coast. Ships at anchor are being tossed about by the waves, which break in sprays of foam on the rocks, while in the distance we glimpse the open sea. Adults and children are visible on the pier. A steamer sending up plumes of black smoke is approaching land with a disabled ship in tow. The pictorial focus is arranged within a clearly defined foreground, middle ground and background; the rising and falling contours of the cliffs form a dramatic setting for the harbour of refuge. The colours, chosen to reflect the light of a storm, also serve to unify the composition. The palette is dominated by the dark bluish-grey of the sea interspersed with touches of beige. Other coastal paintings by Gude include variations on some of the elements we see here, such as the sparse pier construction, groups of bystanders and the rowing boat setting out to sea. The composition shows the kind of abrupt cropping frequently used by the naturalist Christian Krohg. The picture is a good example of how Gude adapted subdued realism to large-format landscapes.

Gude recalled that the 1870s were a particularly favourable decade for sales and for well-paid commissions. Kunsthalle Karlsruhe purchased *Nødhavn* directly from the artist in the year he moved on from there to continue his career in Berlin.

28 Hans Gude
Nødhavn, 1880
Harbour at the Coast of Norway
Olje på lerret, 34 x 52 cm
Lillehammer kunstmuseum
Avbildet side 23

29 Hans Gude
Lynghede fra Huseby på Lista, 1880
Heath at Lista
Olje på lerret, 92 x 184 cm
Lillehammer kunstmuseum
Avbildet side 30

30 Hans Gude
Fisker fra Rügen, 1882
Fisherman from Rügen
Olje på lerret oppklebet på papplate, 26 x 40,5 cm
NG.M.00635-007, Nasjonalmuseet for kunst, arkitektur og design, Oslo

31 Hans Gude
Strandbilde fra Lista, 1883
On the Shore of Lista
Olje på lerret, 110 x 150 cm
Det kongelige slott, Oslo
Avbildet side 16

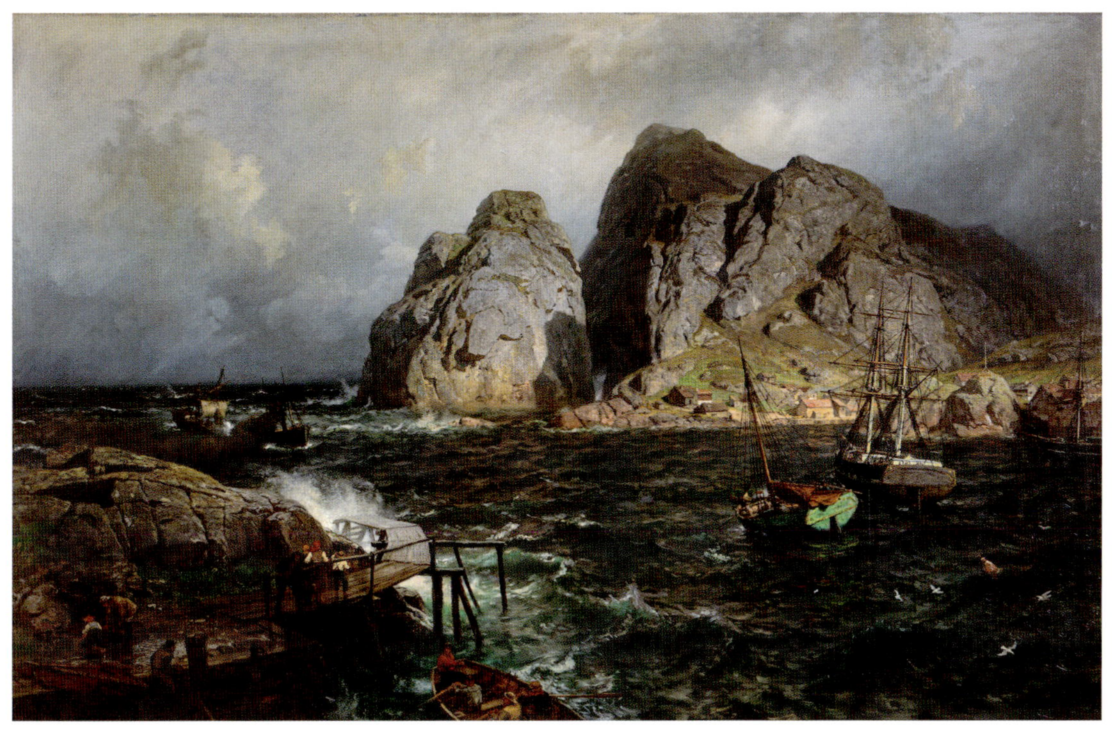

27

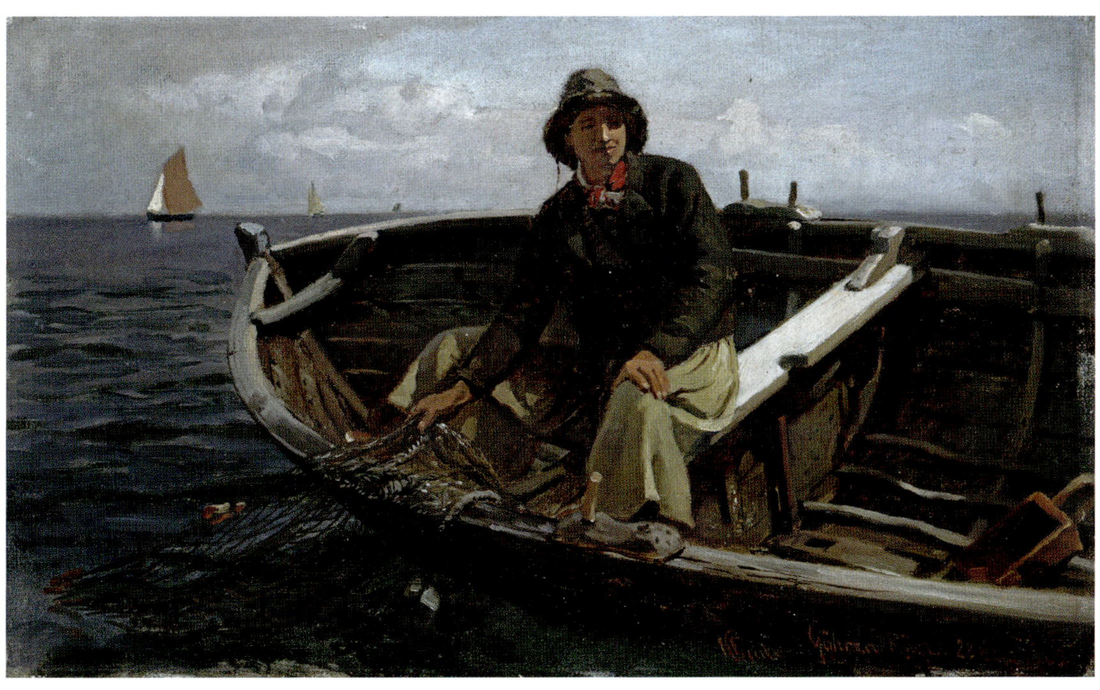

30

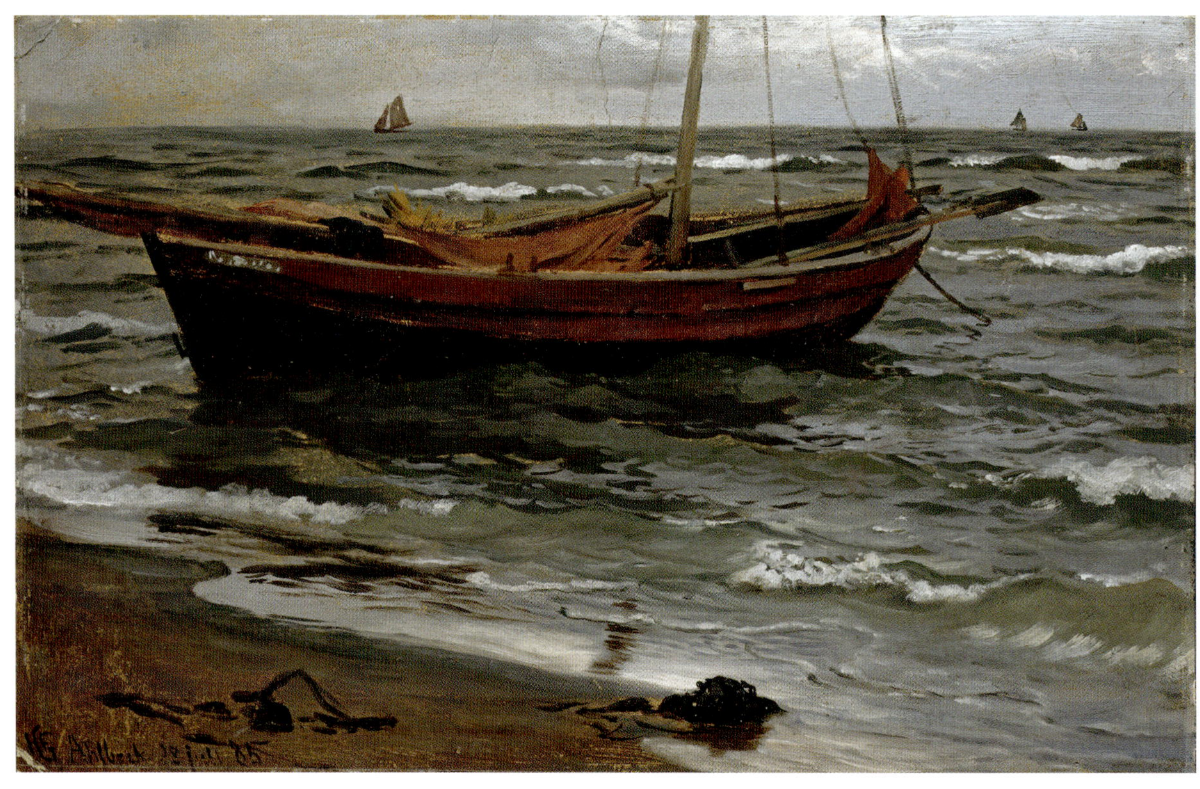

32

32 Hans Gude
Båtstudie, 1885
Study of a Boat
Olje på papplate, 33 x 50 cm
NG.M.00635-008, Nasjonalmuseet for kunst, arkitektur og design, Oslo

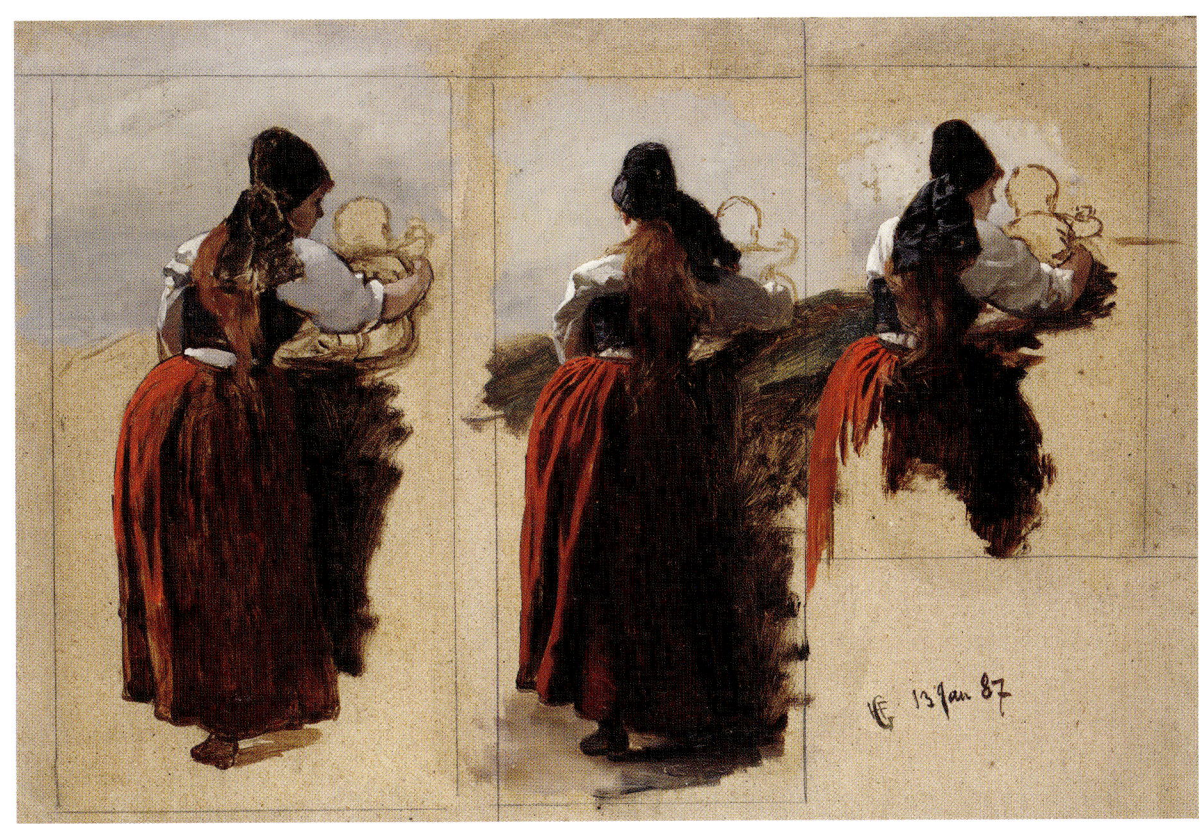

33

33 Hans Gude
Fiskerkone fra Rügen, 1887
Studies of a Woman from Rügen
Olje på papplate, 38 x 55 cm
NG.M.00775, Nasjonalmuseet for kunst, arkitektur og design, Oslo

34 Hans Gude
Skibbrudne på Lista, 1876
Shipwrecked at Lista
Olje på lerret, 96 x 176 cm
Privat eie, Sandefjord

35 Hans Gude
Landingsstedet i dikteren Victor von Scheffels hage ved Seehalde, Bodensee, 1893
Landing-Place in the Garden of the Author Victor von Scheffel, near Seehalde on the Bodensee
Olje på lerret, 57 x 92 cm
Privat eie

Bildet er en forminsket replikk av maleriet med samme tittel datert 1879. Dette var siste året Gude oppholdt seg i Karlsruhe, og i kunstnerens livserindringer (s. 112–113) forteller maleren om sitt opphold som von Scheffels gjest. Victor von Scheffel (1826–1886) var født i Karlsruhe. Han hadde studert jus både i München og Berlin og vært ansatt i statsforvaltningen før han slo igjennom som høyromantisk forfatter, og han var også maler. «Vi tilbragte Sommeren 1879 paa Schweizersiden af Bodensee, i Ermatingen, i en helt idyllisk Natur. Tvers over Søen boede Digteren *v. Scheffel,* som vi havde seet oftere hos os i Carlsruhe i den senere Tid. Der havde han rundt omkring sig Sceneriet for sin berømte Roman 'Ekkehard' [1855]. Vi levede et Par herlige Dage som hans Gjester, og jeg benyttede mig deraf, og fik malt Studier af hans Landingssted med overhængende Piletræer, og af ham selv og Sønnen, som de kommer hjem fra Andejagt. Maleriet, som jeg senere udførte, er i Herr Dr. Lucius's Eie i Frankfurt a/M.»

Flere arbeider av Gude fremstiller stedet under piletrærne, ett med en gammel fisker i båten og en ung pike stående med fiskene tredd inn på en kvist. Utstillingens bilde ligger svært nær opp til første versjon fra 1879, som ble vist både på den internasjonale kunstutstillingen i München samme år og på akademiutstillingen i Berlin året etter. Ut fra reproduksjonen i *Liv og Værker* (s. 52) er det vanskelig å forstå at *Morgenbladet*s anmelder av München-utstilllingen 1879 den 24. oktober kritiserte at bildet har for store figurer. Studietegningen (kat. 90) viser at Gude hadde arbeidet omhyggelig med stillingsmotivet, der vennen skritter opp på tømmerstokken med rifle på ryggen og døde ender hengende i beltet. Dessuten har kunstneren gjengitt den lysskimrende Bodensee med gamle piletrær og gressbakken i forgrunnen «med vilde Blomster iblandt».

FEH

The picture is a small-scale replica of a painting with the same title from 1879. This was the last year of Gude's stay in Karlsruhe, and in his memoirs (*Liv og Værker,* pp. 112–113), he describes a visit to the house of Victor von Scheffel. Born in Karlsruhe, Victor von Scheffel (1826–86) studied law in Munich and Berlin and worked for the state administration before making his name as a romantic author. He also painted. "We spent the summer of 1879 on the Swiss side of Bodensee, at Ermatingen, in highly idyllic nature. Over on the other side of the lake lived the poet v. Scheffel, who had frequently visited us in Karlsruhe in recent years. Here he was surrounded by the landscape of his famous novel 'Ekkehard' [1855]. We spent a couple of wonderful days as his guest, and I used the opportunity to paint studies of his landing place, with its overhanging willows, and of himself and his son on their way home from a duck hunt. The painting that I later completed is now in the possession of Herr Dr. Lucius in Frankfurt a/M."

Several paintings by Gude depict this spot beneath the willows. One of them includes an old fisherman in a boat and a young girl carrying a stick laden with fish. The picture in the exhibition closely resembles the first version of 1879, which was shown both at the international art exhibition in Munich in the same year and at the academy exhibition in Berlin the following year. Looking at the reproduction in Gude's memoirs (p. 52), it is hard to understand why the critic who reviewed the 1879 Munich exhibition in *Morgenbladet* on 24 October should think the figures in the picture too big. It is evident from a working drawing (cat. 90) that Gude was meticulous in preparing the composition, in which his friend is shown striding along the log, his rifle slung across his shoulder, and a brace of ducks hanging from his belt. The artist has also captured the light glittering on the lake, the old willow trees along the shoreline, and the meadow in the foreground with a scattering of wild flowers.

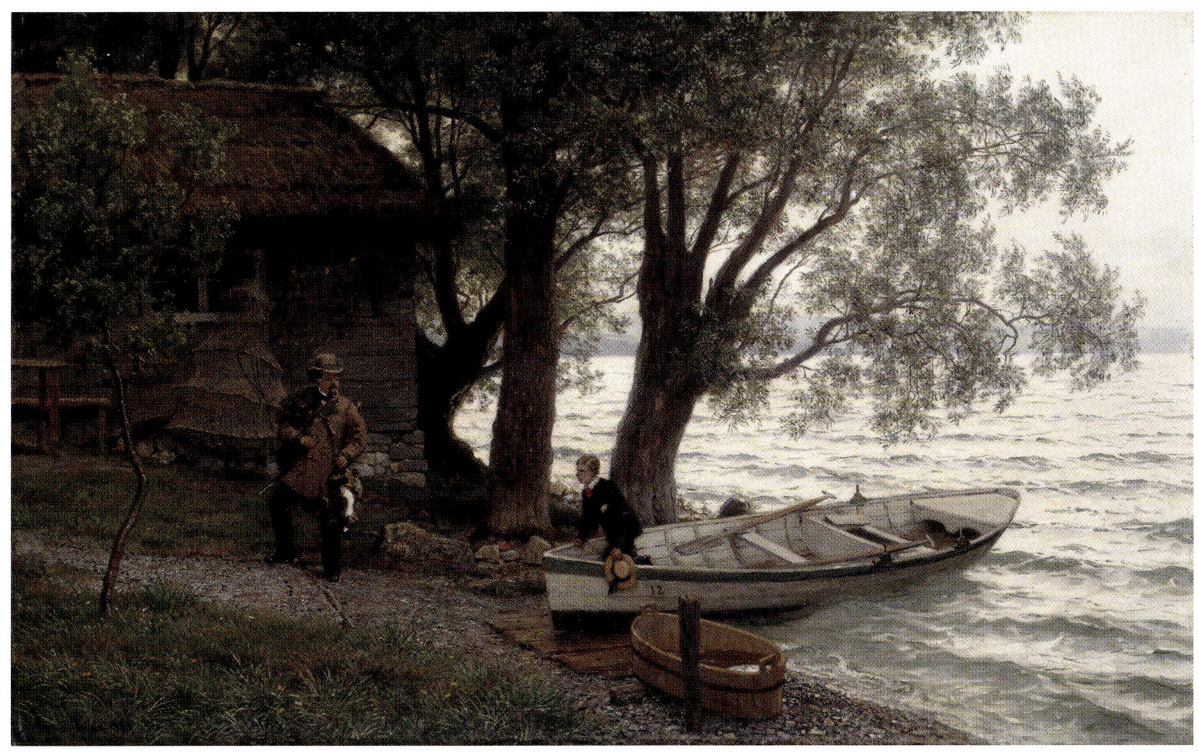

35

36 Johannes Grimelund
Mexico-dokk i Antwerpen, 1884
The Mexico Dock in Antwerp
Olje på lerret, 138,5 x 211 cm
NG.M.00345,
Nasjonalmuseet for kunst, arkitektur og design, Oslo

Johannes Grimelund (1842–1917), sønn av biskop Andreas Grimelund, tok teologisk embetseksamen og var noen år ansatt som lærer ved Trondhjem realskole, men bestemte seg så for å bli maler. En periode fikk han undervisning ved Eckersbergs malerskole i Christiania, og under en reise til Italia i 1869–70 stoppet han i Karlsruhe, hvor han tilbrakte et par måneder. Der oppmuntret Hans Gude ham til å fortsette å male, og året etter returnerte han til Karlsruhe hvor han var Gudes elev fram til 1874. Allerede i 1872 debuterte han med to landskaper i Christiania Kunstforening. Etter et kort opphold i Düsseldorf dro han i 1875 videre til Paris, hvor han ble boende resten av livet. I 1876 stilte Grimelund for første gang ut på Salongen i Paris, der han deltok med *Solnedgang ved Christianiafjorden.* Det samme året vant han sølvmedalje ved verdensutstillingen i Philadelphia med *Morgen i Birkeskoven,* 1875.

Grimelund reiste mye. Om somrene foretok han studieturer i Norge, men han reiste også i Frankrike, England, Nederland og Belgia. *Mexico-dokk Antwerpen* ble malt i 1884. Slike detaljrike skildringer av europeiske storbyhavner ble etter hvert en av kunstnerens spesialiteter, og det finnes tilsvarende skildringer fra blant annet Marseille, Le Havre, Rouen, Amsterdam og Liverpool. Liksom sin lærer har Grimelund lagt vekt på sollysets spill i den glitrende sjøen, hvor skipenes mørke skrog og hvite seil reflekteres. Her møtes den gamle og den nye tid, med seilskutenes smekre, rake master i kontrast mot dampskipenes røyk som legger et grått slør over den blå himmelen. Bildet er todelt, og øyet ledes innover langs rekken av fortøyde skip til en nedtonet, nærmest utvisket horisont.

MY

The son of Bishop Andreas Grimelund, Johannes Grimelund (1842–1917) qualified as a theologian and worked for several years as a teacher at Trondheim secondary school before deciding to become a painter. In 1869–70, after a period of study at the Eckersberg school of painting in Christiania, Grimelund travelled to Italy, stopping off for a few months in Karlsruhe on the way. There, Hans Gude encouraged him to continue painting. The following year he returned to Karlsruhe and stayed on as Gude's student until 1874. He made his debut as early as 1872, with two landscapes in an exhibition at the Christiania Art Society. In 1875, after a brief stay in Düsseldorf, he moved to Paris, where he remained for the rest of his life. In 1876 he contributed for the first time to the Paris Salon, with the work *Solnedgang ved Christianiafjorden* (Sunset on the Christiania Fjord). That same year he won the silver medal at the World Exposition in Philadelphia for *Morgen i Birkeskoven* (Morning in the Birch Wood), 1875.

Grimelund travelled widely. In the summer months he undertook study trips in Norway, but he also explored France, England, the Netherlands and Belgium. *The Mexico-dock in Antwerp* was painted in 1884. Detailed depictions of major European harbours eventually became one of the artist's specialties, with him producing similar portrayals of the docks at Marseille, Le Havre, Rouen, Amsterdam and Liverpool. In this work, Grimelund shows the influence of his teacher in the glittering play of sunlight on the sea, and the reflections of the dark hulls and white sails of the ships. Here the old and the new converge. The tall, slender masts of the sailing ships stand in contrast to the plumes of smoke from the steam ships, which cast a grey veil over the blue sky. The picture divides into two parts, leading the eye inwards along the row of moored ships towards a subdued, almost indistinguishable horizon.

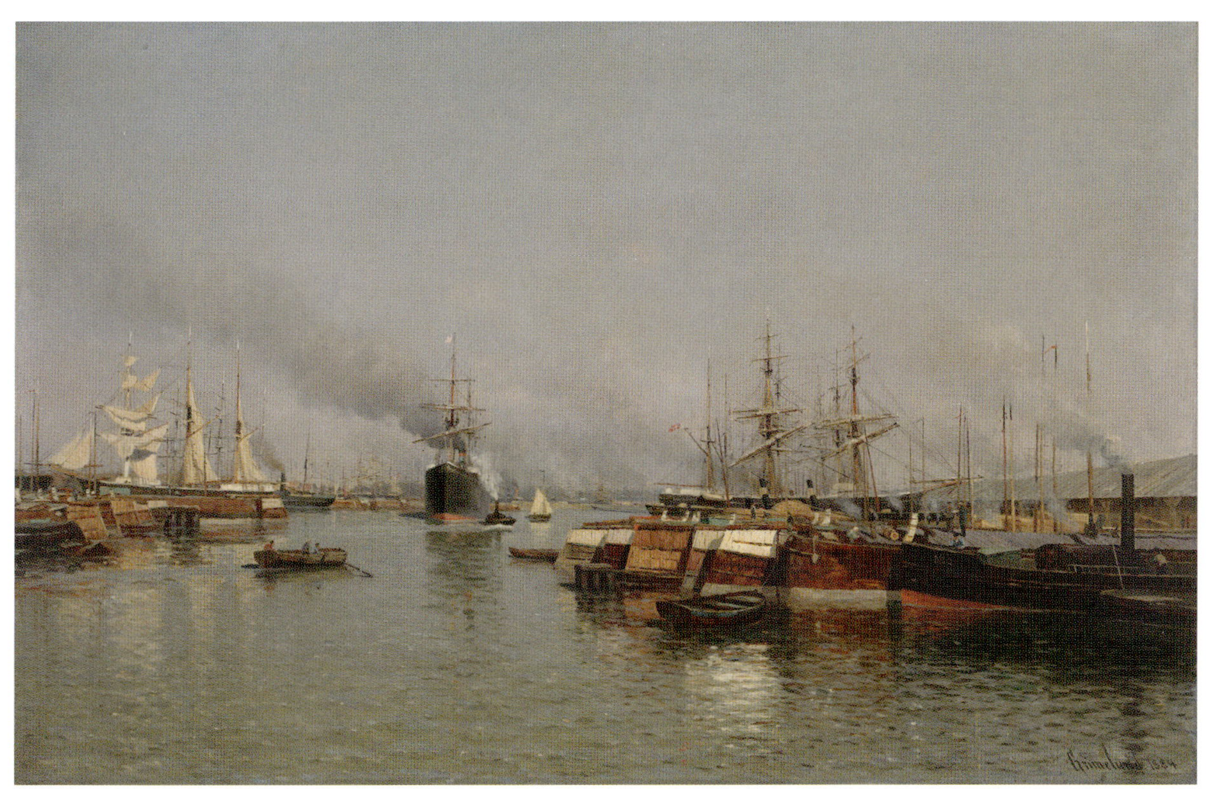

36

37 Nils Gude
Kone som vasker ved Bodensee
Woman washing on the Bodensee
Olje på lerret, 43 x 26 cm
Privat eie, Oslo

38 Nils Gude
Maleren professor Hans Gude, 1889
Portrait of the Painter Hans Gude
Olje på lerret, 151 x 85,5 cm
NG.M.00397, Nasjonalmuseet for kunst, arkitektur og design, Oslo

«Vi var ogsaa,» skriver professor Gude i sine livserindringer (s. 114), «oftere hos Grev Douglas paa hans Gods nær Constanz, saa denne Sommer [1879] brakte os megen Selskabelighed, dog ikke saa lidet Udbytte af Studier alligevel. Vor yngste Søn Nils, hvis udprægede Talent vi længe havde været paa det Rene med, malte nogle saa udmærkede Studier, at jeg maatte tænke, at han skulde blive Landskabsmaler. Senere ble det dog snart Figurmaleriet, og specielt Portrætet, han hovedsagelig drev paa med.» Flere av Hans Fredrik Gudes nærmeste la for dagen kunstneriske evner. Også hans kone Betsy, viste det seg, kunne male vakre akvareller med blomster- og fruktmotiver.

Ti år senere maler Nils Gude (1859–1908) sin far og lærer i helfigur sittende på en høy krakk foran staffeliet. Mesteren poserer *en face* med en stor palett og to pensler i venstre hånd mens han rolig betrakter oss. Skikkelsen virker sindig og velpleiet med distingvert grått fullskjegg og ulastelig antrukket i fløyelsjakke og stripete grå bukser.

Nils Gudes representasjonsportretter i hel- eller halvfigur er ofte i bortimot full størrelse. Fremstillingen av modellene i naturlige og avslappede stillinger har likevel noe akademisk og statisk over seg. Med fine penselstrøk modelleres menneskene plastisk i rommet i velberegnet lysføring mot en nøytral bakgrunn. Betrakteren befinner seg gjerne i øyenhøyde med modellen, men holdes alltid på en viss avstand. Personskildringen blir verken påtrengende, avslørende eller særlig dyptpløyende, men den sosiale status indikeres i fremstillingene gjennom elegante kjoler, uniformer eller attributter, som her: paletten og malepenslene.

FEH

"We also paid several visits to Count Douglas at his estate near Konstanz," wrote Hans Gude in his memoirs p. 114), "so that summer [1879] there was a lot of socialising, despite which we were able to profit from doing studies. Our youngest son Nils, whose considerable talent had long been evident to us, painted a number of studies of such quality that I thought he should become a landscape painter. It wasn't long, however, before he was devoting most of his attention to figure painting and portraiture in particular." Several members of Hans Gude's family showed artistic potential. His wife Betsy also turned out to be a skilful watercolourist, painting beautiful floral and fruit motifs.

Ten years later, Nils Gude (1859–1908) painted a full-figure portrait of his father and teacher sitting on a high stool in front of an easel. The master is depicted *en face*, holding a large palette and two paint brushes in his left hand, calmly returning the viewer's gaze. He appears sober-minded, well-groomed, with a distinguished full grey beard, and impeccably dressed in a velvet jacket and striped grey trousers.

Many of Nils Gude's official full- or half-figure portraits are close to life size. But despite the choice of natural and relaxed postures, they often seem somewhat academic and static. Using fine brushwork, he rendered his subjects with great plasticity, carefully lit against neutral backgrounds. The viewer is generally on eye level with the model, but is always held at a distance. As depictions of people, Nils Gude's portraits are neither charismatic, revealing nor particularly profound, although social status is generally indicated in terms of elegant dresses, uniforms or identifying attributes, such as, in this case, the palette and paint brushes.

39 Nils Hansteen
Fra Drøbak, 1886
At Drøbak
Olje på lerret, 106 x 158 cm
NMM.KO 2965, Maritimt museum, Oslo
Avbildet side 18

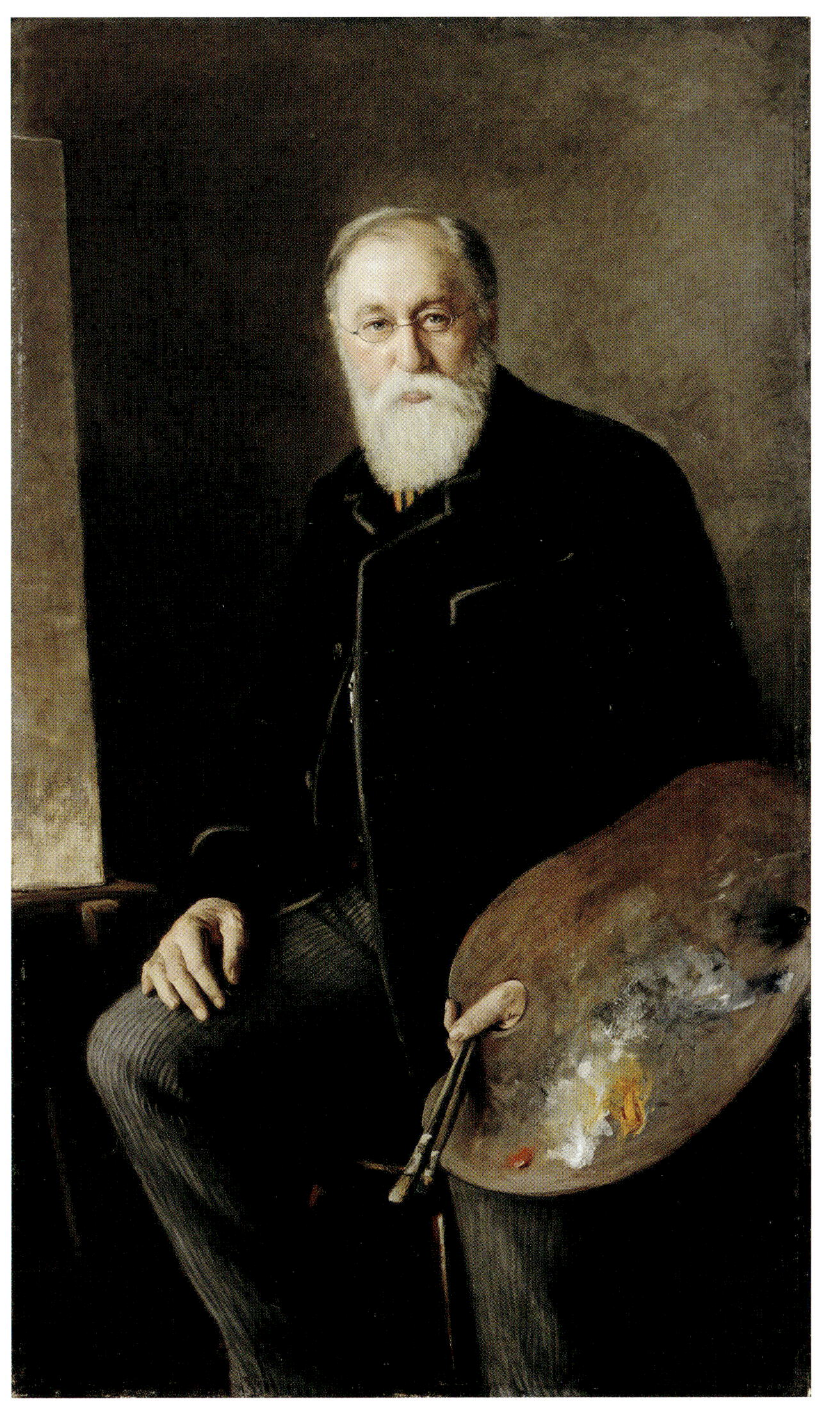

38

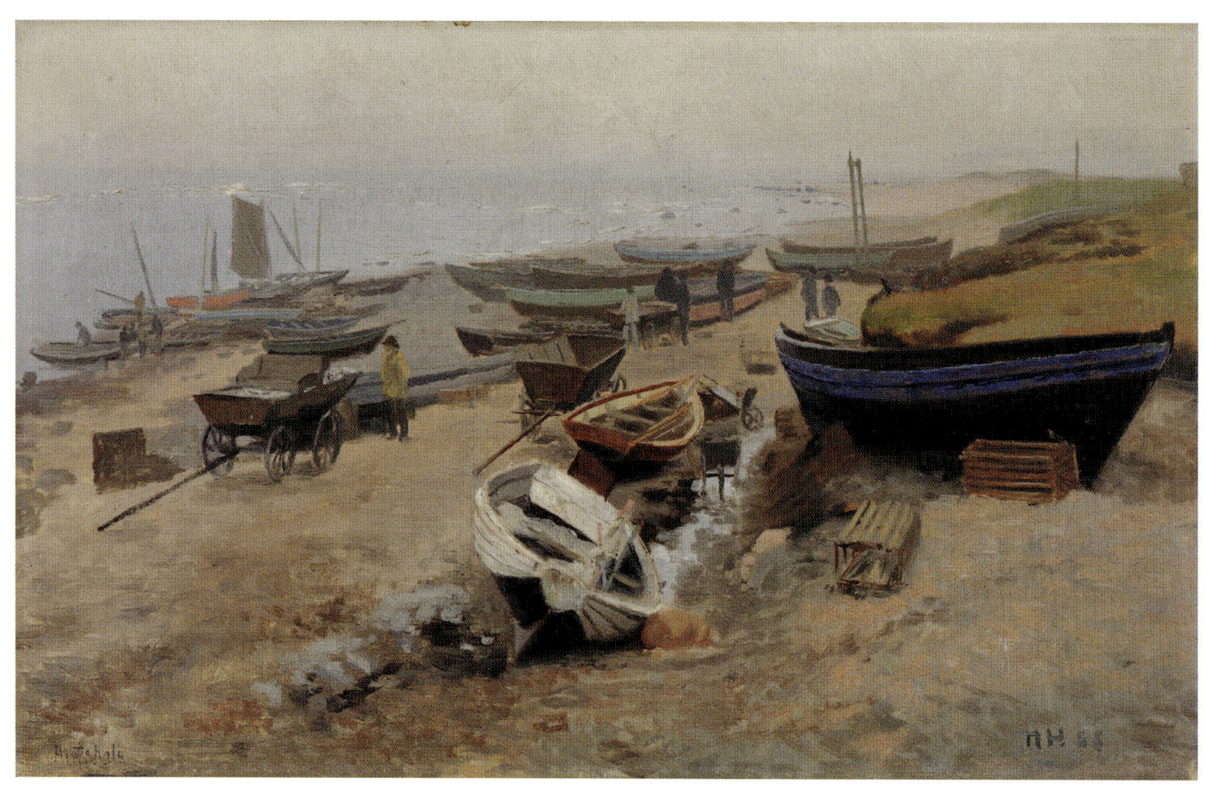

40

40 Nils Hansteen
Strandstudie fra Hirtshals, 1888
Boats on the Beach at Hirtshals
Olje på lerret, 40 x 61 cm
NG.M.00865, Nasjonalmuseet for kunst, arkitektur og design, Oslo

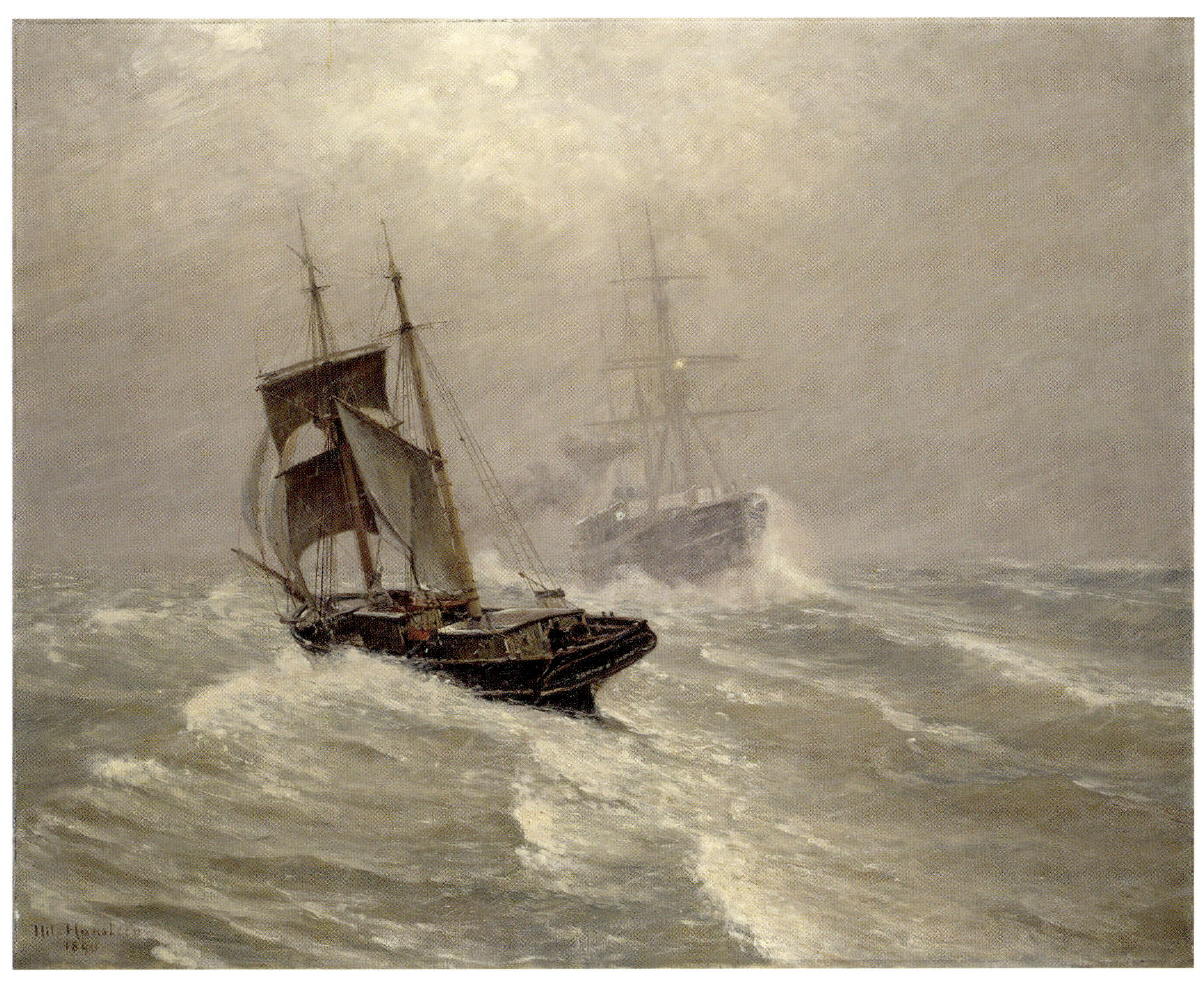

41

41 Nils Hansteen
Snetykke, 1890
Drifting Snow
Olje på lerret, 122 x 150 cm
NG.M.00367, Nasjonalmuseet for kunst, arkitektur og design, Oslo

Etter noen år som elev på Knut Bergsliens og Morten Müllers malerskole (1873–76) i Kristiania, dro Nils Hansteen (1855–1912) høsten 1876 til Karlsruhe, hvor han ble Hans Gudes elev. Senere studerte han en kort periode i München, før han flyttet tilbake til Norge. Her etablerte han seg som en populær marine- og landskapsmaler, med årlige bidrag til Høstutstillingen og kunstforeningene i Kristiania, Bergen og Trondhjem. Han deltok også med verk på verdensutstillingen i Paris (1889, 1900) og i Chicago (1893).

Det var Gude som fikk Hansteen interessert i marinemaleriet, og han er den av Gudes elever som lengst fortsatte i lærerens fotspor når det gjaldt maritime motivvalg og interessen for seilskip. Til forskjell fra Gude, valgte Hansteen ofte å vise båter i uvær, ved siden av mer idylliske framstillinger av skuter i innseilingen til Kristiania. Det er også tydelig slektskap når det gjelder tegning, komposisjon og fargeholdning mellom de to malerne.

Hovedverket *Snetykke* viser både likheter og forskjeller fra tilsvarende motiver hos Gude. Som sin lærer viser Hansteen en virkelighetsnærhet i skildringen av skip, vær og atmosfære, selv om bildet er en fantasikomposisjon. Samtidig er scenen mer dramatisk og kunstnerisk mer spenningsfylt enn hos Gude. Komposisjonen er dynamisk med bruk av diagonaler, fargekontrastene er sterke og penselstrøkene tydelige. Møtet mellom en dampbåt og et seilskip til havs finnes ikke som motiv hos Gude.

Bildet er også en aktuell skildring av møtet mellom to tidsaldre med ulike teknologier; den seilbaserte og den motorbaserte sjøfarten. Den nærmeste seilskuta lenser med sjø og vind, mens dampskipet stamper rett mot bølger og snøtykke. Maskindrevne båter var mer uavhengig av vindforholdene enn seilskip. Det var derfor mulig mot slutten av 1800-tallet å etablere et fast rutenett med person- og godstransport langs norskekysten. Men mange redere fortsatte å anskaffe brukte, ofte nedslitte seilskuter. De var billigere i innkjøp og drift og ble brukt til frakt av uemballerte varer som trelast og fisk.

FB

In autumn 1876, after a few years as a student at Knut Bergslien and Morten Müller's school of painting in Kristiania (1873–76), Nils Hansteen travelled to Karlsruhe to study under Hans Gude. From there he went on to Munich for a short period of study, before eventually returning to Norway. Back home, he built a reputation as a popular maritime and landscape painter, regularly showing new works at the National Annual Autumn Exhibition and in exhibitions at the art societies of Oslo, Bergen and Trondheim. He also contributed to World Exhibitions in Paris (1889, 1900) and Chicago (1893).

It was Gude who stimulated Hansteen's interest in maritime painting, and among Gude's students none echoed the teacher's choice of motif and interest in sailing ships for longer than Hansteen did. Where Hansteen differed from Gude was in depicting vessels not only under idyllic conditions, such as on their approach to Kristiania, but also in rough weather. There are, however, clear similarities between the two painters' work in terms of drawing style, composition and the handling of colour.

Hansteen's masterpiece *Drifting Snow* both resembles and differs from certain works by Gude. Like his teacher, Hansteen shows a high degree of realism in this depiction of ships and weather conditions, even though the picture is an imaginative construction. At the same time, the scene is more dramatic and artistically more suspenseful than comparable works by Gude. The composition is dynamic in its use of diagonals, strong colour contrasts and conspicuous brushstrokes. None of Gude's paintings takes the encounter between a steamer and a sailing ship at sea as its theme.

The painting is also relevant as a depiction of the encounter between two eras of maritime technology: a sailing ship on the one hand and a steamship on the other. The sailing ship in the foreground is pitching heavily on a windswept sea, while the steamship surges headlong into the waves and the blustering snow. Machine-powered boats were less dependent on wind conditions than sailing ships, and it was these that made it possible to establish regular transport networks for passengers and goods along the Norwegian coast in the late 19th century. Even so, many shipping companies continued to acquire old sail boats, many of them in poor condition. They were cheaper to purchase and run and were used to transport unpackaged goods such as timber and fish.

42 Kitty L. Kielland
Studie fra Ogna på Jæren, 1878
View over the Sea from Ogna, Jæren
Olje på lerret oppklebet på treplate, 40 x 65,5 cm
NG.M.00975,
Nasjonalmuseet for kunst, arkitektur og design, Oslo

43 Kitty L. Kielland
Studie fra Ogna på Jæren, 1878
Landscape Study from Ogna at Jæren
Olje på lerret, 36 x 65,5 cm
NG.M.00528b,
Nasjonalmuseet for kunst, arkitektur og design, Oslo
Avbildet side 29

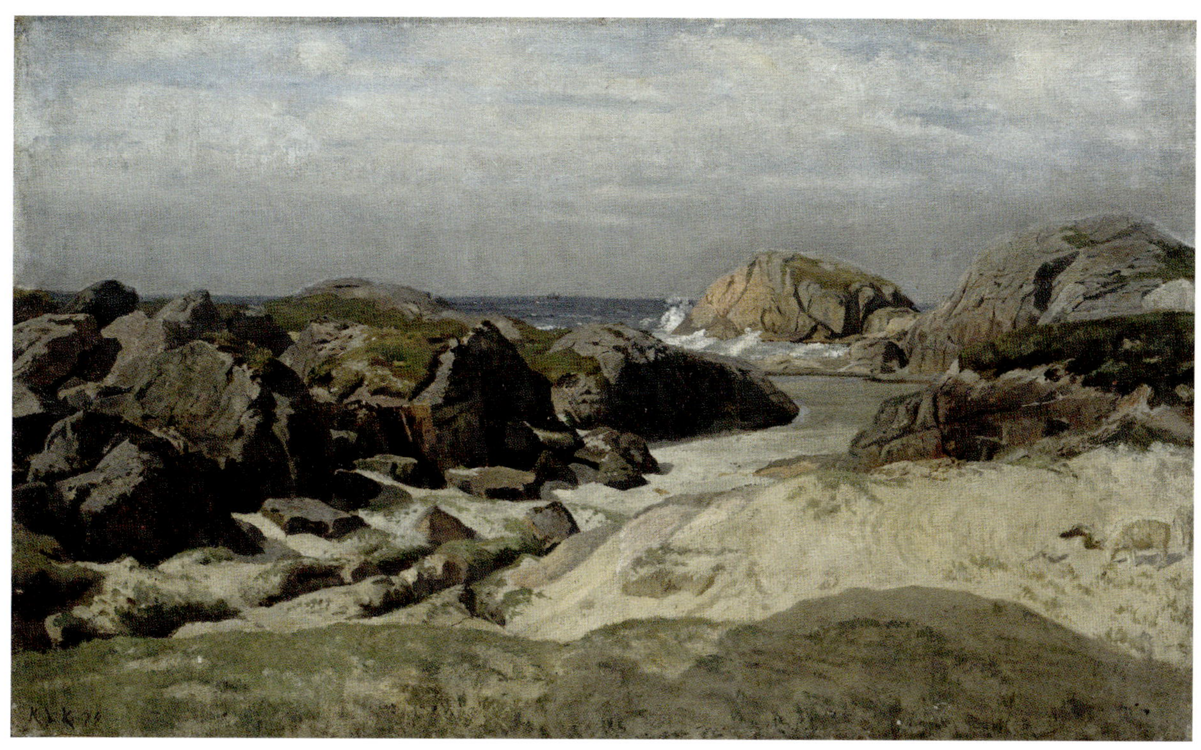

42

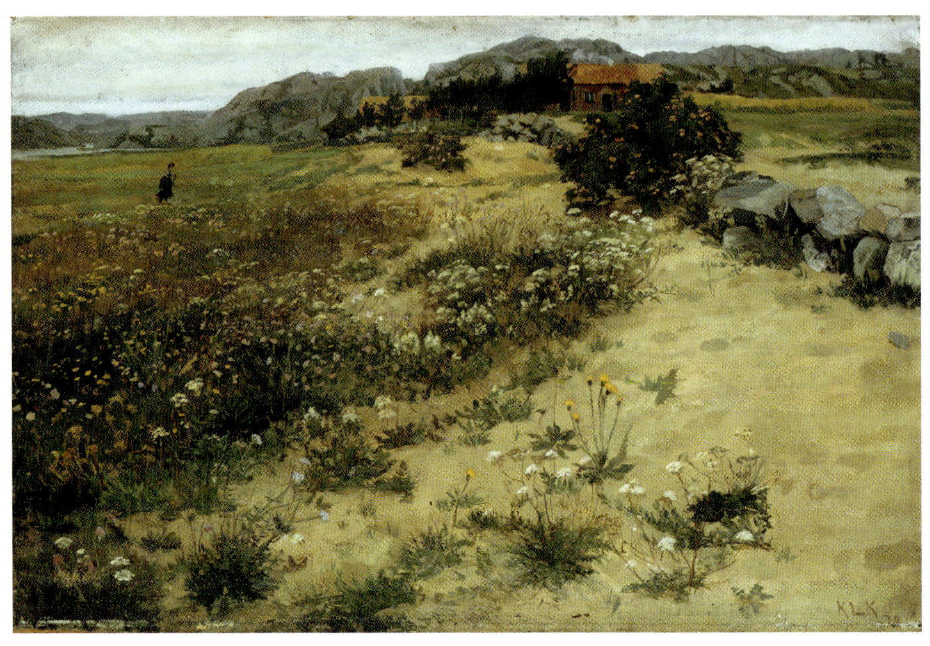

44

44 Kitty L. Kielland
Studie fra Kvianes på Ogna, Jæren, 1878
Study from the Farm Kvianes at Ogna, Jæren
Olje på lerret, 40 x 59 cm
NG.M.00528d.001,
Nasjonalmuseet for kunst, arkitektur og design, Oslo

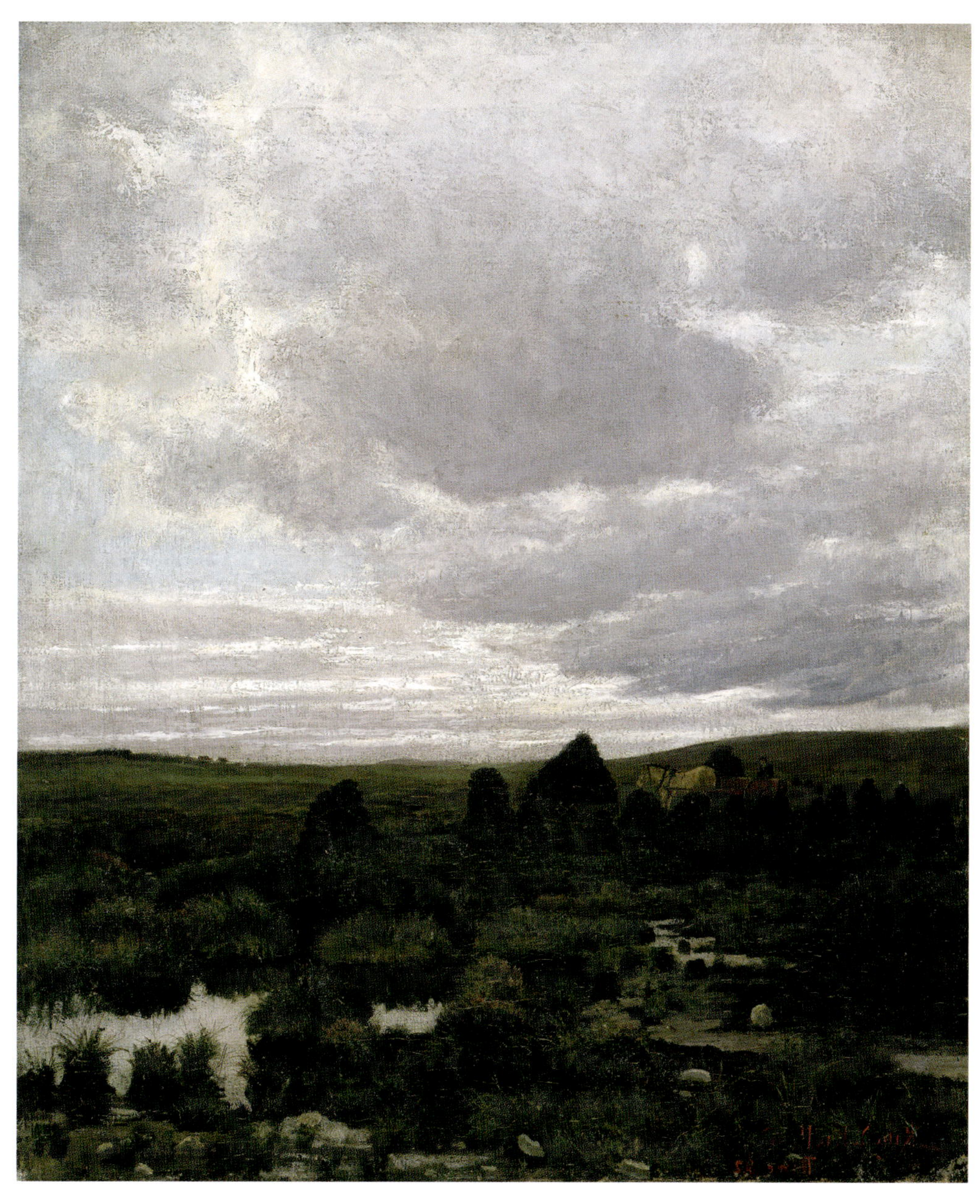

45

45 Kitty L. Kielland
Torvmyr på Jæren, 1882
Peat Bog at Jæren
Olje på lerret oppklebet på trefiberplate, 78 x 66 cm
NG.M.00521, Nasjonalmuseet for kunst, arkitektur
og design, Oslo

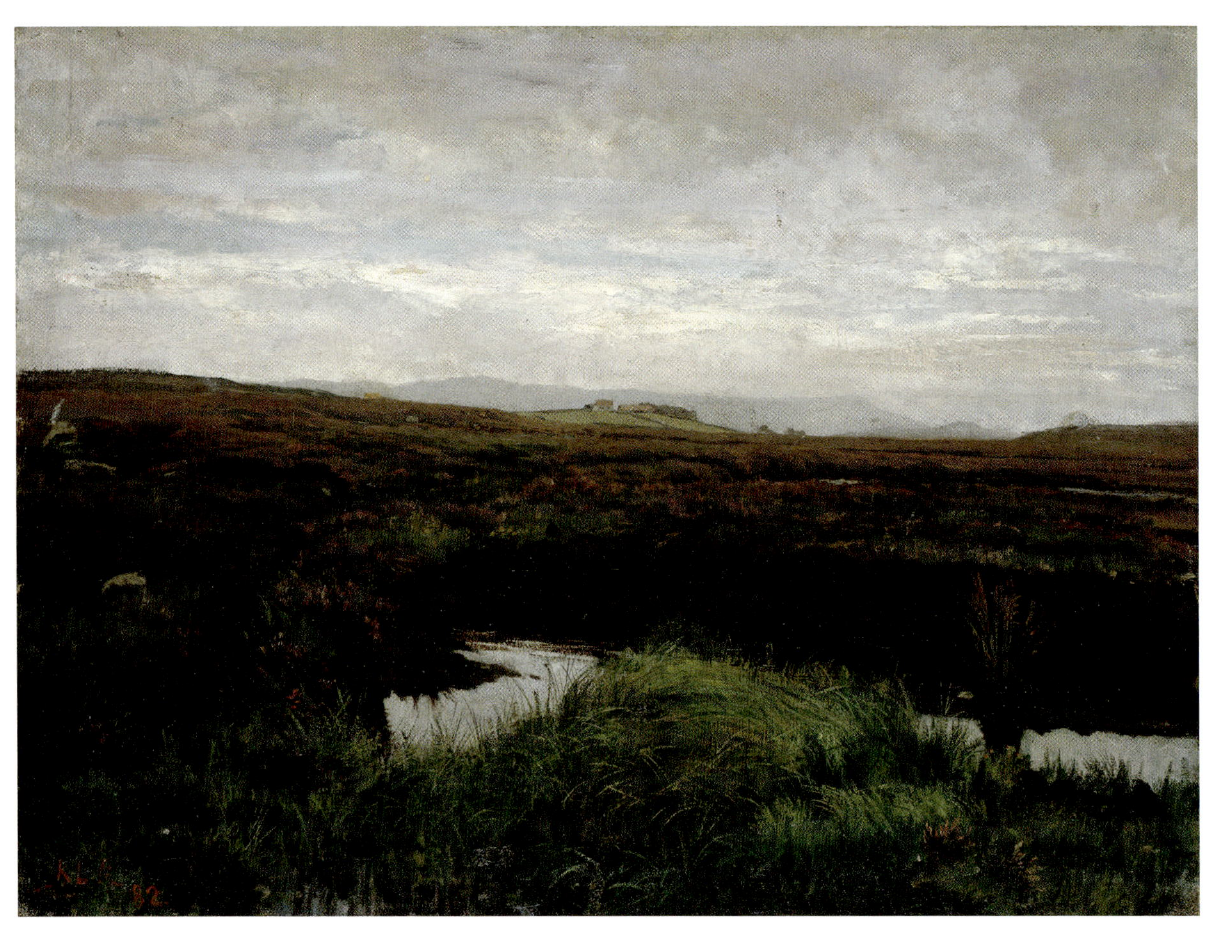

46

46 Kitty L. Kielland
Torvmyr på Jæren, studie, 1882
Study of Peat Bog at Jæren
Olje på lerret, 46 x 61 cm
NG.M.00974,
Nasjonalmuseet for kunst, arkitektur og design, Oslo

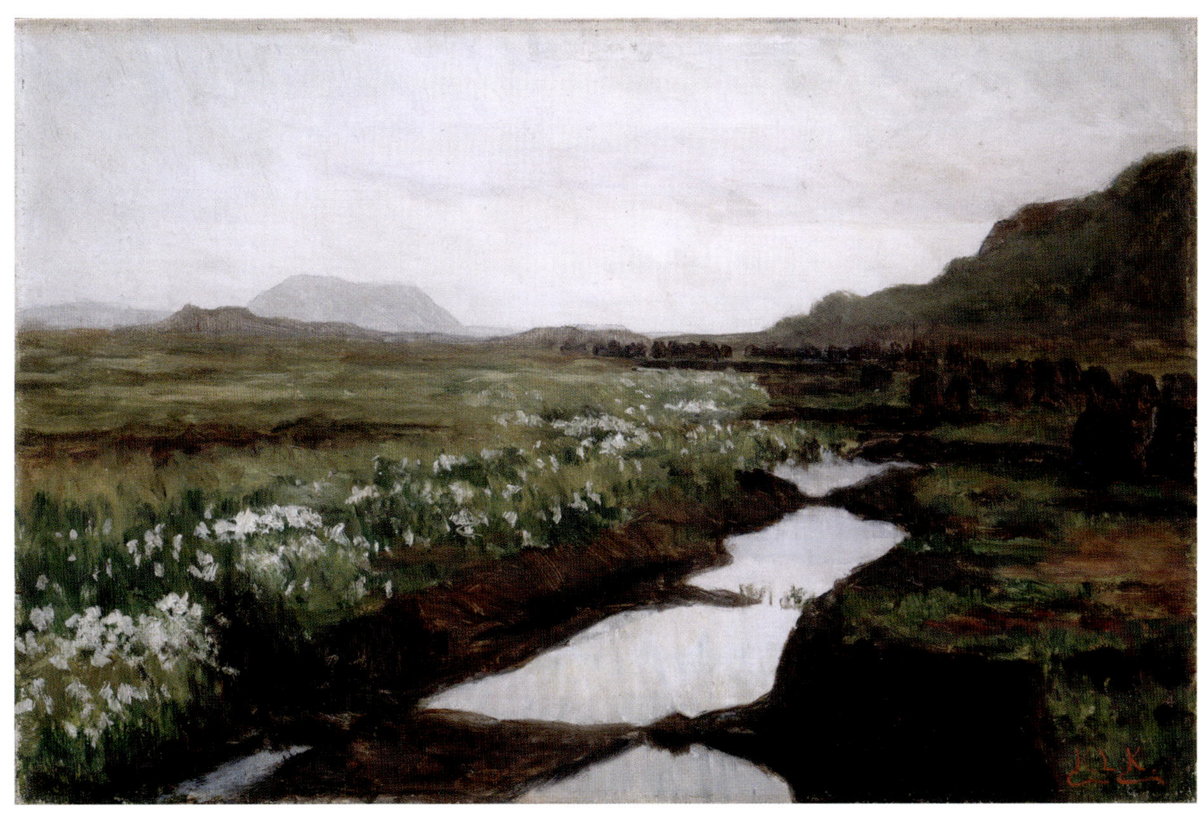

47

47 Kitty L. Kielland
Torvmyr på Jæren, studie, ca. 1897
Study of Peat Bog at Jæren
Olje på lerret, 36,5 x 54 cm
NG.M.01585,
Nasjonalmuseet for kunst, arkitektur og design, Oslo

48 Kitty L. Kielland
Torvmyr på Jæren, 1901
Peat Bog at Jæren
Olje på lerret, 80 x 125 cm
Privat eie, Oslo

Kitty Kielland (1843–1914) var født og oppvokst i Stavanger, og det var der hun fikk sin første tegneundervisning. Faren var i utgangspunktet negativ til at hun ville bli maler, men hennes bror, Alexander, var positiv. Hun ble også oppmuntret av Hans Gude som var i Stavanger på familiebesøk i 1872, og året etter dro hun til Karlsruhe. Der var hun elev av Gude i to år, før hun fortsatte videre til München og deretter til Paris. Somrene tilbrakte hun gjerne i Norge, og rundt 1876–77 oppdaget hun for alvor det maleriske ved Jæren. Hun laget en rekke friluftsstudier, blant annet fra Ognas strender og de kuperte lyngheiene. Fra 1879 begynte hun så å male torvmyrene, dette var en motivkrets hun senere gjentok i mange formater og varianter. Et av de tidligste ble vist på Salongen i Paris i 1880 med tittelen *Un jour sombre en Norvège*. Kitty Kiellands torvmyrer viser et karrig landskap under høy himmel. Versjonene fra 1880-årene var gjerne stemningsbilder, malt i duse, mollstemte toner med detaljrik forgrunn (se kat. 45 og 46).

Utover 1890-årene blir fargene i Kiellands arbeider sterkere og komposisjonene mer fylt av kontraster. Sommeren 1901 malte hun flere slike motiver. De ble stilt ut i Kristiania samme høst, og kunstneren mente selv at det var noen av de beste torvmyrene hun hadde malt på lenge. *Torvmyr på Jæren*, 1901 (kat. 48), er et friskt og velkomponert bilde der hvit myrull kontrasteres mot det grønne gresset, og den blå himmelen med lette skyer speiles i vannets stille flate. Torven som er skåret ut og har etterlatt renner i landskapet, ligger til tørk og skaper en diagonal i bildet. I mellomgrunnen skimtes en hestekjerre. Bakenfor dette ses spredte gårder og fjell i silhuett mot himmelen.

MY

Kitty Kielland (1843–1914) was born and grew up in Stavanger, and it was there she received her first lessons in drawing. Her father was initially opposed to her becoming a painter, but her brother, the author Alexander Kielland, supported her wish. In 1872, she also received encouragement from Hans Gude, who had come to Stavanger to visit his family. The following year she made the journey to Karlsruhe. There she studied under Gude for two years, before travelling on to Munich and eventually Paris. She liked to spend the summers in Norway, and around 1876–77, she discovered the full picturesque appeal of Jæren. She made a number of outdoor studies, including of the beaches and the rolling moors at Ogna. In 1879, she began painting the peatlands, a theme she would later return to in many formats and variations. One of her earliest such paintings, titled *Un jour sombre en Norvège,* was shown at the Paris Salon in 1880. Kielland's peatland pictures show barren landscapes under clear skies. Those from the 1880s were generally mood pictures, painted in soft, sombre tones with a wealth of detail in the foreground (see cat. 45 and 46).

During the 1890s, Kielland's palette became richer and her compositions more full of contrasts. In summer 1901 she painted a number of such scenes. They were exhibited in Christiania in the autumn, and the artist herself considered them some of her best depictions of peatlands. *Peat Bog at Jæren*, 1901 (cat. 48) is a fresh, well-composed picture in which the white cotton grass contrasts with the green of the turf, and the blue sky with its scattered clouds is seen reflected in the water. The peat has been cut out, leaving channels in the ground, and laid to dry in heaps that form a diagonal. In the middle ground we glimpse a horse-drawn cart. Silhouetted against the sky are a few scattered farms and the distant mountains.

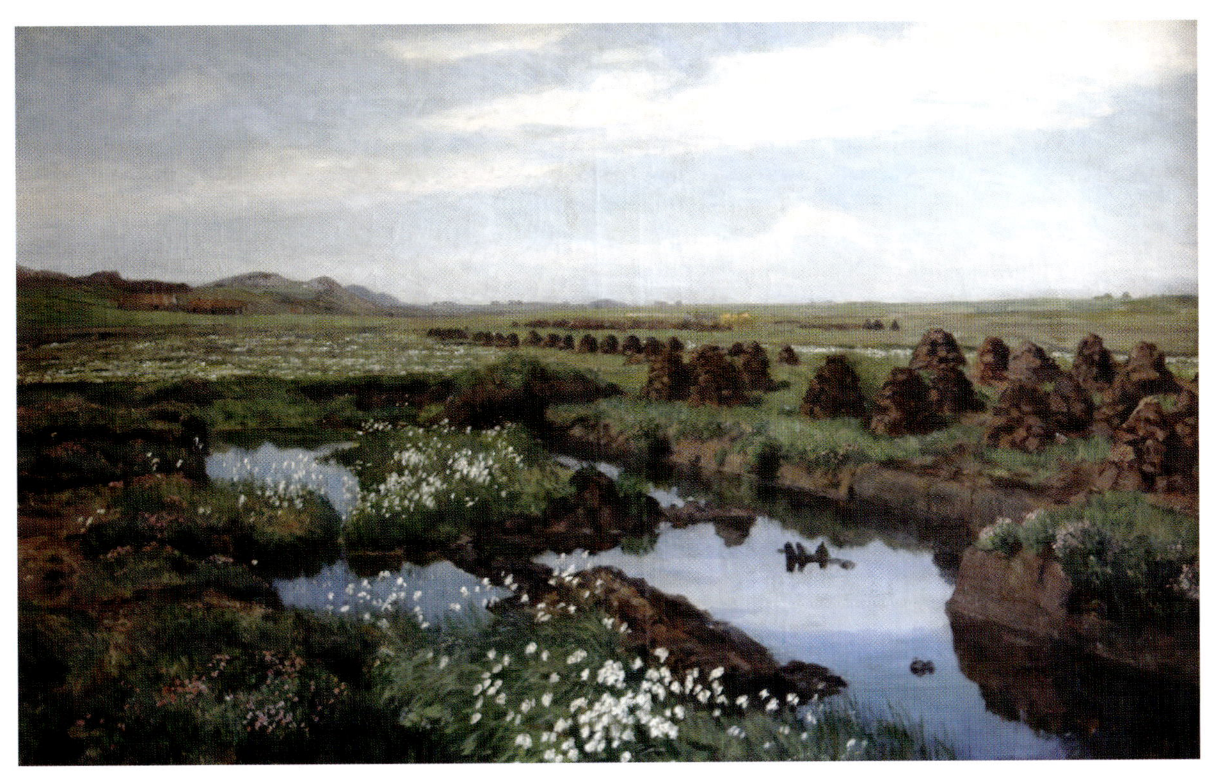

48

49 Christian Krohg
Babord litt, 1879
Port your Helm!
Olje på lerret, 99 x 70 cm
NG.M.00622, Nasjonalmuseet for kunst, arkitektur og design, Oslo

50 Christian Krohg
Hardt le, 1882
Helm a-lee!
Olje på lerret, 50 x 60 cm
NG.M.00991, Nasjonalmuseet for kunst, arkitektur og design, Oslo

Etter avlagt juridisk embetseksamen i 1873, valgte Christian Krohg å bli billedkunstner. Som mange andre dro han til Tyskland hvor Hans Gude, en venn av familien, var professor ved kunstskolen i Karlsruhe. Den første vinteren var Krohg hans elev, men da tyskeren Karl Güssow ble professor ved skolen, skiftet Krohg lærer. Etter kort tid fikk Güssow stilling som professor i Berlin, og eleven fulgte med sin nye lærer til kunstakademiet der.

Hvor stort utbytte Krohg hadde av sitt korte opphold i Karlsruhe er usikkert, men utvilsomt har Gudes vekt på studier i friluft og interesse for kystmotiver virket inspirerende. Senere kom Krohg til å videreutvikle den maritime sjangeren i en mer sosialrealistisk retning. Av betydning var også vennskapet med Frits Thaulow og kontakten med Skagen-miljøet i 1880-årene.

Et av Krohgs tidligste bilder med motiv fra norsk kystkultur er maleriet med tittelen *Hardt le!* fra 1882. Denne sommeren var han på seiltur med Eilif Peterssen. På Vasser utenfor Tønsberg ankret de opp, og Krohg brukte en av stedets loser som modell til maleriet. Motivet er beslektet med en los han malte på Skagen i 1879; *Babord litt* (kat. 49). Men situasjonen her er mer dramatisk, kunstneren har gått tettere på motivet og komposisjonen er dristigere. Bildet domineres av kryssende diagonaler, avskjæringer og forkortninger. Det gir en følelse av å være om bord i et avgjørende øyeblikk da losen må legge om kursen i uværet.

Senere kom Krohg ofte til å benytte loser som motiv, ikke minst i boken *Lodser* som han ga ut i 1890. Den besto av både intervjuer med og portretter av en rekke kjente loser (se kat. 51). Han framstiller dem her som kystens hverdagshelter, villige til å ofre livet for å redde skip i havsnød. Også losen som Krohg brukte som modell i *Hardt le,* omkom senere på sjøen.

FB

After finishing a law degree in 1873, Christian Krohg chose to become an artist. Like many others, he travelled to Germany, where Hans Gude, a friend of the family, was a professor at the School of Art in Karlsruhe. For the first winter Krohg studied under Gude, but when the German Karl Güssow also became a professor at the school, Krohg changed his teacher. Shortly afterwards, Güssow moved on to a professorship in Berlin, and his student went with him.

Although it is hard to say how much Krohg benefited from his brief stay in Karlsruhe, he was undoubtedly inspired by Gude's emphasis on outdoor studies and his interest in coastal themes. Later Krohg developed the maritime genre in a direction that incorporated social realism. Also of significance was his friendship with Frits Thaulow and his contacts with the Skagen painters in the 1880s.

One of Krohg's earliest paintings to feature Norwegian coastal culture is *Helm a-lee!* from 1882. In the summer of that year he went sailing with Eilif Peterssen. Having dropped anchor at Vasser just outside Tønsberg, Krohg engaged a local pilot as a model for his painting. The motif bears a number of similarities to the picture of a pilot he had painted at Skagen in 1879, *Babord litt!* (*Port your Helm!*) (cat. 49). But the situation in the new work is more dramatic. Here the artist brings his subject even closer, and the composition is bolder. The picture is dominated by intersecting diagonals, truncations and foreshortening. It gives a feeling of being on board the boat at a crucial moment, when the pilot has to change course in stormy weather.

Krohg frequently used pilots as a theme in his later work, not least in his book *Lodser* (Pilots), published in 1890. This combined interviews with many famous pilots with portraits of them (see cat. 51). The book represents the pilots as everyday heroes of the coast, men who put their lives on the line to save ships in distress. The pilot Krohg used as a model for *Helm a-lee!* also died at sea some years later.

51 Christian Krohg
Losen Peter Jørgensen Garibaldi, ca. 1890
The Pilot Peter Jørgensen Garibaldi
Olje på lerret, 45 x 30 cm
Privat eie, Oslo

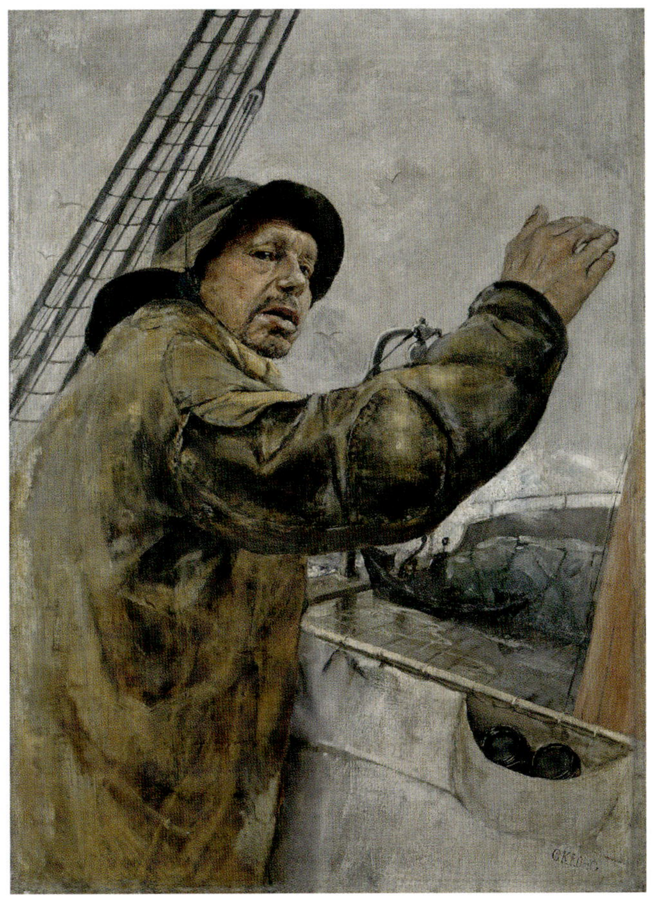

49

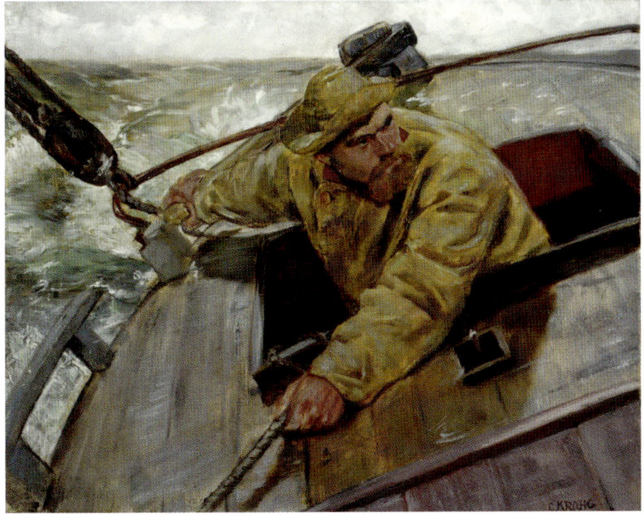

50

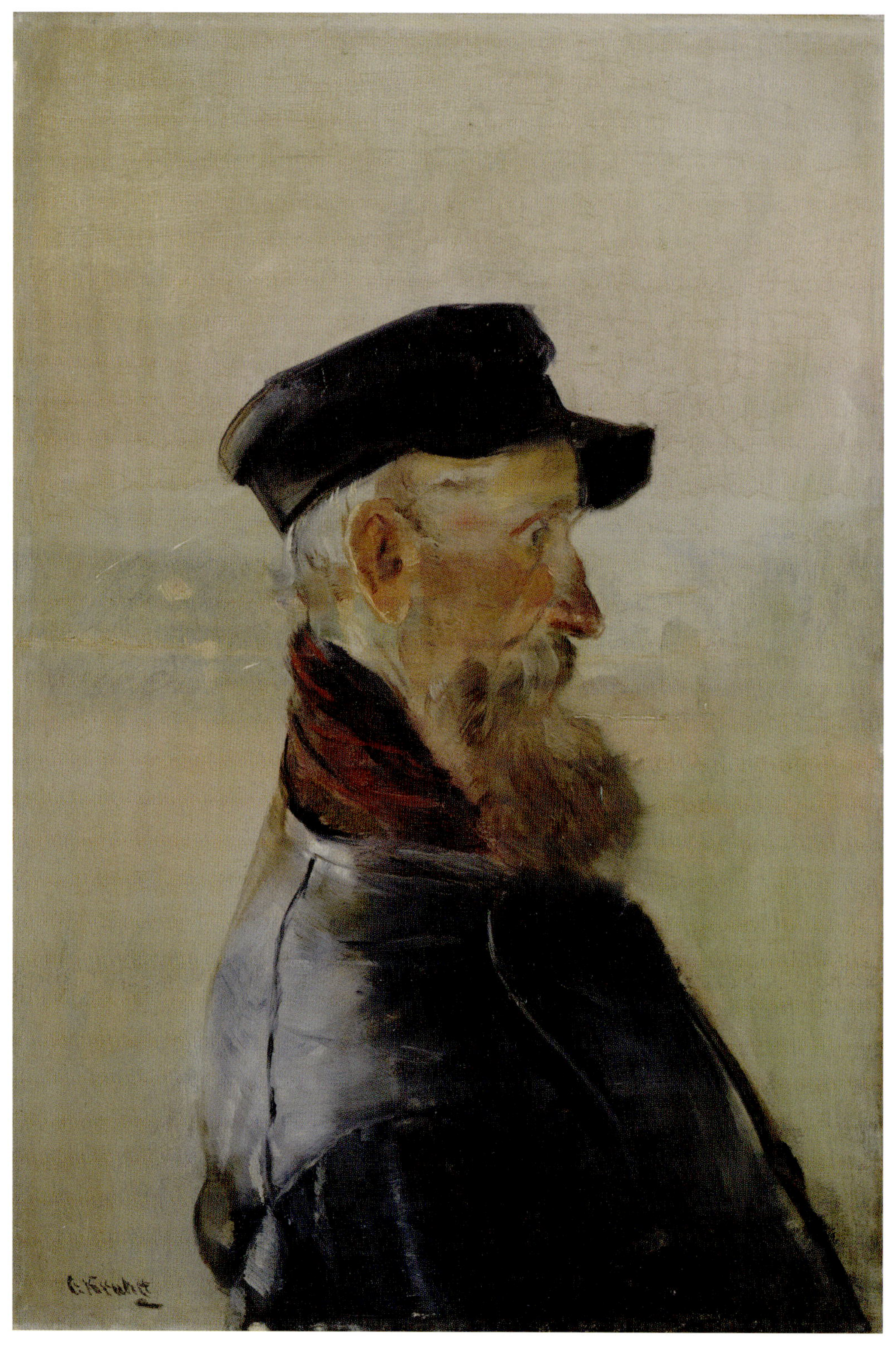

51

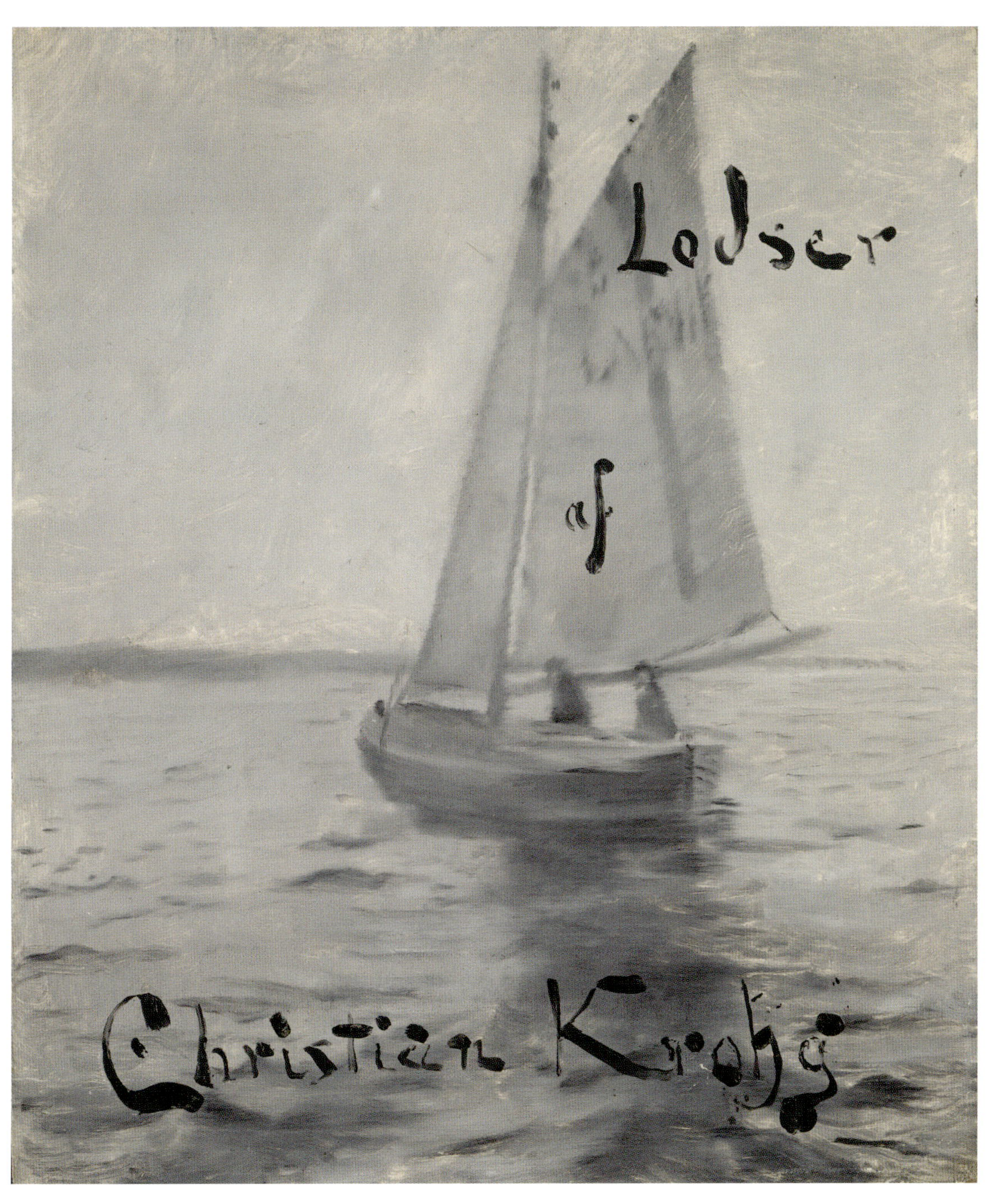

52

52 Christian Krohg
Forsiden til Krohgs bok, *Lodser,* 1890
Pilots, (title page for the book "Lodser")
46 x 38 cm, NG.M.02514,
Nasjonalmuseet for kunst, arkitektur og design, Oslo

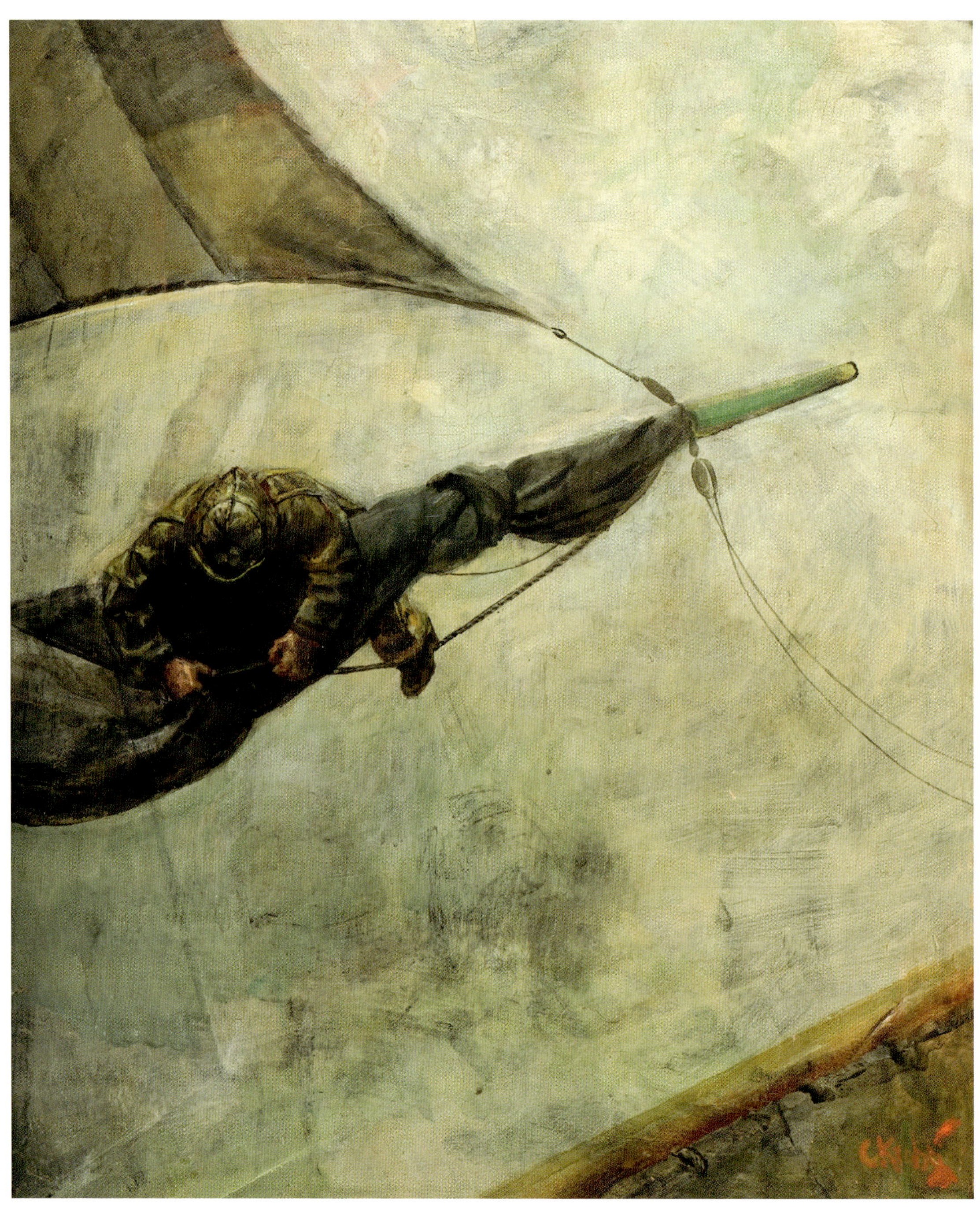

53

53 Christian Krohg
Til værs, ca.1900
High up
Olje på lerret, 54 x 45 cm
NMM.K.02978, Maritimt museum, Oslo

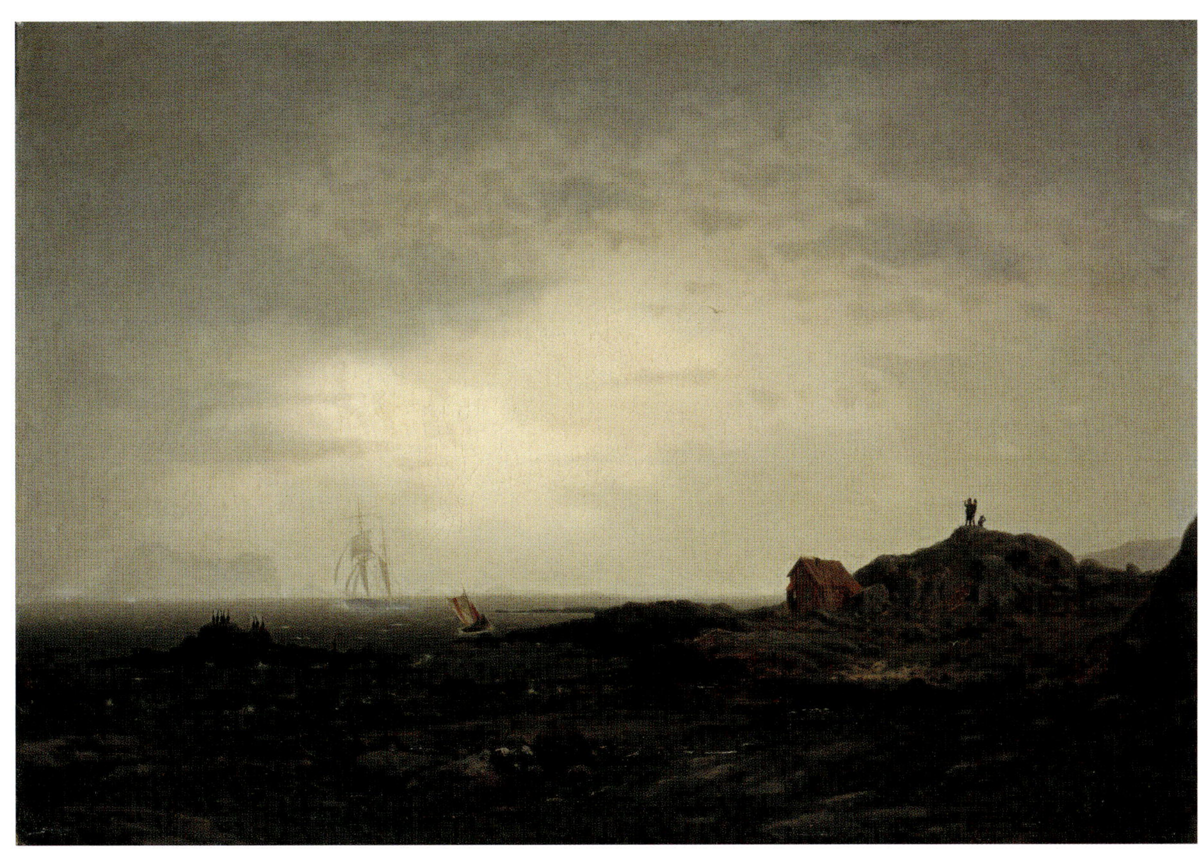

54

54 Amaldus Nielsen
Kystlandskap, 1861
Coastal Landscape
Olje på lerret, 57,5 x 81 cm
NG.M.00518,
Nasjonalmuseet for kunst, arkitektur og design, Oslo

55 Amaldus Nielsen
Stenstudie Hvaler, 1872
Study of Stones at Hvaler
Olje på lerret, 23,4 x 48,9 cm
AN.M.129 OKK, Oslo kommunes kunstsamling
Avbildet side 36

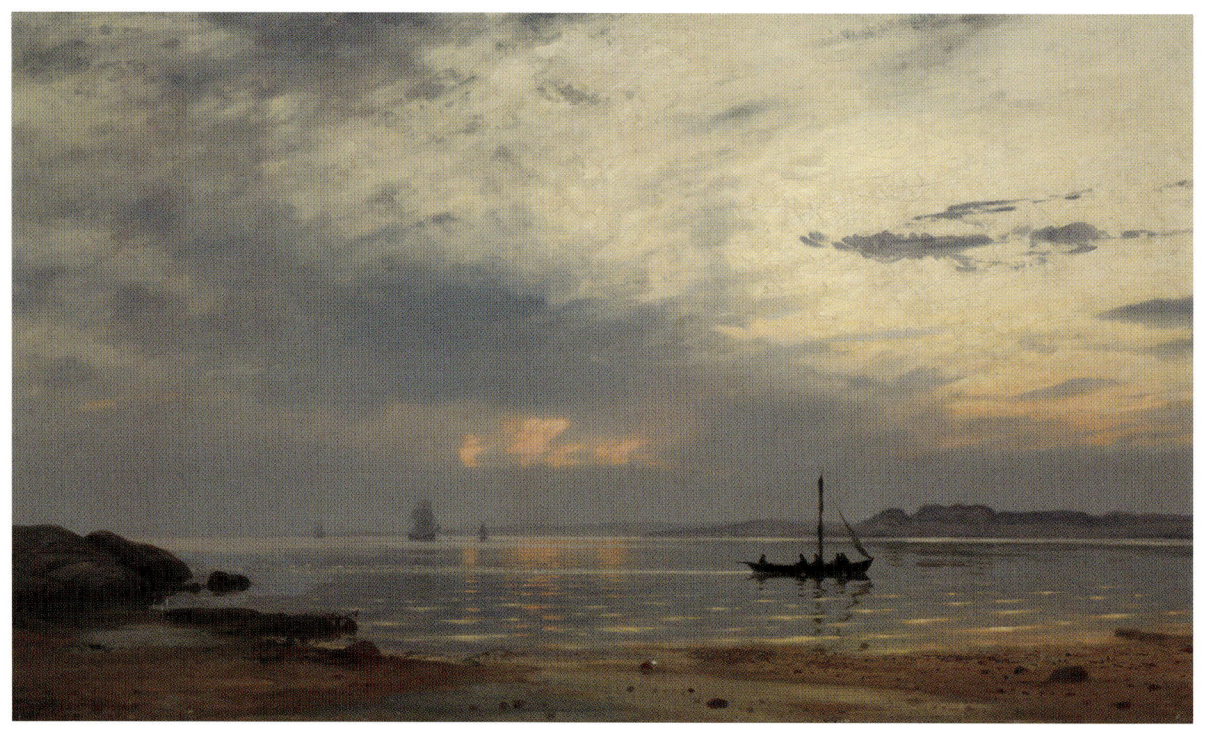

57

56 Amaldus Nielsen
Hvalerbrygge, 1874
Jetty at Hvaler
Olje på lerret, 40 x 68,5 cm
AN.M.143 OKK, Oslo kommunes kunstsamling
Avbildet side 37

57 Amaldus Nielsen
Aften ved Hvaler, 1879
Evening at Hvaler
Olje på lerret, 110 x 183 cm
NG.M.00324,
Nasjonalmuseet for kunst, arkitektur og design, Oslo

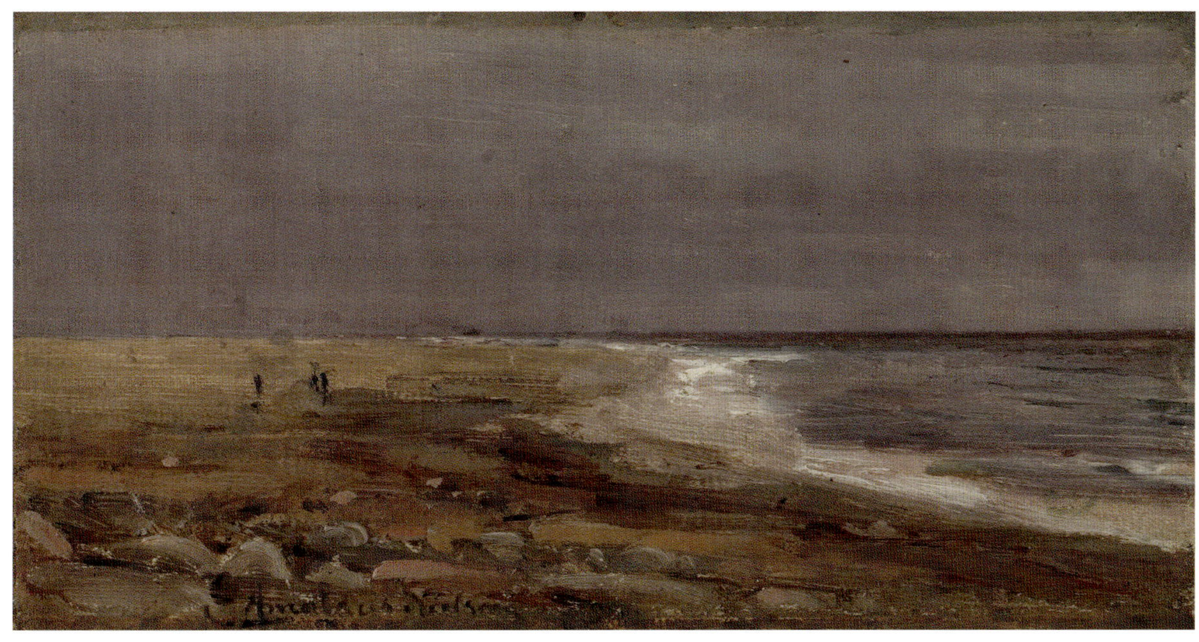

59

58 Amaldus Nielsen
Morgen ved Ny-Hellesund, 1885
Morning in Ny-Hellesund
Olje på lerret, 101 x 174 cm
NG.M.00326,
Nasjonalmuseet for kunst, arkitektur og design, Oslo
Avbildet side 38

59 Amaldus Nielsen
Solstreif, Jæren, 1893
Sunshine, Jæren
Olje på lerret, 15,5 x 30,5 cm
AN.M.196 OKK, Oslo kommunes kunstsamling

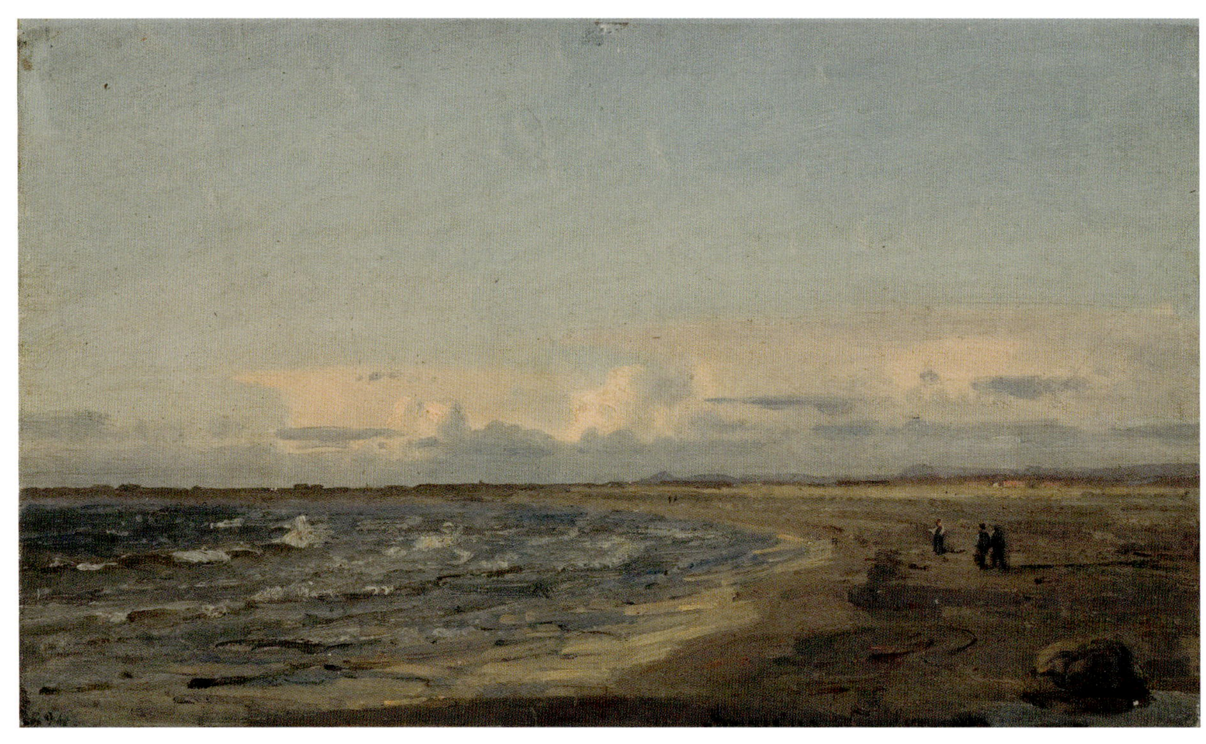

60

60 Amaldus Nielsen
Aften Jæren, 1894
Evening at Jæren
Olje på lerret, 21,5 x 34 cm
AN.M.197 OKK, Oslo kommunes kunstsamling

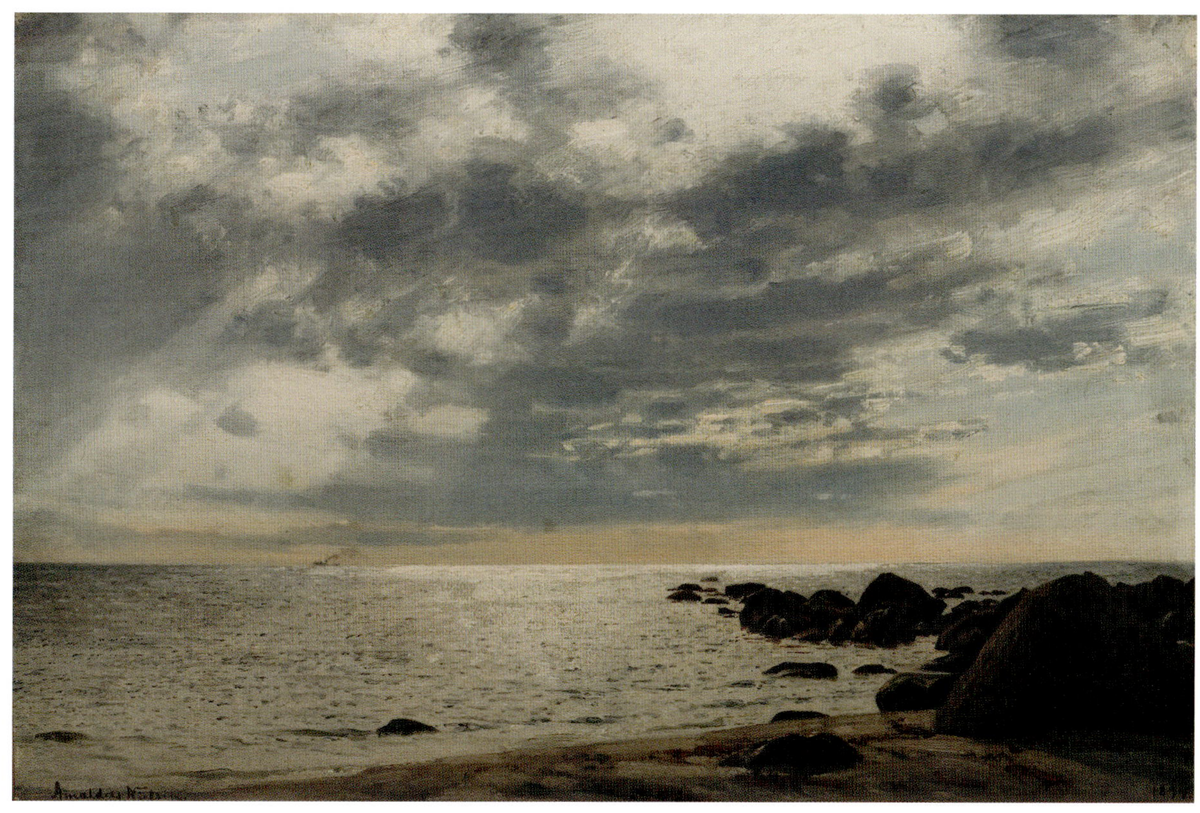

61

61 Amaldus Nielsen
Godvær Jæren, 1894
Fine Weather, Jæren
Olje på lerret, 32,5 x 48 cm
AN.M.206 OKK, Oslo kommunes kunstsamling

62 Amaldus Nielsen
Fiskerhjem, Gamle Hellesund, 1895
A Fisherman's Home, Old Hellesund
Olje på lerret, 48,5 x 71 cm
NG.M.00620,
Nasjonalmuseet for kunst, arkitektur og design, Oslo
Avbildet side 39

63 Eilif Peterssen
På utkikk, Jæren, 1889
On the Watch, Jæren
Olje på lerret, 86 x 112 cm
KODE Kunstmuseene i Bergen

Eilif Peterssen (1852–1928) var født i Christiania og gikk en periode på Eckersbergs malerskole. Til Karlsruhe og Gude kom han høsten 1871, etter et kort opphold ved kunstakademiet i København. Peterssen arbeidet innen en rekke sjangre; historiemaleri, portrett, religiøse motiver og landskaper. Etter to år i Karlsruhe dro han til München, deretter til Italia, før han senere flyttet hjem til Norge. Sommeren 1883 oppholdt han seg på Skagen, hvor han malte friluftsmalerier. I 1888 giftet han seg for andre gang, med Kitty Kiellands kusine Magda. Det var etter dette han begynte å male på Jæren, blant annet fordi han så på Jæren som en norsk parallell til Skagen.

Peterssens *På utkikk* har mye til felles med bildene til Skagen-malere som Peder Severin Krøyer og Michael Ancher. Det er ikke mye som minner om Peterssens tidligere veileder Gude i dette maleriet, hvor fem menn i hverdagsklær er sett bakfra. De er plassert på rekke, en sittende på en benk mens de andre ligger på magen i sanden. Alle speider utover sjøen. Sannsynligvis er det fiskere som venter på gunstige fangstforhold. Den avkuttede båten på høyre side, som vi så vidt ser stavnen på, balanseres av mannen på benken. Paletten er holdt i lyse toner; sanden er gyllen, sjøen i blå og lilla nyanser, og bølgenes hvite skumtopper bryter mot stranden. Over den høye horisonten har himmelen et grått slør, men bildet bærer likevel preg av sommer. Motivet er enkelt, og komposisjonen er harmonisk bygget opp.

Samme år malte Peterssen også den mindre, stemningsfulle studien *Fra Selestranden* (kat. 64). Det var på Sele, ved Figgjoelva, Peterssen oftest oppholdt seg da han var på Jæren.

MY

Born in Christiania, Eilif Peterssen (1852–1928) began his training at the Eckersberg school of painting. In autumn 1871, after a short period at the art academy in Copenhagen, he moved to Karlsruhe to study under Gude. Peterssen worked in a variety of genres: history painting, portraits, religious subjects and landscapes. After two years in Karlsruhe, he went on to Munich, and then to Italy, before eventually returning to Norway. In summer 1883 he stayed at Skagen, where he painted *en plein air*. In 1888, he married Kitty Kielland's cousin Magda, his second marriage. It was after this that he began painting at Jæren, in part because he regarded the area as a Norwegian equivalent to Skagen.

Peterssen's *On the Watch* has much in common with pictures by Skagen painters such as Peder Severin Krøyer and Michael Ancher. There is not much here to remind us of Peterssen's teacher Gude. The painting features five men in rough cloths seen from behind. They are arranged in a row, one sitting on a bench while the others are lying on their bellies in the sand. All are gazing out to sea. They are probably fishermen, waiting for favourable fishing conditions. The prow of a boat juts into the picture from the right, balancing the man on the bench to the left. The palette uses pale tones; the sand is golden, the sea has touches of blue and mauve, and there are white-capped waves rolling towards the shore. Despite the veil of grey clouds, the picture gives a sense of summer. The composition is simple and harmonically constructed.

In the same year, Peterssen also painted the smaller, atmospheric study *Fra Selestranden* (From the Beach at Sele; cat. 64). It was at Sele near the River Figgjo that Peterssen usually stayed when visiting Jæren.

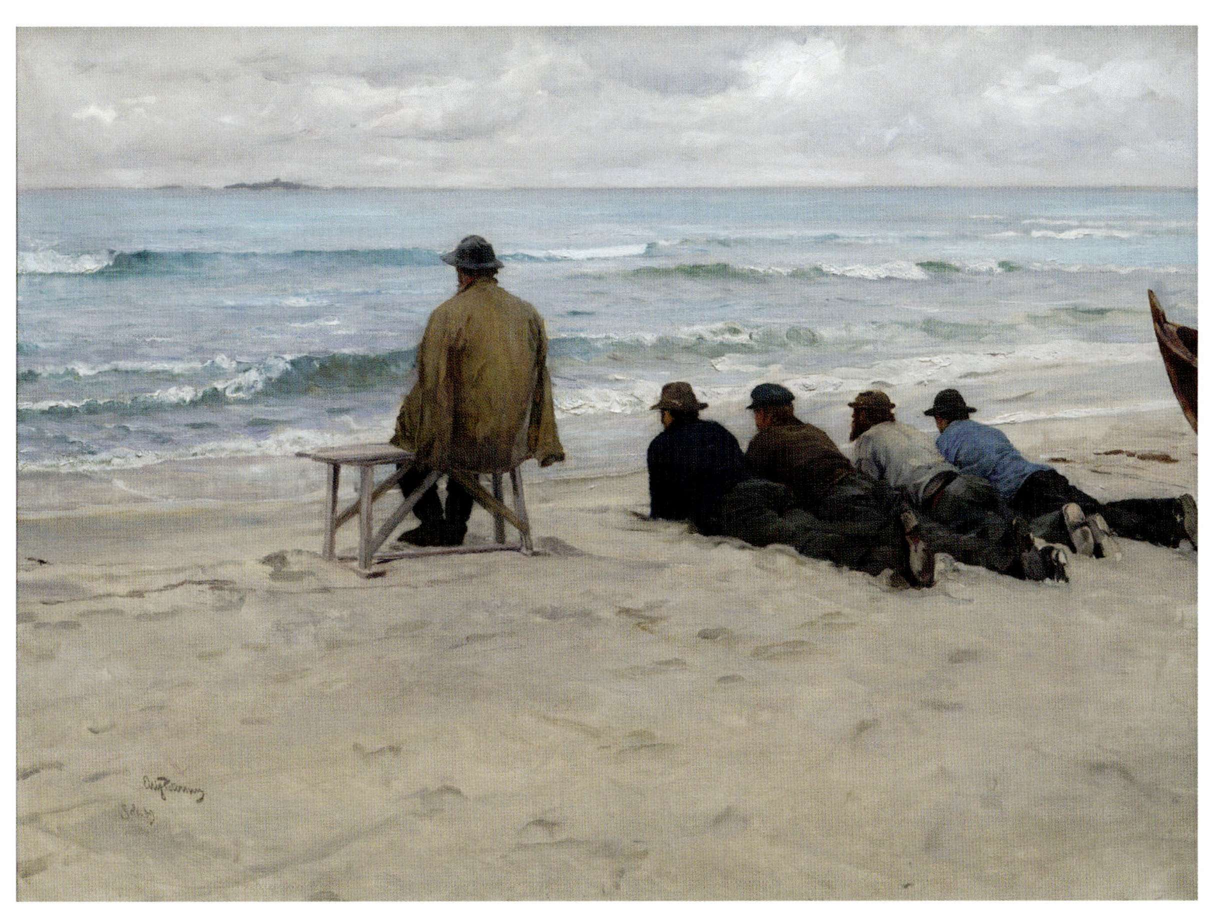

63

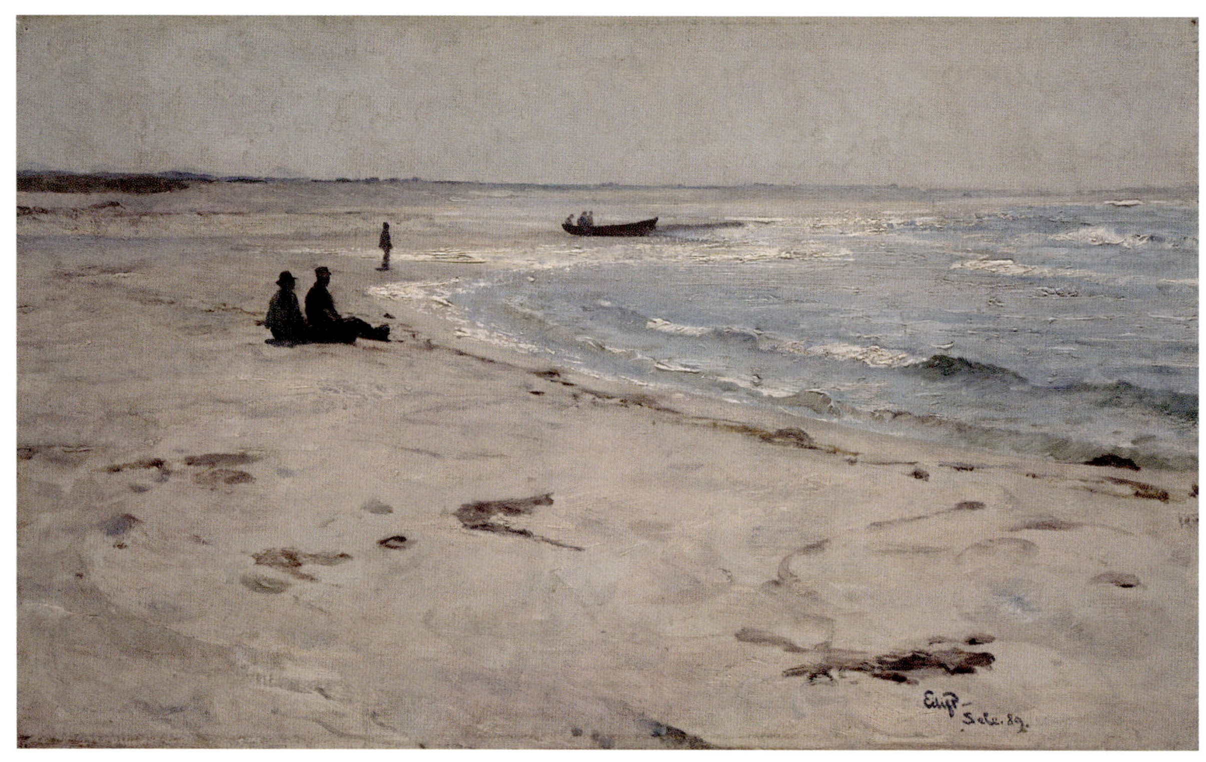

64

64 Eilif Peterssen
Fra Selestranden, 1889
From the Beach at Sele
Olje på lerret, 28,5 x 45 cm
NG.M.00850,
Nasjonalmuseet for kunst, arkitektur og design, Oslo

65 Otto Sinding
Motiv fra Mjøsa, 1877
Landscape at Mjøsa
Olje på lerret, 27,5 x 48,5 cm
NG.M.00649,
Nasjonalmuseet for kunst, arkitektur og design, Oslo
Avbildet side 20

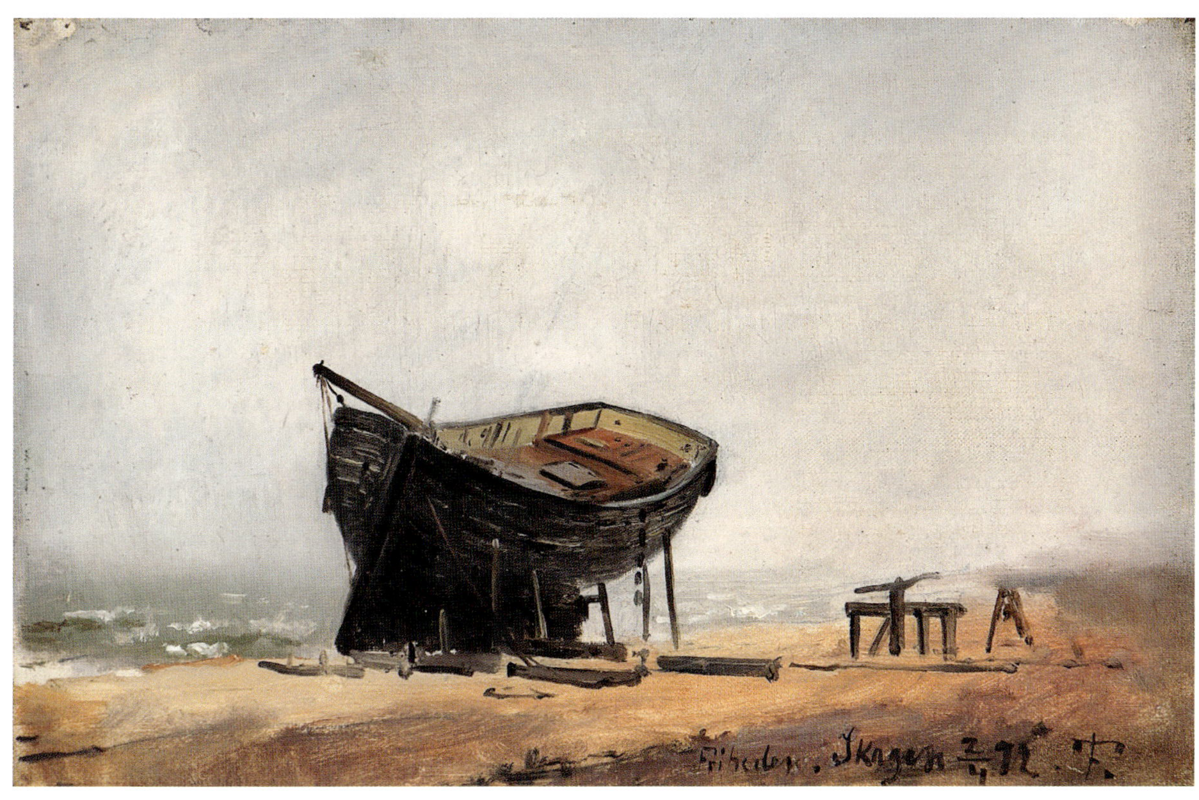

66

66 Frits Thaulow
Kutteren Friheden, Skagen, 1872
The Cutter «Friheden» (Freedom)
Olje på lerret, 26,5 x 41 cm
Privat eie, Oslo

67 Frits Thaulow
Losbåt, slørende, 1874
Pilot Boat, reaching
Olje på lerret, 52 x 94 cm
Privat eie, Oslo

68 Frits Thaulow
Fra Lista, 1878
At Lista
Olje på lerret, 79 x 140 cm
Privat eie, Oslo

Etter kort tid som elev på Tegneskolen i Kristiania (1862–63), dro Frits Thaulow til København for å utdanne seg til marinemaler. I en periode var han elev av den danske marinemaleren C.F. Sørensen, før han to vintre oppholdt seg hos Hans Gude i Karlsruhe (1874 og 1875).

Thaulow fant, som flere av Gudes elever, motiver fra kystnaturen på Sør-Vestlandet. Sommeren 1878 dro han til Jæren, hvor han malte sammen med Kitty Kielland, Nikolai Ulfsten og Eilif Peterssen. Dette maleriet ble utført i Paris og stilt ut på Salongen samme høst. Motivet er imidlertid ikke fra Jæren, men fra Lista der han var året før. Det er basert på en skisse malt i strandkanten med fiskebåter og folk i arbeid.

To båter har kommet inn med dagens fangst som bæres i land og sløyes av to kvinner. En hest med vogn er lastet med tare som skal tørkes og selges. Bildet er komponert med vekt på de horisontale linjene; i sandstranden, skyene og de opphengte garnene. Vertikale elementer i master og garnstativ skaper rytme og variasjon. Fargene er lyse og klare, med nyanser av grått, brunt og blått.

Selv om bildet er malt i atelieret, har det en friskhet som tyder på inspirasjon fra samtidens friluftsmaleri. Et karakteristisk trekk, som kan vitne om påvirkning fra Gude, er interessen for å vise lysreflekser og bølgebevegelser på vannflaten. Dette var noe Thaulow etter hvert kom til å rendyrke i sin kunst.

FB

After studying for a short time at the Royal School of Design (Tegneskolen) in Kristiania (1862–63), Frits Thaulow moved to Copenhagen to train as a maritime painter. For a while he studied under the Danish maritime painter C.F. Sørensen, before joining the class of Hans Gude in Karlsruhe for two winter terms (1874 and 1875).

Like several of Gude's students, Thaulow found his motifs among the coastal scenery of Southwest Norway. In summer 1878 he went to Jæren, where he painted alongside Kitty Kielland, Nikolai Ulfsten and Eilif Peterssen. Moving to Paris, he painted a picture that was accepted for the Paris Salon in the autumn of the same year. This was, however, a view not of Jæren, but of Lista, where he had been the year before. This work is based on a sketch painted on the shore showing fishing boats and people at work.

Two boats have just landed the day's catch, which is being gutted by two women. A horse-drawn cart is being loaded with kelp for drying and selling. In its composition the picture emphasises the horizontal dimension: the sandy beach, the clouds and the nets hung out to dry. The vertical elements of the masts and the net rack create rhythm and variation. The colours are bright and clear, with shades of grey, brown and blue.

Although the picture was painted in the studio, it has a freshness that suggests the inspiration of contemporary outdoor painting. One distinctive feature that might be indicative of Gude's influence is the evident interest in reflected light and the movement of ripples on the water. This was something Thaulow would later cultivate to perfection in his art.

69 Frits Thaulow
Strandbredd, 1879
Beach
Olje på lerret, 51 x 98 cm
BB Inv.nr. 249, KODE Kunstmuseene i Bergen
Avbildet side 32

70 Nikolai Ulfsten
Eilif Peterssen, (1879)
Eilif Peterssen painting
Olje på lerret, 30 x 62 cm
Privat eie, Bergen
Avbildet side 28

71 Nikolai Ulfsten
Fra Jæren, 1879
View of Jæren
Olje på treplate, 36 x 58 cm
NG.M.00862, Nasjonalmuseet for kunst, arkitektur og design, Oslo
Avbildet side 31

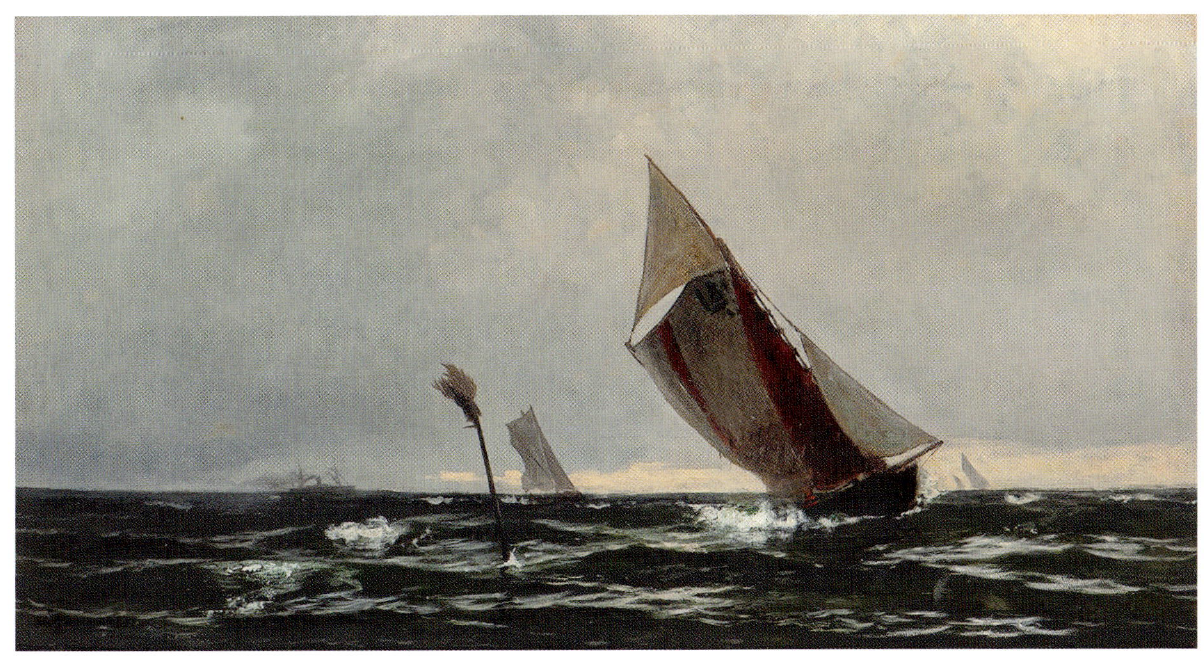

67

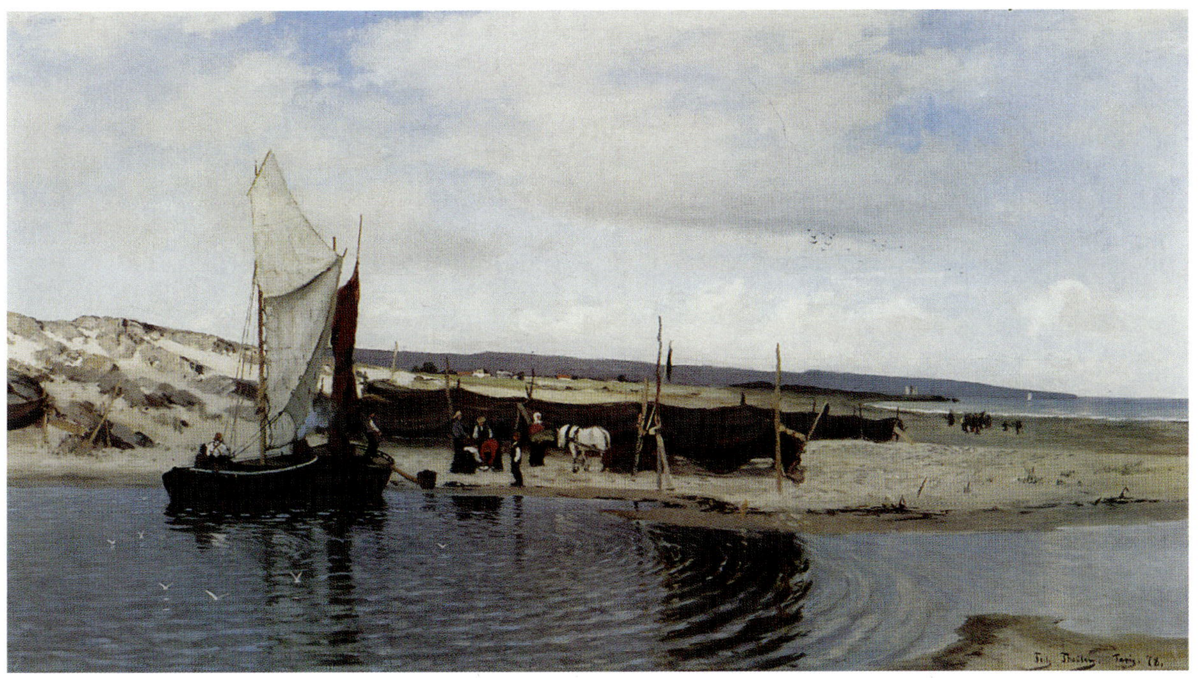

68

72 Nikolai Ulfsten
Vrakauksjon ved Jærens rev, 1880
Wreck-auction at Jæren
Olje på lerret, 110 x 179 cm
Norges Rederiforbund, Oslo

Nikolai Ulfsten (1854–1885) vokste opp i Bergen og viste tidlig kunstneriske evner. Han reiste til Kristiania, fikk undervisning ved Knud Bergsliens malerskole i 1873, dro så til Düsseldorf og deretter til Karlsruhe i 1875. Der begynte han i Karl Gussows klasse og ble senere Gudes elev fram til 1877. Ulfsten var sterkt influert av Gudes nøkterne landskapskunst, og det var Gude som rådet ham til å male på kysten av sørvest-landet. Allerede i 1875 var Ulfsten på Lista, til Jæren dro han første gang sommeren 1878. Samme år oppholdt både Kitty Kielland, Frits Thaulow, Otto Sinding og Eilif Peterssen der. Ulfsten er kanskje særlig kjent for sine realistiske bilder fra Jærens strender med opptrukne båter under høy himmel i en harmonisk, dempet fargeskala og med små grupper av mennesker spredt rundt i landskapet. Han arbeidet raskt. Dette beskrev hans venn og kollega Erik Werenskiold i et minneord fra 1886 som en styrke, som bidro til at Ulfstens bilder er så «hele og harmoniske».

Vrakauksjon ved Jærens rev ble malt i 1880. En udatert tegning, trolig et forarbeid til maleriet, har påskriften «Dagmärke. Jäderens rev» (kat. 109). Komposisjonen er den samme som i det store maleriet, med et høyt tårn og hjulspor som fører mot det. Men maleriet har langt flere figurer. Der er fiskere og menn i «byklær» plassert i klynger, og på høyre side ligger et skipsvrak på stranden. Det er trolig herfra vrakgodset stammer. Landskapet er nøkternt gjengitt i nedtonede farger, det dominerende sjømerket rager opp over den bare, våte sandstranden under en grålig himmel. Bildet var utstilt på Salongen i Paris i 1880. Samme høst ble det vist i Christiania Kunstforening, der aviskritikerne hadde varierende vurderinger av det. Flere mente å se en fransk inspirasjon, kanskje ikke så rart, ettersom Ulfsten også hadde vært i Paris og satt seg inn i den franske realismens idealer.

MY

Nikolai Ulfsten (1854–1885) grew up in Bergen and showed artistic ability from an early age. In 1873 he travelled to Oslo to study at Knud Bergslien's school of painting, moving on later to Düsseldorf and subsequently Karlsruhe in 1875. After a period in the class of Karl Gussow, he went on to study under Gude until 1877. Ulfsten was greatly influenced by Gude's sober style of landscape painting, and it was Gude who advised him to focus on the coast of south-west Norway. Ulfsten visited Lista as early as 1875 and Jæren for the first time in summer 1878. Also at Jæren on that occasion were Kitty Kielland, Frits Thaulow, Otto Sinding and Eilif Peterssen. Ulfsten is perhaps best known for his realistic depictions of Jæren's coastline with beached boats and small groups of people dotted about beneath lofty skies, rendered in a palette of harmonious, muted colours. He worked quickly. In an obituary written in 1886, Ulfsten's friend and colleague Erik Werenskiold described the artist's speed as a strength that contributed to the fullness and harmony of his pictures.

Wreck-auction at Jæren was painted in 1880. An undated drawing, probably a preparatory study for the painting, has the inscription "Dagmärke. Jäderens rev" (Beacon. Jæren Sandbank). The composition is the same as in the large painting, with a tall beacon tower and tracks leading towards it. But the painting features many more figures. There are clusters of fishermen and men in "town cloths", while on the beach to the right we see the hull of a ship lying on its side. Presumably it is the contents of this vessel that are being auctioned off. The scene is rendered in sober, muted colours, the dominant beacon rising over the bare, waterlogged sand beneath a grey sky. The picture was exhibited at the Paris Salon in 1880. In the autumn of the same year, it was shown at Christiania Art Society, where it earned mixed reviews in the national newspapers. For several critics, it showed signs of French inspiration, which would hardly be surprising, given that Ulfsten had also spent time in Paris and studied the French realism.

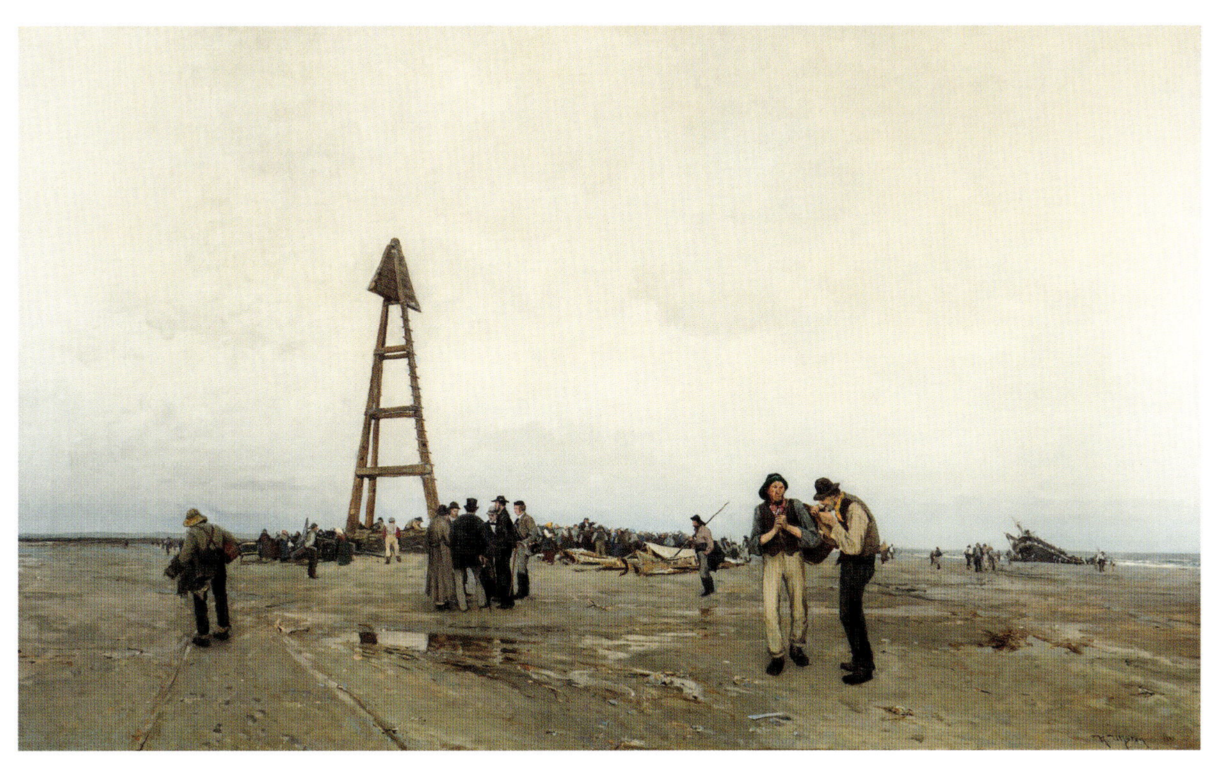

72

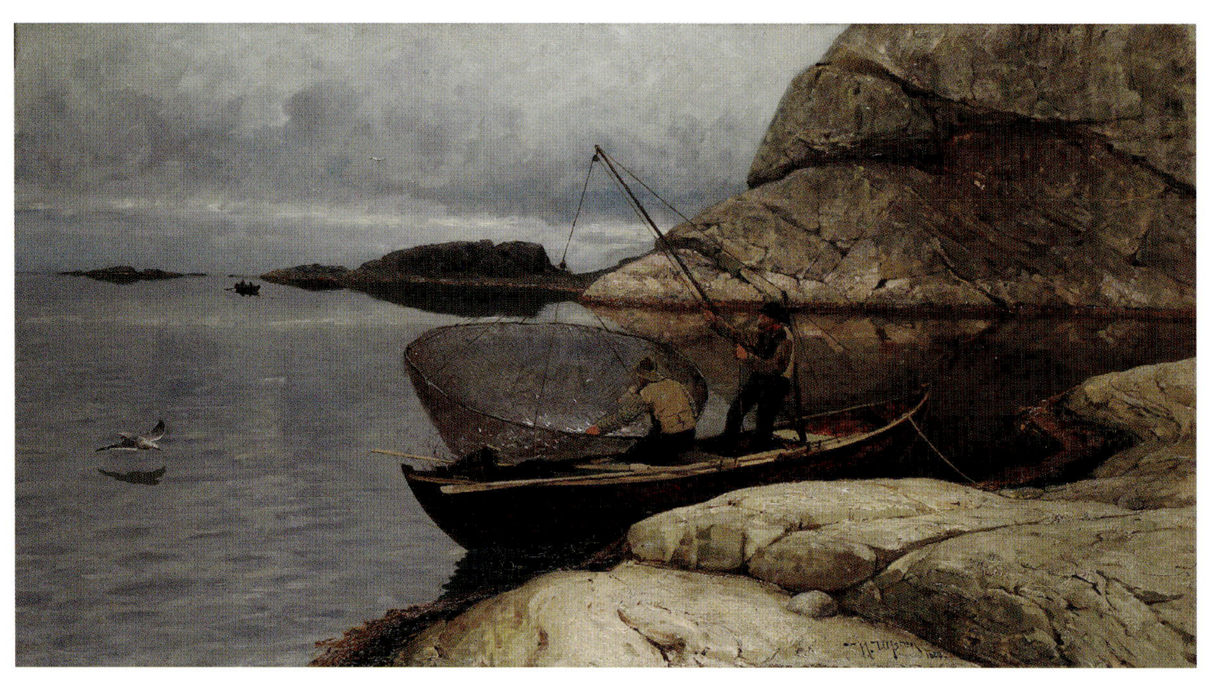

73

73 Nikolai Ulfsten
Mortefiskere fra Stavangerkanten, 1883
Roach-fishers from the district of Stavanger
Olje på lerret, 82 x 150 cm
Det kongelige slott, Oslo

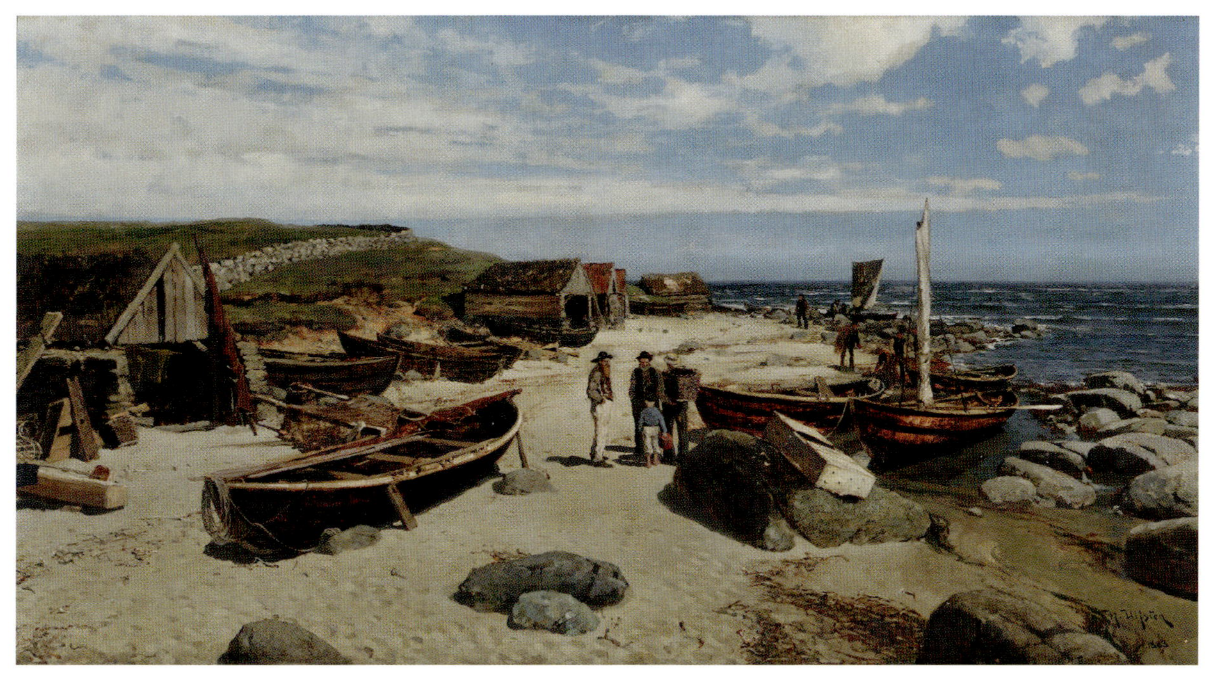

74

74 Nikolai Ulfsten
Fra Jæren, 1883
At Jæren
Olje på lerret, 82 x 150 cm
Lillehammer kunstmuseum

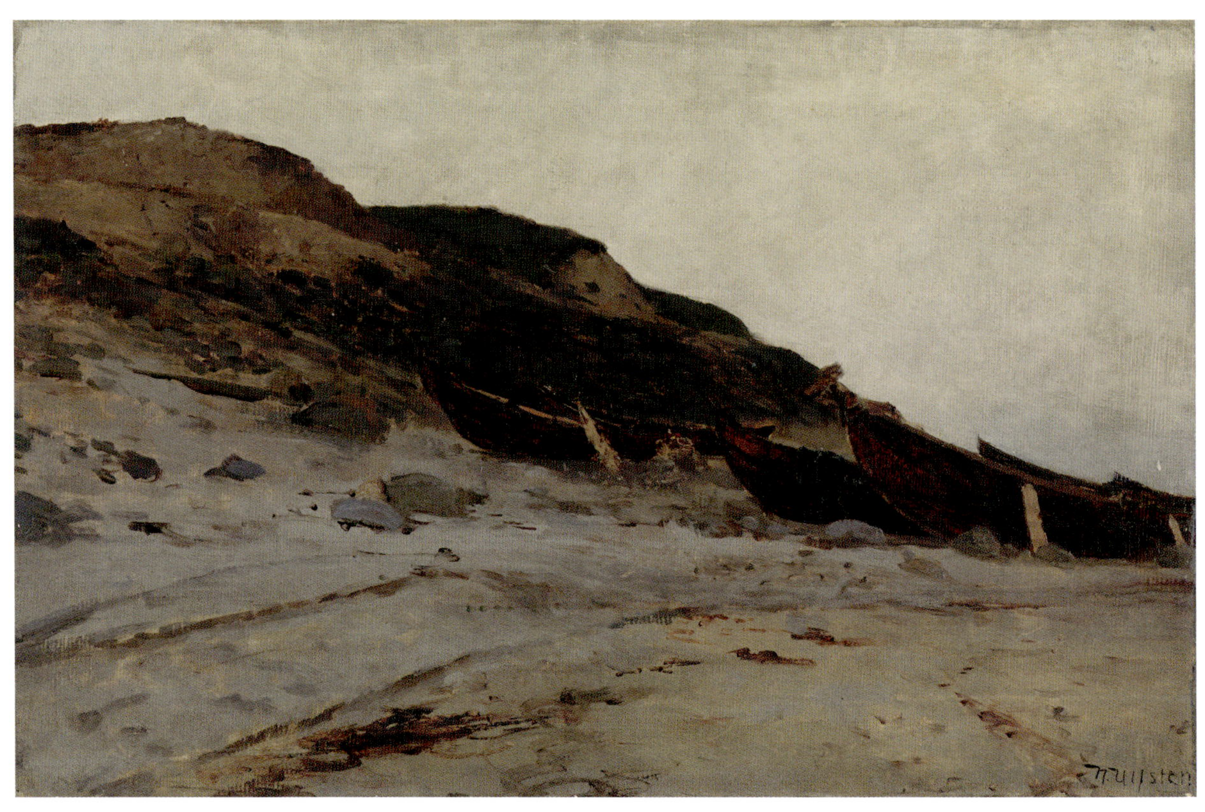

75

75 Nikolai Ulfsten
Båter på stranden, Jæren, uten år
Boats on the Beach at Jæren
Olje på lerret, 40,5 x 61,5 cm
NG.M.01072,
Nasjonalmuseet for kunst, arkitektur og design, Oslo

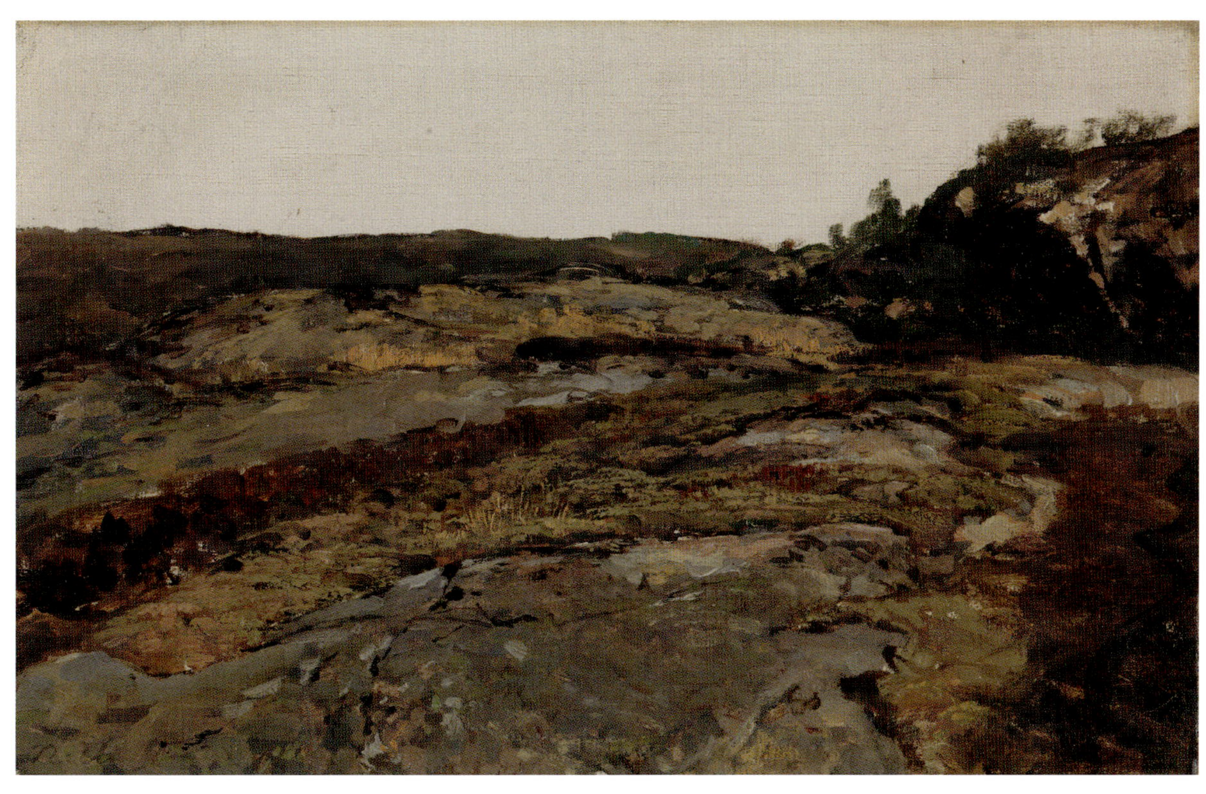

76

76 Nikolai Ulfsten
Fra Jærens innland, uten år
Landscape from the Inland of Jæren
Olje på lerret oppklebet på papplate, 36,5 x 56,5 cm
NG.M.00413,
Nasjonalmuseet for kunst, arkitektur og design, Oslo

ARBEIDER PÅ PAPIR

WORKS ON PAPER

77 Hans Gude
Julius' snekke, Vrengen, seilbåter, 1866
Julius' Fishing Boat, Vrengen, sailing boats
Blyant, penn og lavering på papir, 310 x 417 mm
NG.K&H.B.03133,
Nasjonalmuseet for kunst, arkitektur og design, Oslo

78 Hans Gude
Fra Kjøpmannskjær, Vrengen, 1866
At Kjøpmannskjær, Vrengen
Blyant, penn og lavering over blyant, 311 x 417 mm
NG.K&H.B.03128,
Nasjonalmuseet for kunst, arkitektur og design, Oslo

79 Hans Gude
Fra Seviken i Vrengen, 1866
At Seviken, Vrengen
Blyant på papir, 311 x 417 mm
NG.K&H.B.03125,
Nasjonalmuseet for kunst, arkitektur og design, Oslo

80 Hans Gude
Elvestryk med steiner, ca. 1867
Rapid with Stones
Blyant, penn, akvarell og gouache på papir, 418 x 528 mm
NG.K&H.B.03136,
Nasjonalmuseet for kunst, arkitektur og design, Oslo

81 Hans Gude
Seilskute på stranden i Tarbert, Loch Fyne, 1877
Sailing-boat on the Shore of Tarbert, Loch Fyne
Blyant på papir, 394 x 281 mm
NG.K&H.B.03132, Nasjonalmuseet for kunst, arkitektur og design, Oslo

82 Hans Gude
Elvemunning ved Brodick, Arran, Skottland, 1877
Outlet at Brodick, Arran, Scotland
Akvarell, lavering, penn og blyant på papir, 335 x 578 mm
NG.K&H.B.06534,
Nasjonalmuseet for kunst, arkitektur og design, Oslo
Avbildet side 17

83 Hans Gude
Landskap ved Tarbert Castle, Skottland, 1877
Landscape near Tarbert Castle, Scotland
Penn, akvarell og gouache over blyant på papir 358 x 544 mm
NG.K&H.B.06536,
Nasjonalmuseet for kunst, arkitektur og design, Oslo

Hans og Betsy Gudes reise til Skottland sommeren 1877 varte ikke lenger enn fire uker, så de begrenset oppholdet til stedene Arran, Tarbert og Oban. Kunstneren innrømmer i livserindringene at det skotske landskapet fylt av fortidsminner som borger, ruiner og abbedier både har malerisk virkning og stoff for fantasien. Men dette hadde aldri stått i fokus for hans interesse med ett unntak: «I den korte Tid jeg havde til at raade over i Skottland, havde jeg ikke Raad til at tabe Søndagen, og vi var da saa ugudelige at gjemme Malersager under vore Regnkapper og liste os op i Udmarken, hvor Ingen saa os, saa at jeg i Tarbert en Søndag fik et godt Billede af det gamle Taarn med lyngheden omkring.»

Gjeteren i forgrunnen, omgitt av saueflokken, forsvinner nesten i det skrånende terrenget, mens borgruinen i mellomgrunnen strekker seg mot himmelen og dominerer komposisjonen.

FEH

In summer 1877, Hans and Betsy Gude took a trip to Scotland. Since they would be staying no more than four weeks, they restricted themselves to visiting Arran, Tarbert and Oban. In his memoirs, the artist describes the Scottish landscape as particularly picturesque and inspiring to the imagination, thanks to its many castles, ruins, and abbeys. Although ancient monuments had never been among his focal interests, on this occasion he made an exception: "In the short time I had at my disposal in Scotland, I couldn't afford to lose a Sunday, and we were sufficiently ungodly as to hide my painting equipment under our raincoats and sneak up into the hills where no one could see us, so that on the Sunday at Tarbert I was able to finish a good picture of the old tower with the heath all around."

The shepherd in the foreground, in the midst of his sheep, is almost invisible in the sloping terrain, while the castle ruins in the middle distance loom towards the sky as the composition's dominant feature.

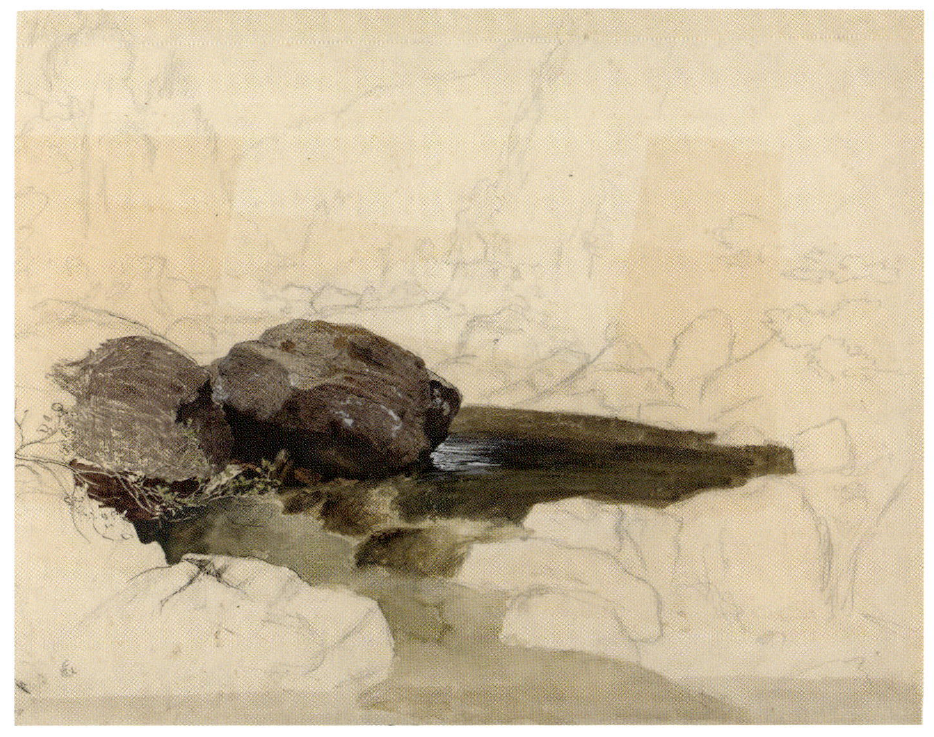

80

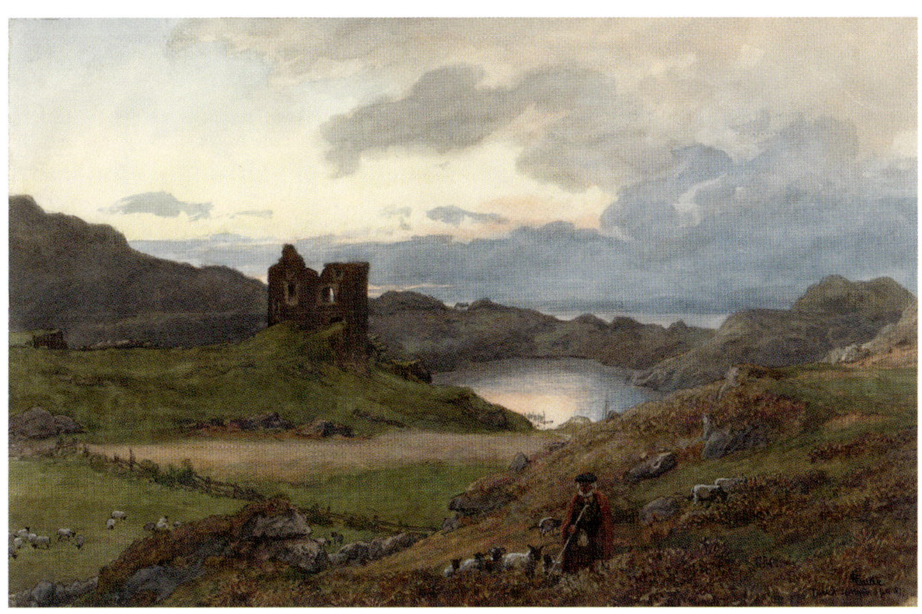

83

84 Hans Gude
Fra Hegau ved Zellersee, 1878
At Hegau on Bodensee
Penn, akvarell og gouache over blyant på papir, 286 x 616 mm
NG.K&H.B.00142,
Nasjonalmuseet for kunst, arkitektur og design, Oslo

85 Hans Gude
Da han kom nærmere, var det bare tre skarver, som satt på en rekvedstokk, ca 1878
There were only three Cormorants sitting on a Log
Penn og lavering over blyant på papir, 88 x 162 mm
NG.K&H.B.07953,
Nasjonalmuseet for kunst, arkitektur og design, Oslo

86 Hans Gude
Skarvene fra Utrøst, ca 1878
The Cormorants of Utrøst
Penn og lavering over blyant på papir, 150 x 205 mm
NG.K&H.B.07954,
Nasjonalmuseet for kunst, arkitektur og design, Oslo

87 Hans Gude
Jekt på havet, ca 1878
Fishing Boat at Sea
Penn, lavering og blyant på papir, 100 x 192 mm
NG.K&H.B.07952,
Nasjonalmuseet for kunst, arkitektur og design, Oslo

88 Hans Gude
Garntørk, Ermatingen, 1879
Drying the Nets, Ermatingen
Akvarell over blyant på papir, 348 x 402 mm
NG.K&H.B.03147,
Nasjonalmuseet for kunst, arkitektur og design, Oslo

I denne akvarellen fra Bodensee i Sveits hersker fullstendig overensstemmelse mellom motiv og medium. Billedflaten er ikke overlesset med mange forskjellige elementer. Den lettskyede himmelen sideordnes Bodensees rolige overflate, og komposisjonen «barduneres» fast ved et poppeltre inn mot høyre som danner en rolig silhuett med en skimrende refleks i brakkvannet i forgrunnen. Som gardiner henger garnene til tørk diagonalt innover mot poppelen. Også den sparsomme fargebruken fra gråfiolett til grønt understreker den stramme komposisjonen.

FEH

This watercolour of Lake Constance in Switzerland is characterised by the harmonic agreement between subject and medium. The pictorial space is not overburdened with excessive elements. The sky with its scattered clouds is juxtaposed with the calm surface of the lake, while the composition has a centre of gravity in the silhouetted poplar tree to the right and its shimmering reflection on the brackish water in the foreground. Hung out to dry, the curtain-like nets form a diagonal that points towards the poplar. Also the sparse use of colour, ranging from greyish violet to green, underlines the rigour of the composition.

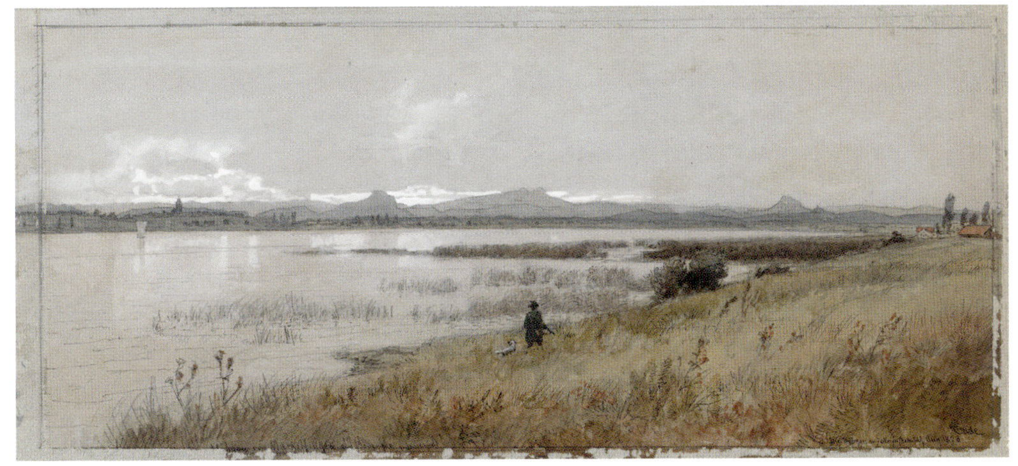

84

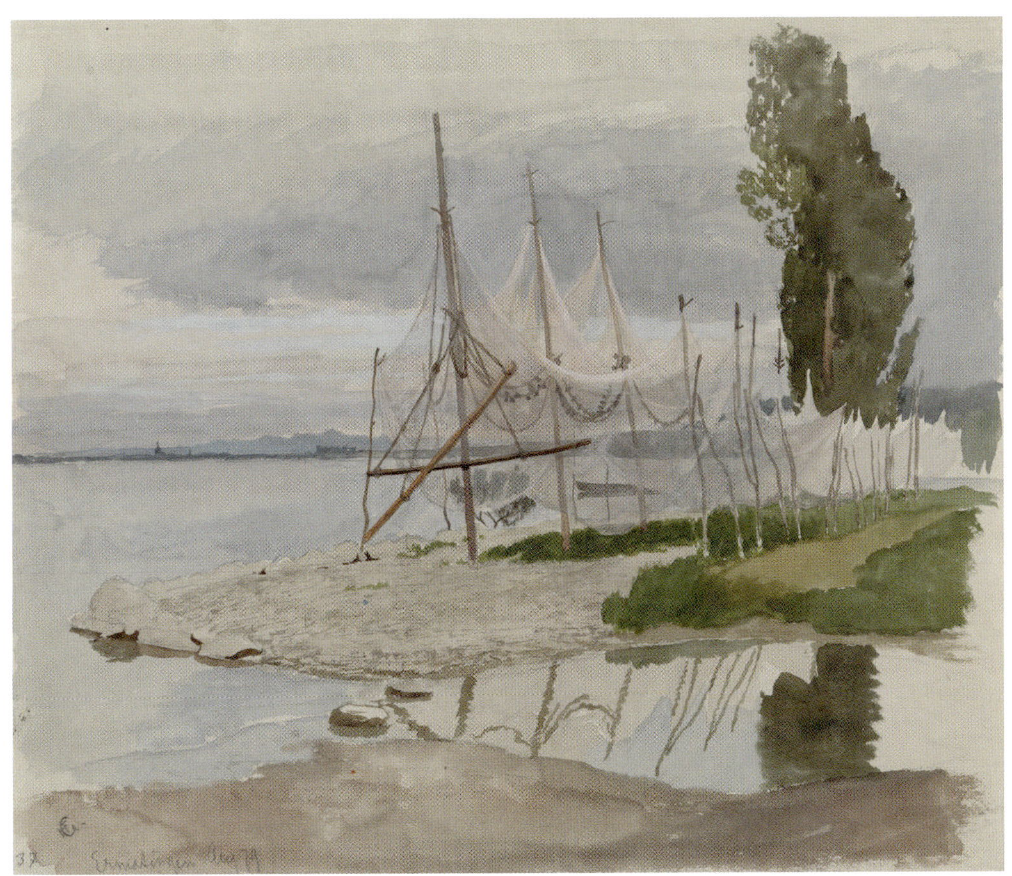

88

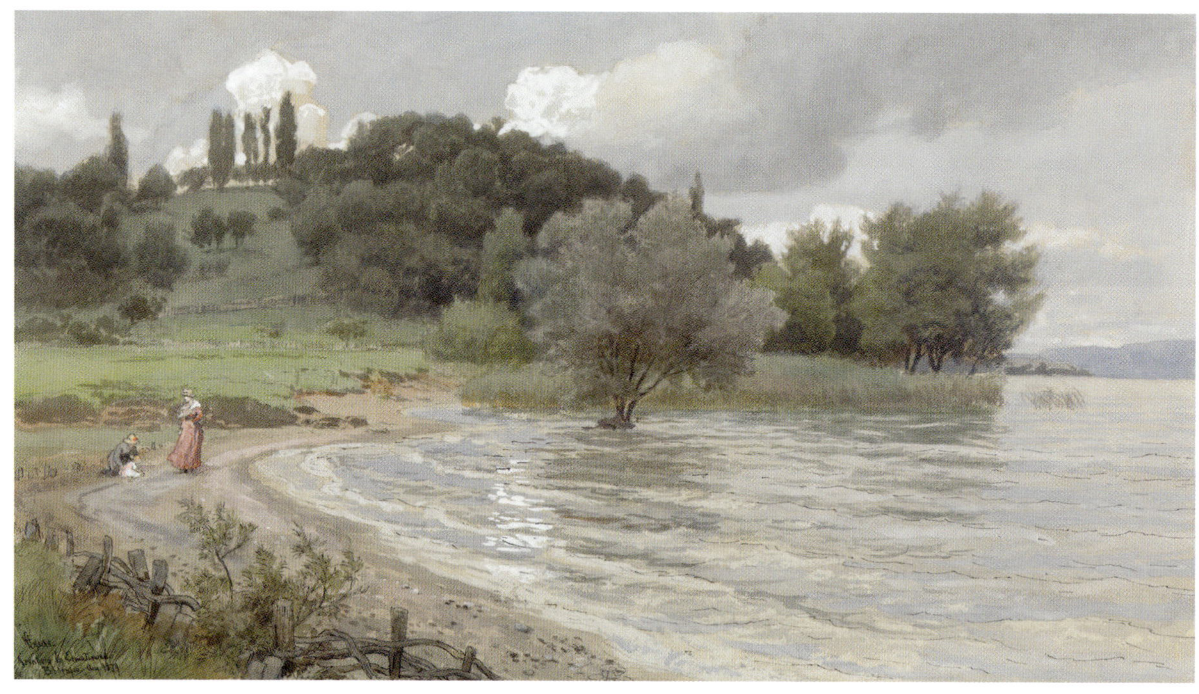

89

89 Hans Gude
Arenberg ved Ermatingen, 1879
Arenberg at Ermatingen on Bodensee
Akvarell, gouache, penn og blyant på papir, 334 x 556 mm
NG.K&H.B.06535,
Nasjonalmuseet for kunst, arkitektur og design, Oslo

90 Hans Gude
Dikteren Victor von Scheffel, 1879
The Author Victor von Scheffel
Blyant på papir, 310 x 220 mm
Privat eie, Oslo

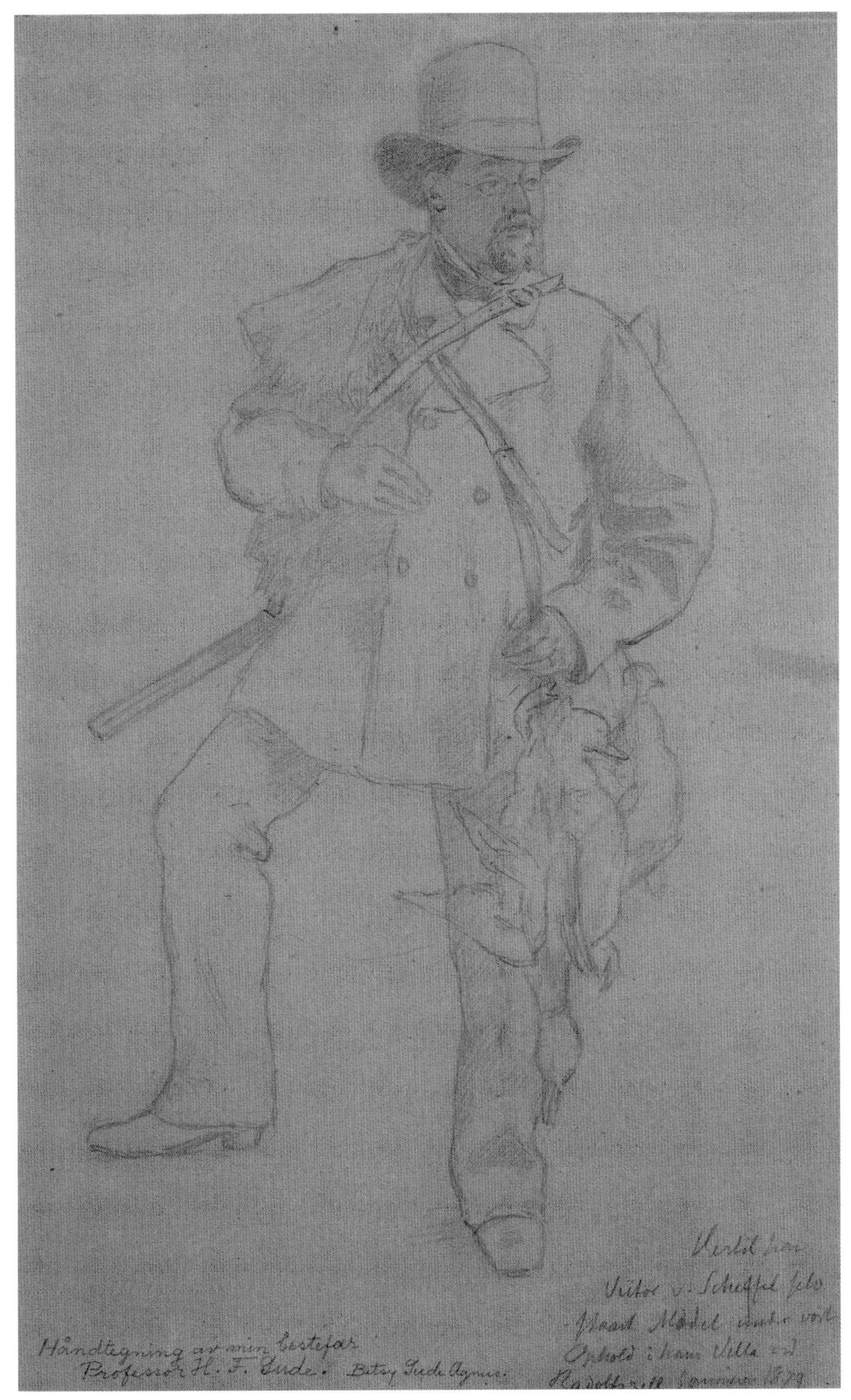
Håndtegning av min bestefar
Professor H. F. Gude. Betsy Gude Agnus.

90

91 Hans Gude
Fiskere ved brygge i Christianiafjorden, 1881
Fishermen at a Jetty, Christianiafjord
Akvarell, lavering og penn over blyant på papir,
319 x 459 mm
NG.K&H.B.00083,
Nasjonalmuseet for kunst, arkitektur og design, Oslo

92 Hans Gude
Landskap ved Stavern, 1884
Landscape at Stavern
Akvarell, gouache, penn og lavering på papir,
307 x 568 mm
NG.K&H.B.06531,
Nasjonalmuseet for kunst, arkitektur og design, Oslo

93 Hans Gude
Bunnefjorden ved Malmøen, 1884
The Island Malmøen, Bunnefjord
Akvarell, gouache og penn på papir, 410 x 609 mm
NG.K&H.B.06532, Nasjonalmuseet for kunst, arkitektur og design, Oslo

Dette året hadde Gude tidligere på sommeren gjort studier ved Farsund og Stavern, oppholdt seg ved en badeanstalt i Sandefjord og besøkt generalinne Fredrikke Gram på Ringerike, som alltid tok vel imot kunstnere på Ask Gård.

Arbeidet gir inntrykk av en overskyet og kjølig sommerdag med laber bris. Ute på sjøen setter noen garn fra en robåt, men stranden er uten tegn til liv. Gjengivelsen av bergartene langs Malmøen er et eksempel på Gudes nøyaktige naturobservasjoner, som hans svoger, geologen Theodor Kjerulf, ikke kunne få fullrost nok.

FEH

In the early summer of 1884, Gude painted some studies at Farsund and Stavern, spent some days at a spa resort in Sandefjord, and visited the dowager Fredrikke Gram, who always received the artist warmly at her estate at Ask in Ringerike.

This work suggests a cool, cloudy summer's day with a light breeze. Out at sea, a few nets are being set from a rowing boat, whereas the beach is utterly deserted. The depiction of the rock formations along the shore of Malmøya illustrates Gude's meticulous observation of nature, an ability his brother-in-law, the geologist Theodor Kjerulf, could never praise highly enough.

94 Hans Gude
Brygge i Travemünde, 1887
Jetty, Travemünde
Akvarell, gouache og penn over blyant på kartong,
299 x 231 mm
NG.K&H.B.06529, Nasjonalmuseet for kunst, arkitektur og design, Oslo

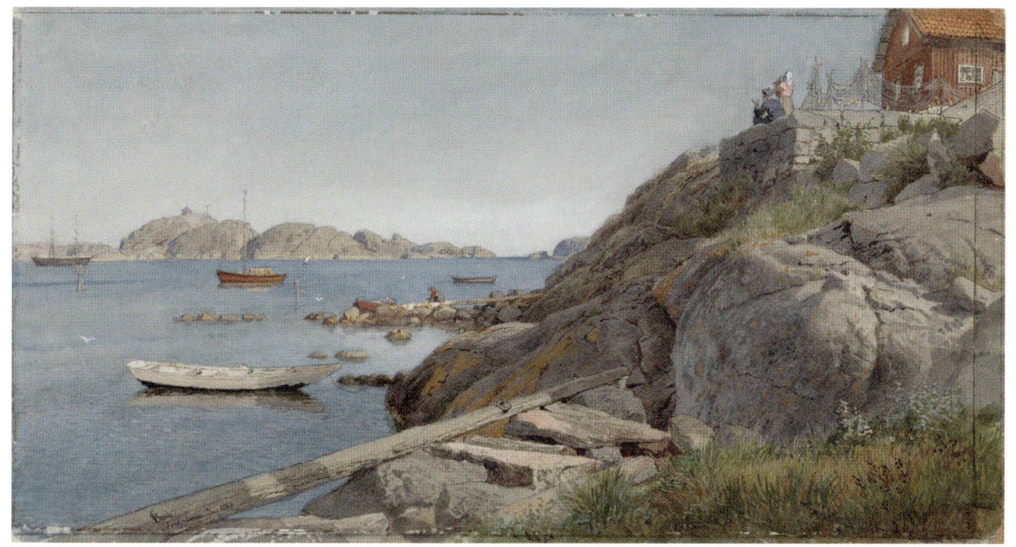

92

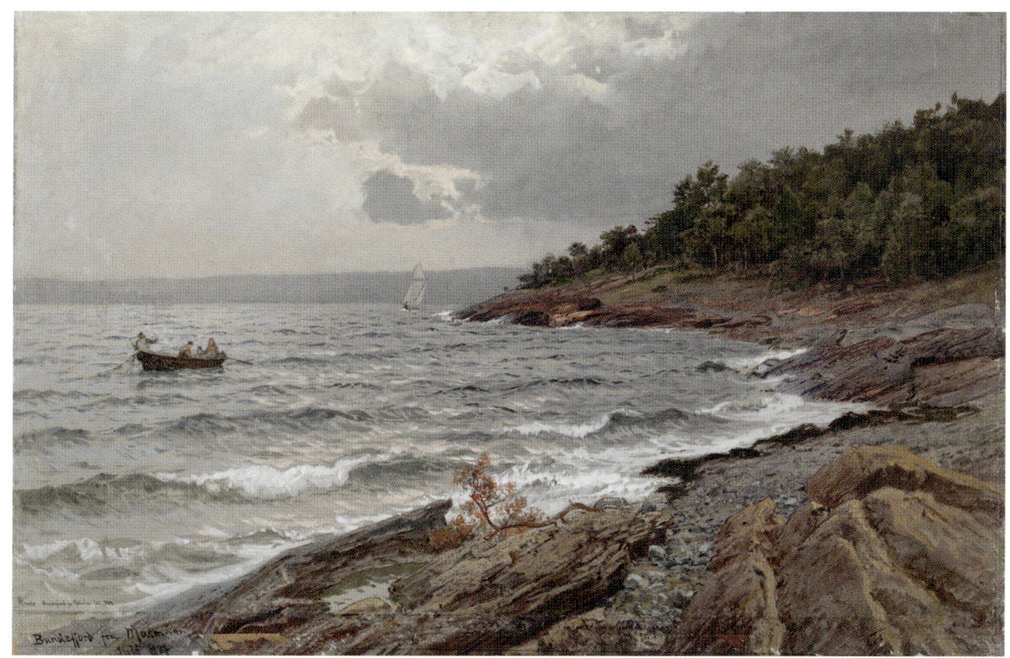

93

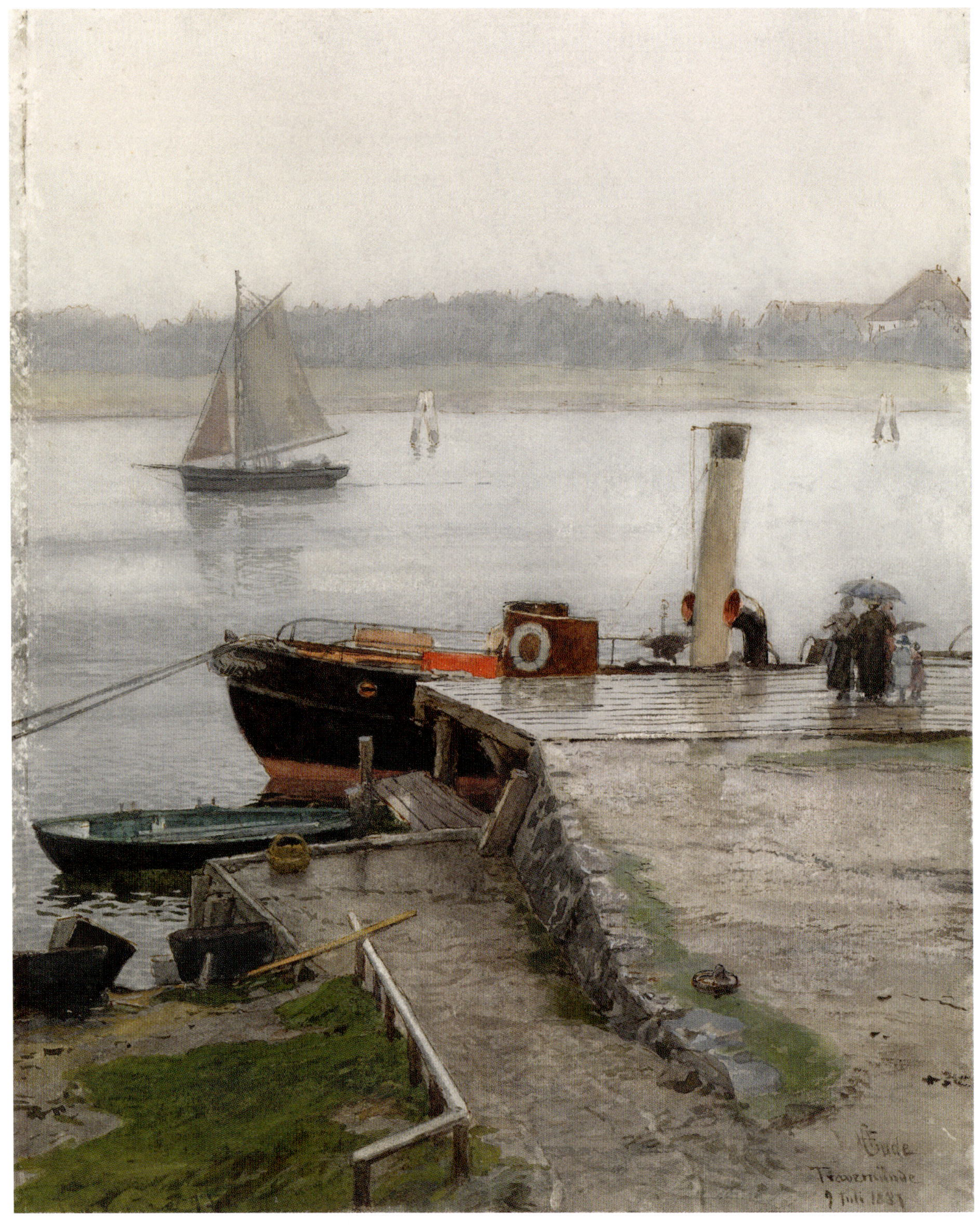

94

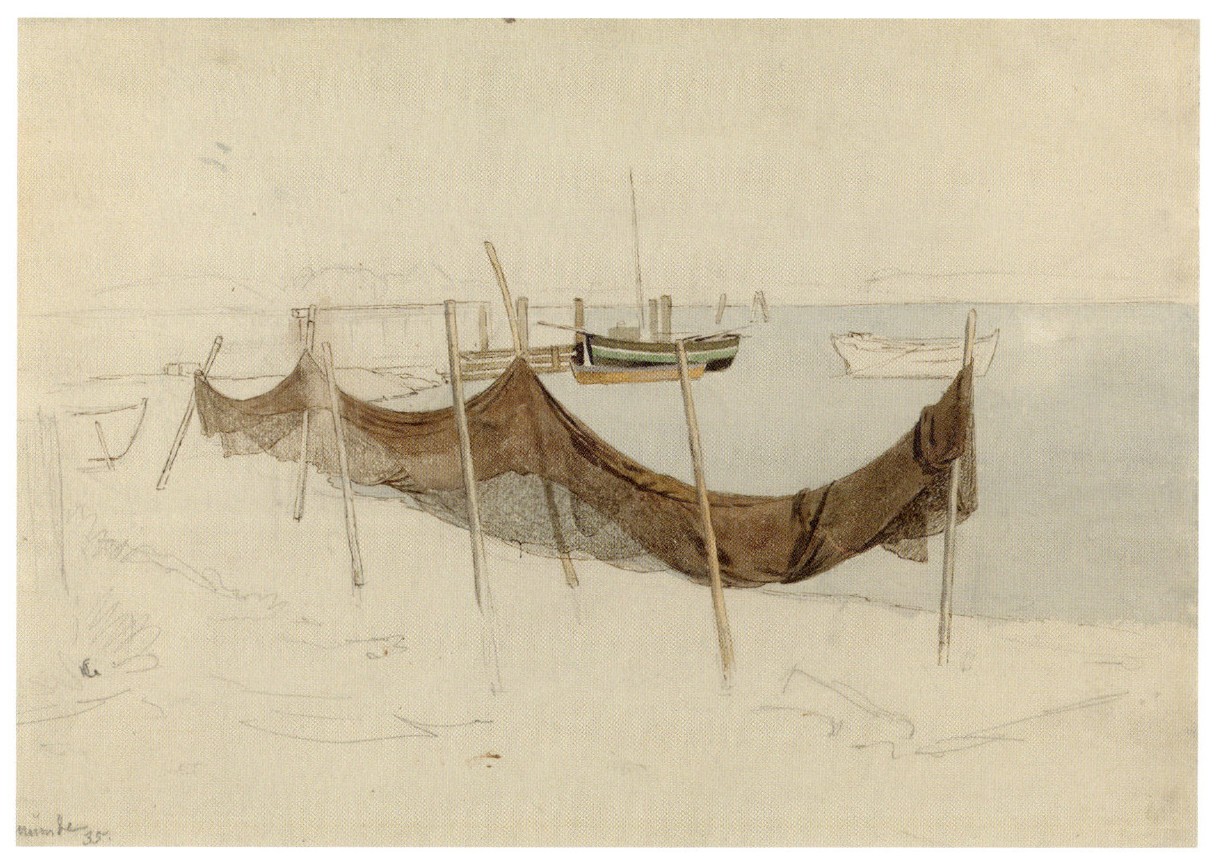

95

95 Hans Gude
Garntørk, Travemünde, ca 1887
Drying the Nets, Travemünde
Blyant, penn og akvarell på papir, 353 x 507 mm
NG.K&H.B.03120. Nasjonalmuseet for kunst, arkitektur og design, Oslo

96 Hans Gude
Fra Moldefjorden, ca 1890
At Moldefjord
Akvarell og penn over blyant på papir, 273 x 377 mm
NG.K&H.B.03112,
Nasjonalmuseet for kunst, arkitektur og design, Oslo

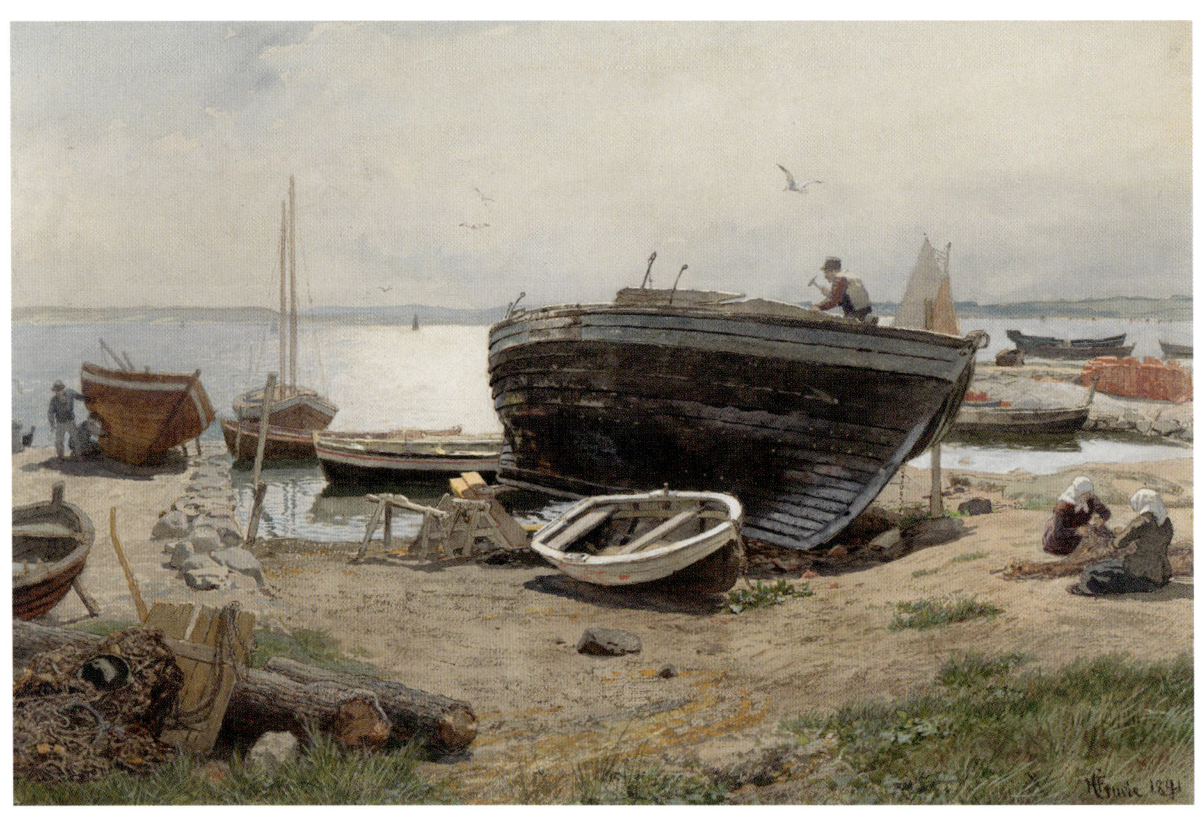

97

97 Hans Gude
En båthavn i Østersjøen, 1891
A Boat Harbour, Baltic Sea
Penn, akvarell og gouache over blyant på papir, 384 x 558 mm
NG.K&H.B.00141,
Nasjonalmuseet for kunst, arkitektur og design, Oslo

98 Hans Gude
Tidlig morgen ved kysten, 1891
Early Morning at the Coast
Akvarell, gouache og penn på papir, 257 x 364 mm
NG.K&H.B.06530,
Nasjonalmuseet for kunst, arkitektur og design, Oslo

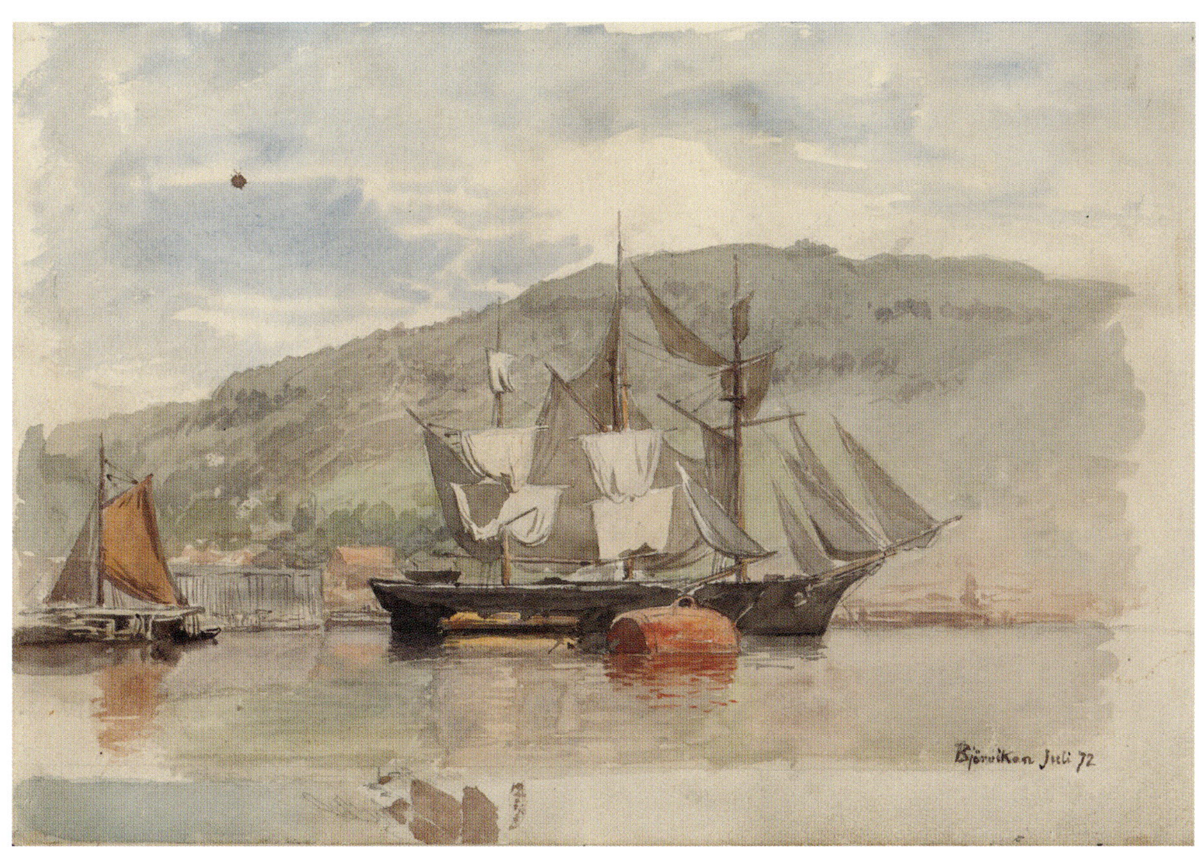

100

99 Hans Gude
Brenninger
Breakers
Blyant, penn, lavering og gouache på papir, 345 x 497 mm
NG.K&H.B.08026,
Nasjonalmuseet for kunst, arkitektur og design, Oslo

100 Hans Gude
Skissebok 1
Sketch-book 1
NG.K&H.B.06510,
Nasjonalmuseet for kunst, arkitektur og design, Oslo

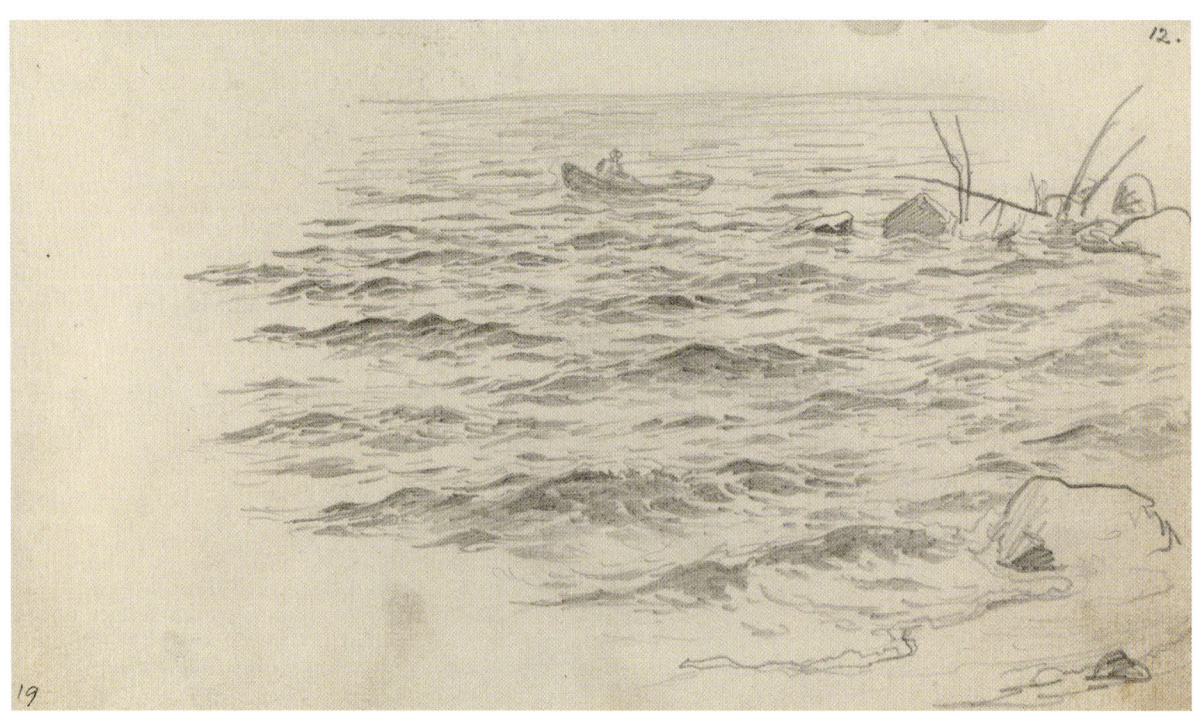

101

101 Hans Gude
Skissebok 2
Sketch-book 2
NG.K&H.B.06515,
Nasjonalmuseet for kunst, arkitektur og design, Oslo

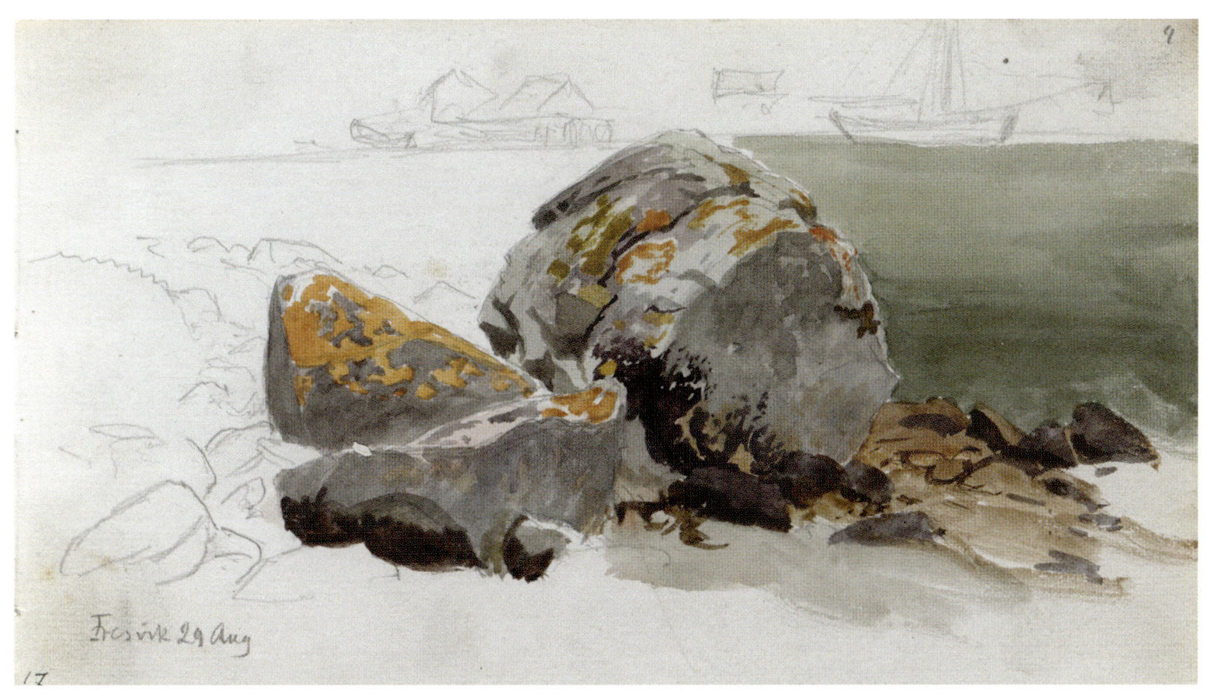

102

102 Hans Gude
Skissebok 3
Sketch-book 3
NG.K&H.B.06516,
Nasjonalmuseet for kunst, arkitektur og design, Oslo

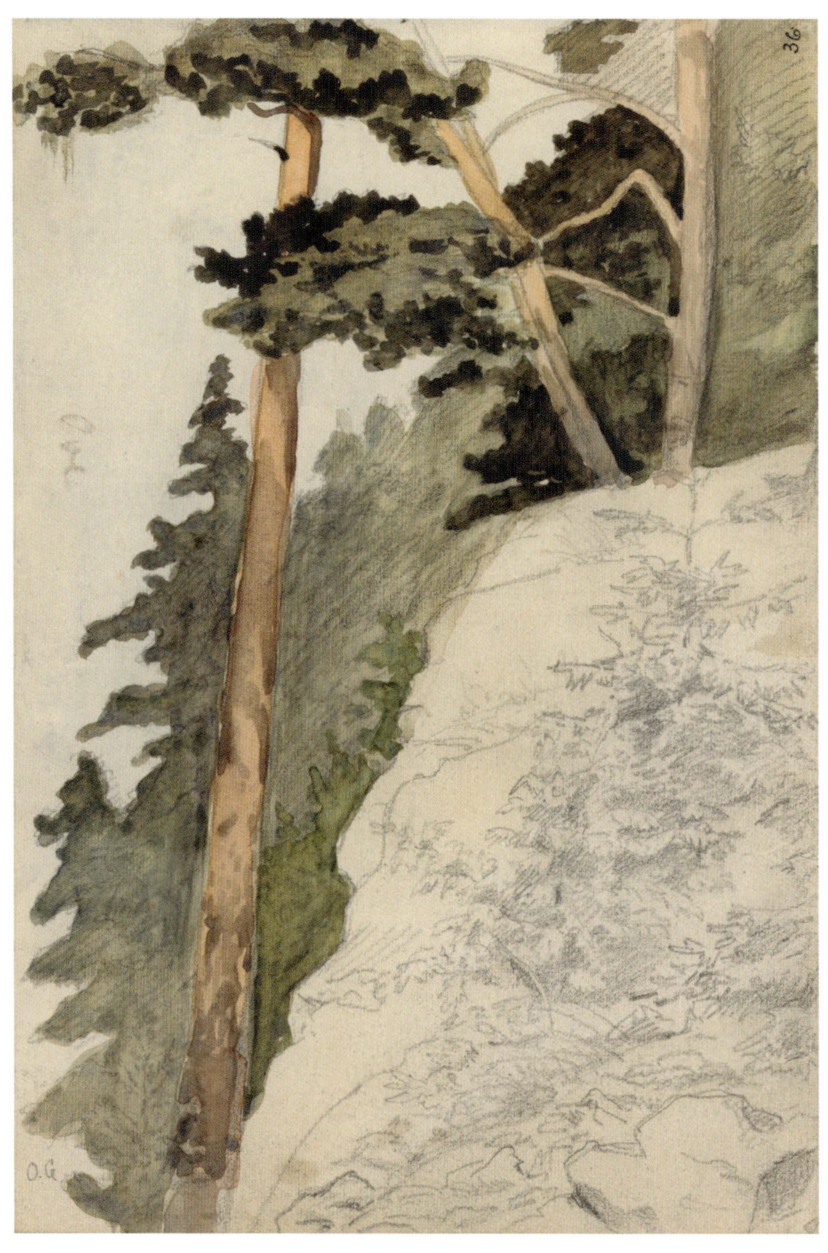

103

103 Hans Gude
Skissebok 4
Sketch-book 4
NG.K&H.B.06517,
Nasjonalmuseet for kunst, arkitektur og design, Oslo

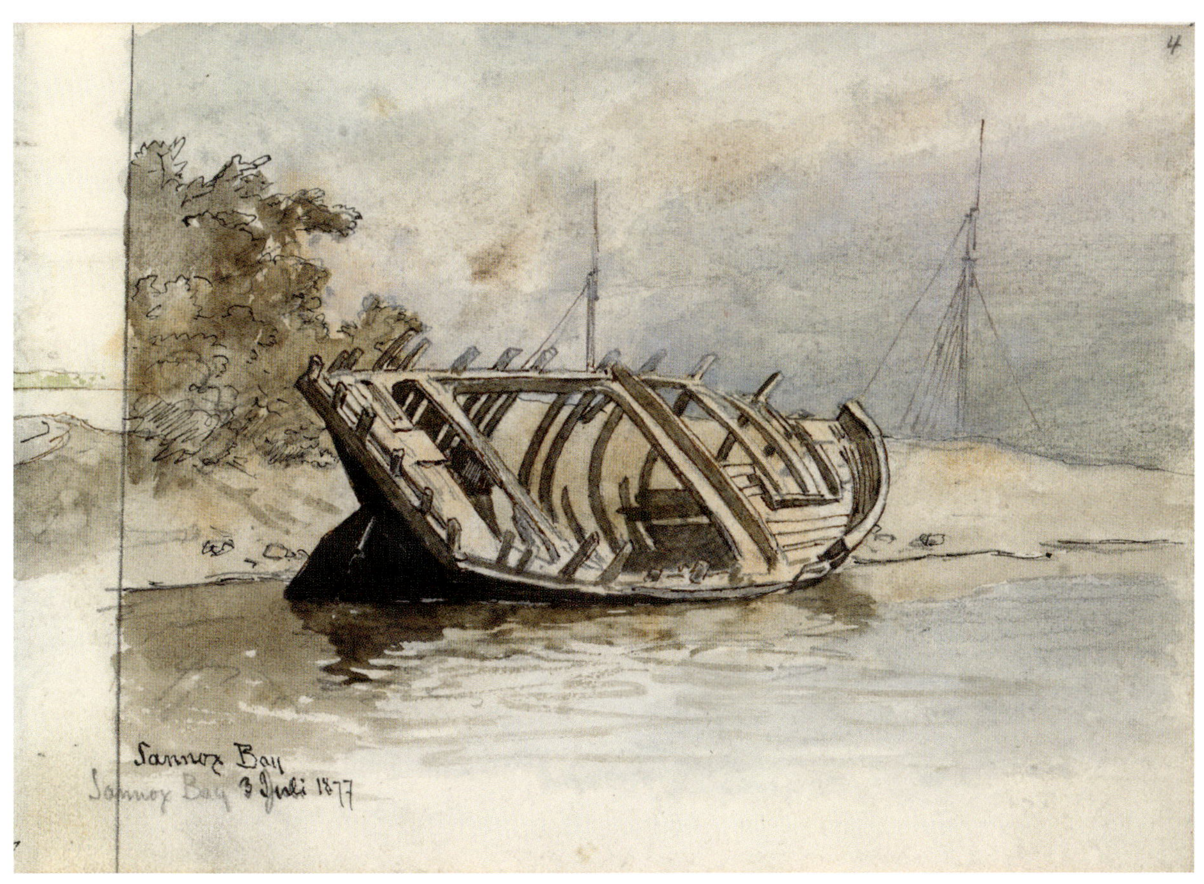

104

104 Hans Gude
Skissebok 5
Sketch-book 5
NG.K&H.B.06519,
Nasjonalmuseet for kunst, arkitektur og design, Oslo

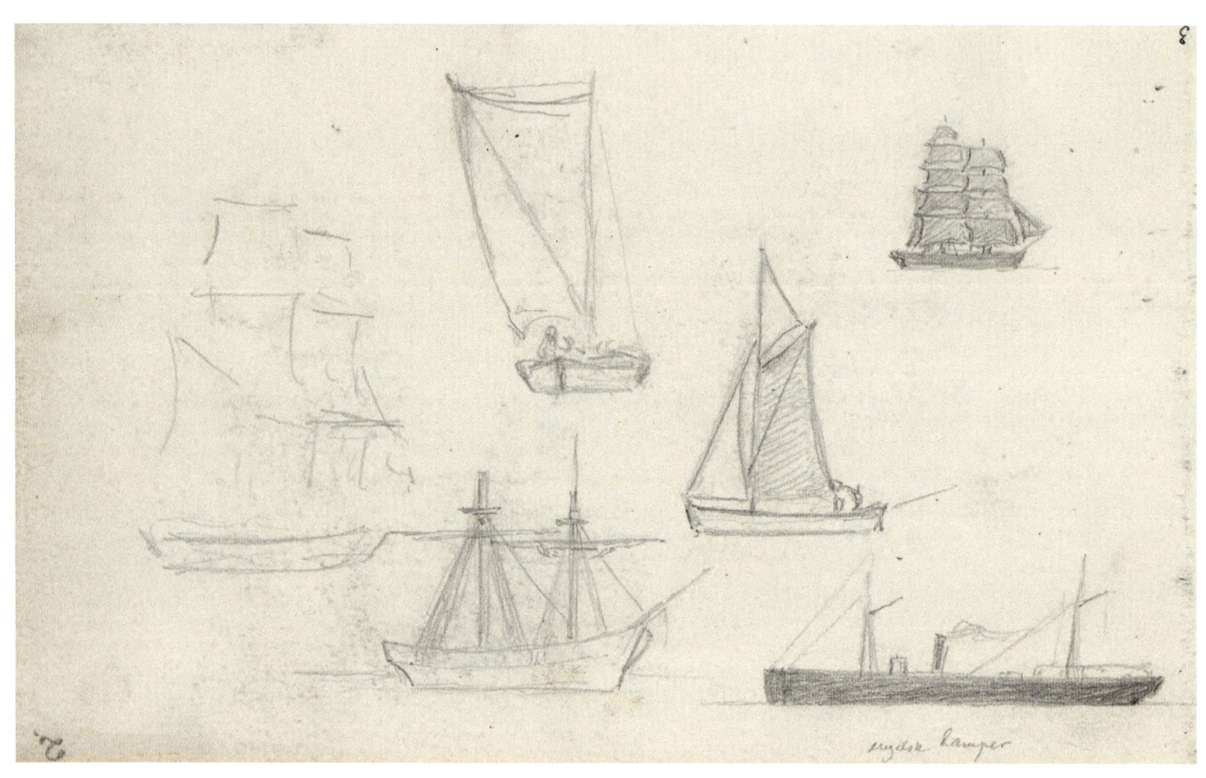

105

105 Hans Gude

Skissebok 6

Sketch-book 6

NG.K&H.B.06522,

Nasjonalmuseet for kunst, arkitektur og design, Oslo

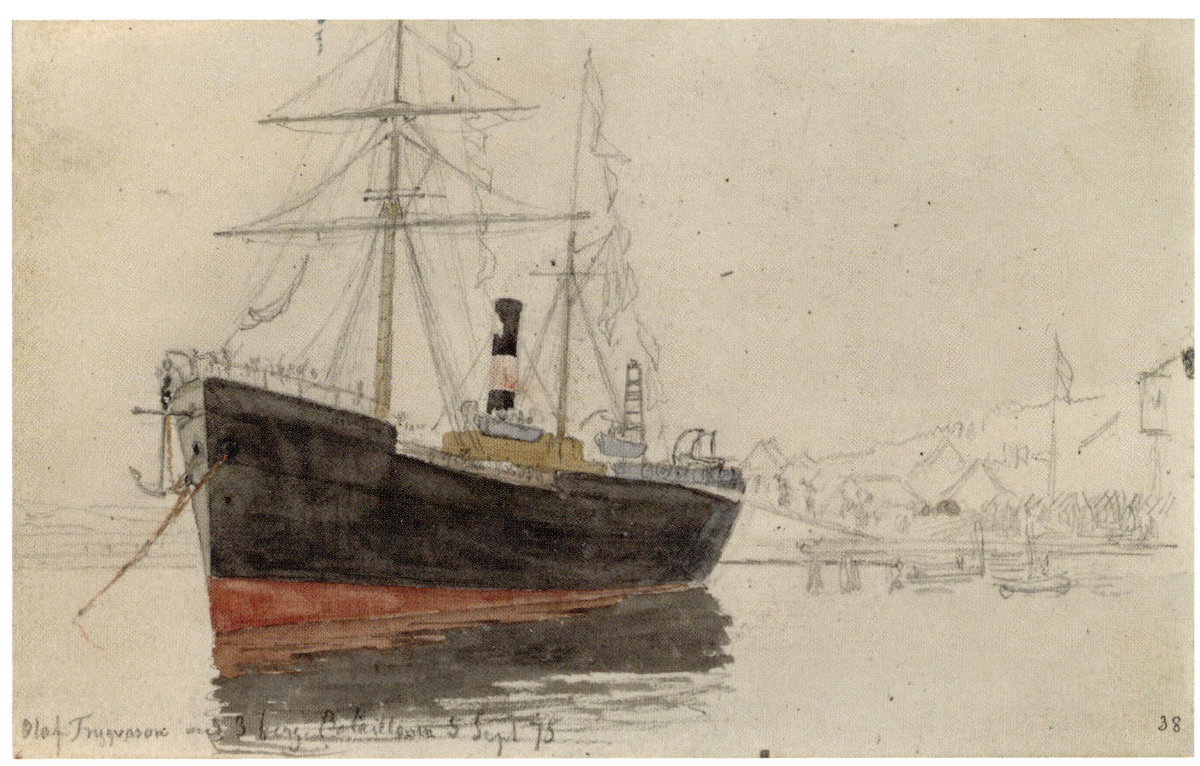

106

106 Hans Gude
Skissebok 7
Sketch-book 7
NG.K&H.B.06526,
Nasjonalmuseet for kunst, arkitektur og design, Oslo

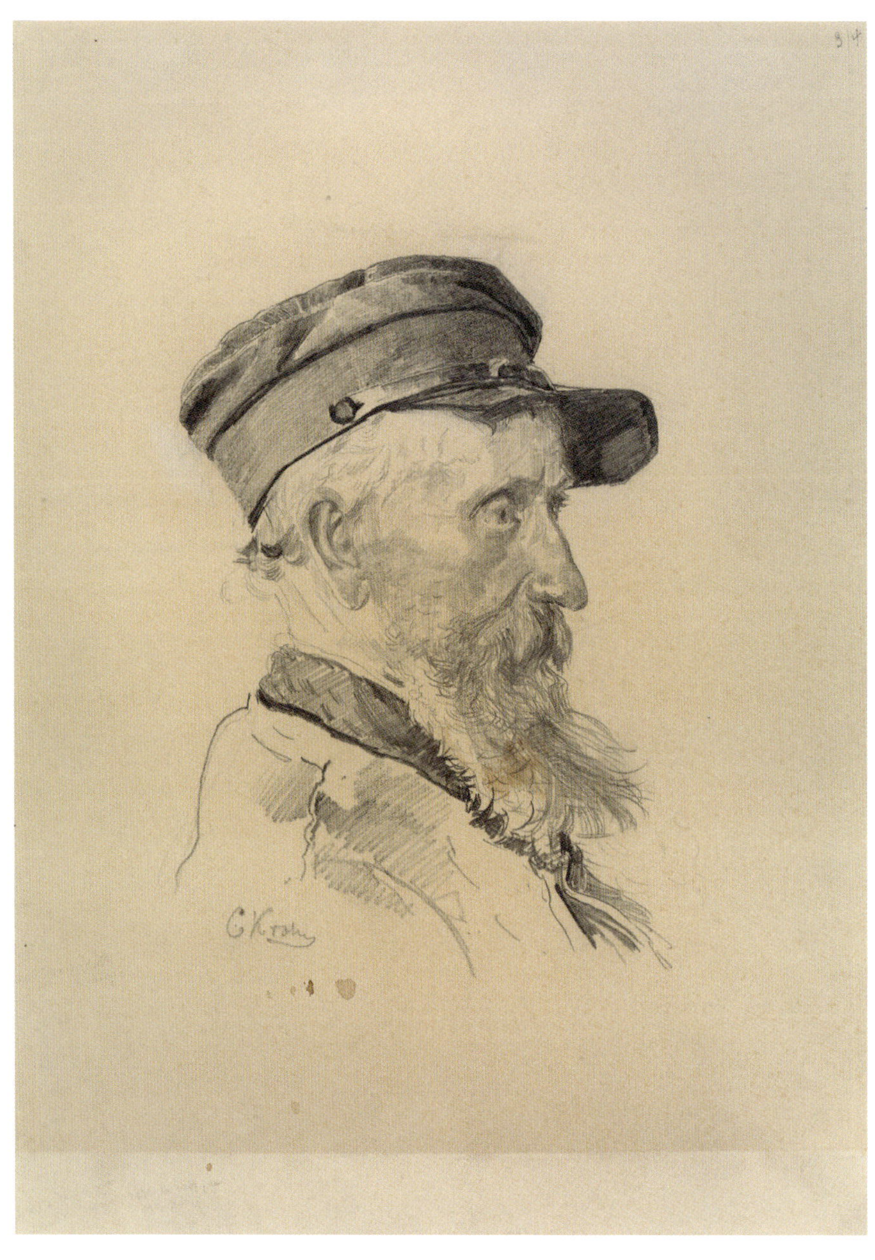

107

107 Christian Krohg
Losen Garibaldi, før 1890
The Pilot Garibaldi
Blyant på papir, 396 x 278 mm
NG.K&H.A.08240,
Nasjonalmuseet for kunst, arkitektur og design, Oslo

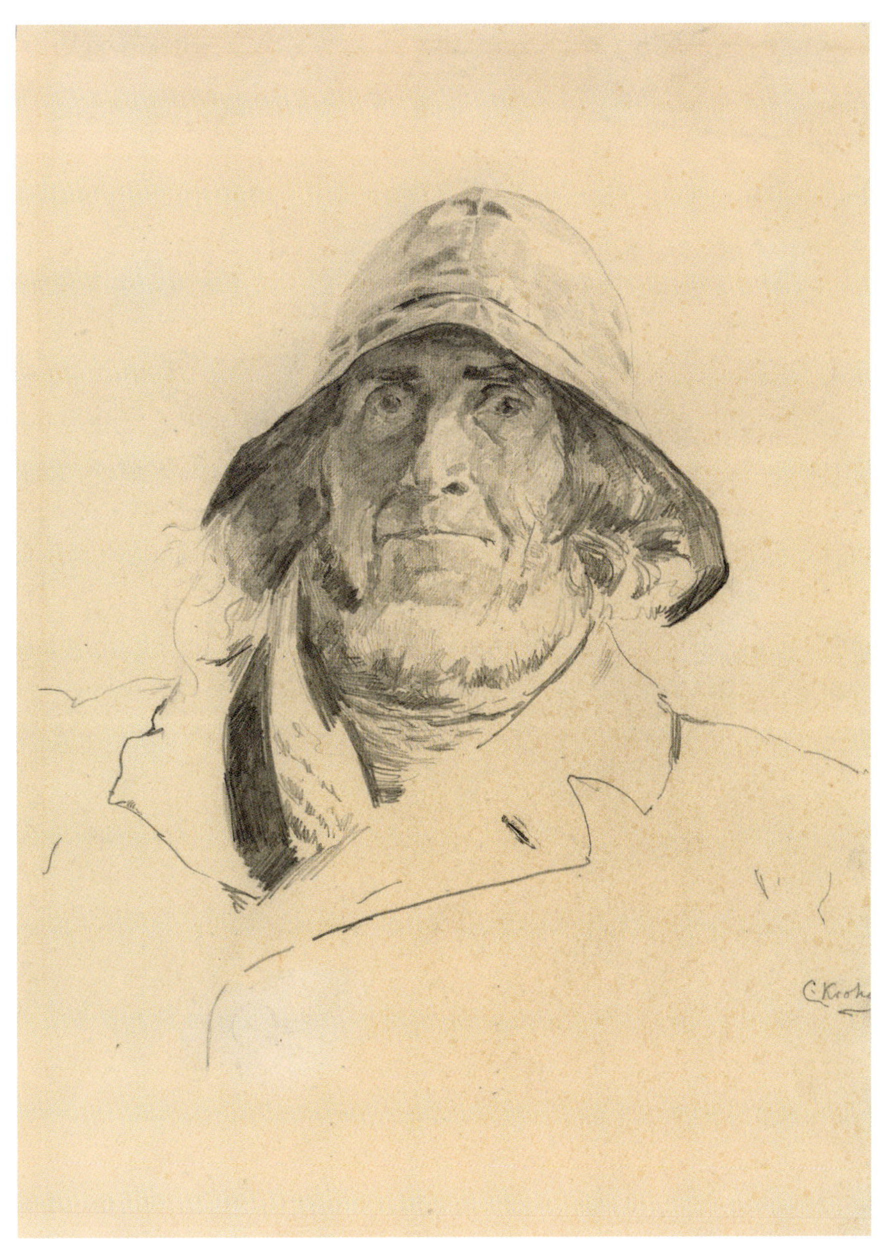

108

108 Christian Krohg
Losen Per Sandø, før 1890
The Pilot Per Sandø
Blyant på papir, 425 x 300 mm
NG.K&H.A.08242,
Nasjonalmuseet for kunst, arkitektur og design, Oslo

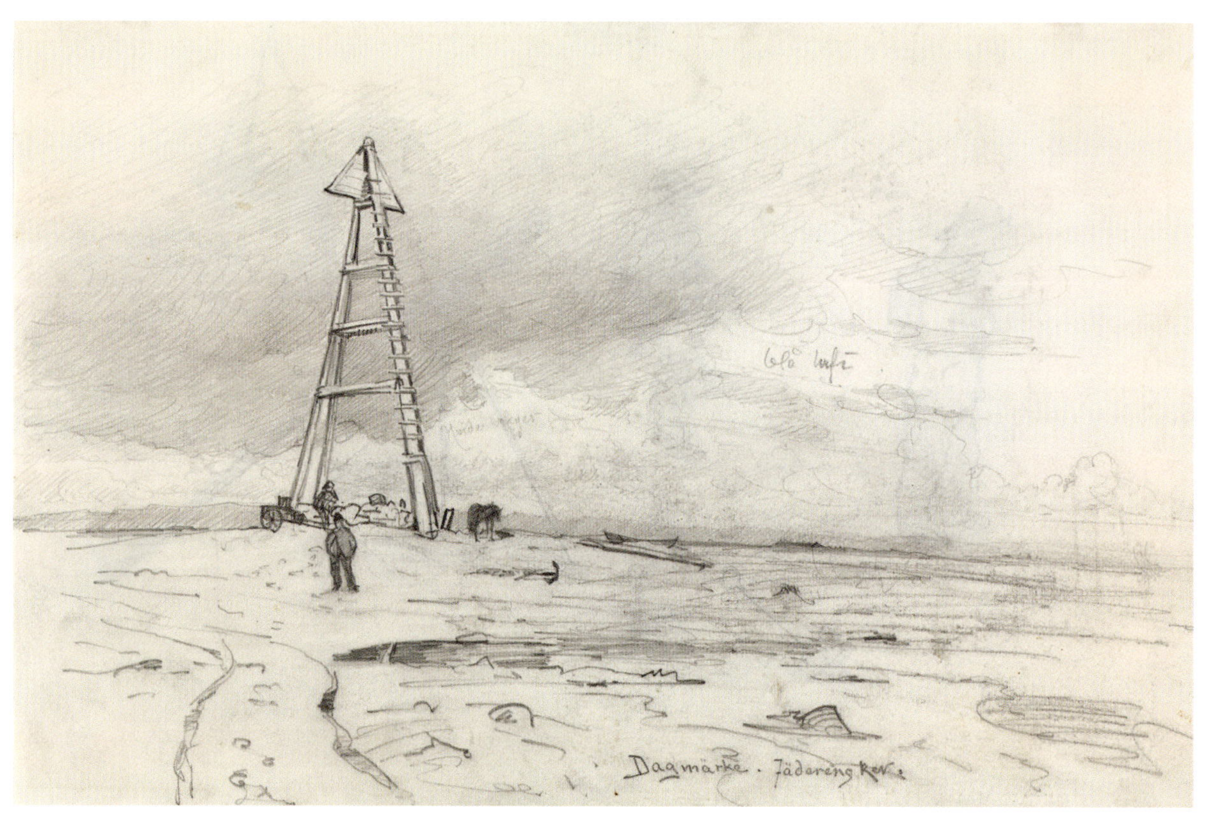

109

109 Nikolai Ulfsten
Dagmerke på Jærens rev
Landmark at Jæren
Blyant på papir, 261 x 390 mm
NG.K&H.A.K.5376,
Nasjonalmuseet for kunst, arkitektur og design, Oslo

110 Nikolai Ulfsten
Eilif Peterssen på Jæren, 1879
Eilif Peterssen at Jæren
Blyant på papir, 105 x 155 mm
Privat eie, Bergen

TEXTS IN ENGLISH

Gude and his Norwegian Students in Karlsruhe

FRODE ERNST HAVERKAMP

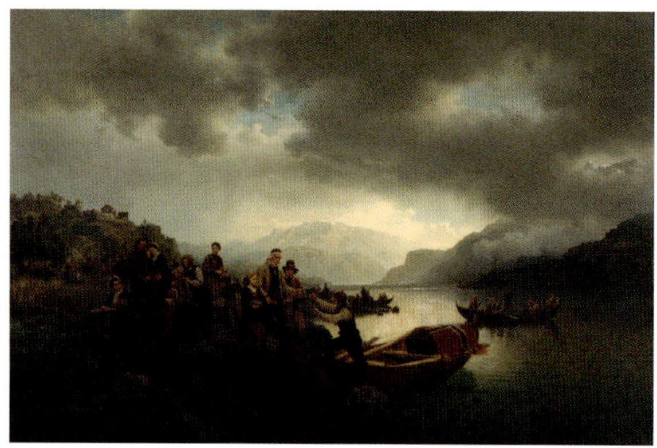

Cat. 1 Adolph Tidemand and Hans Gude, *Funeral Procession on the Sognefjord*, 1853

Introduction

To many people, Hans Fredrik Gude (1825–1903) is best known as the Düsseldorf painter who created breath-taking mountain landscapes and who joined forces with Adolph Tidemand to paint famous canvases such as *Likferd på Sognefjorden* (Funeral Procession on the Sognefjord) (cat. 1) and *Brudeferden i Hardanger* (Bridal Procession on the Hardangerfjord). Gude had travelled to Germany at the age of just sixteen to train at the art academy in Düsseldorf. There he became professor of landscape painting in 1854, still just twenty-nine years old. But this was merely the beginning of his career as an academic artist. He went on to become professor of landscape painting in Karlsruhe, 1864–80, and finished in Berlin, 1880–1901.

This article throws light on what the period in Karlsruhe in the 1860s and 70s meant for Gude's art and for his work as a teacher. Another theme is the standing and reputation of the Karlsruhe art school. In this period, Gude turned his attention to a new set of motifs; he went from being a landscape painter to a maritime painter. In addition, "staffage figures" came to assume a far more important role in his compositions. It can be argued that the young Gude, who had become famous for his national romantic depictions of mountain landscapes, developed in the direction of realism.

Having been overworked at the Düsseldorf academy, where conflicts had arisen, Gude resigned his post in 1862. A British art dealer in Düsseldorf, who had promoted Gude's paintings among English collectors,[1] persuaded him to move to Wales and set up home in the scenic Lledr Valley near Betws-y-Coed in the county of Conway. A number of British painters had formed an artists' colony there, where the mild climate allowed them to work outdoors almost all year round. Freed of his teaching duties and administrative tasks, Gude was able to immerse himself in studies of nature, and the stay had a liberating effect on his creativity. Although the local artists in Wales cared little for Gude's artistic ideas and working methods,[2] one of them became Gude's student and later followed him to Karlsruhe.[3]

However, the two years spent in Great Britain (1862–64) left him with financial problems.[4] He found it difficult to get a foothold in the British art market and was reliant on selling a number of works via another art dealer in Düsseldorf.[5] But although he had hoped to paint British subjects for a British market, he would have much preferred to be painting Norwegian maritime pictures. He still received the occasional order from Norway, primarily from Christiania Art Society.[6]

In his memoirs, Hans Gude makes no secret of the view that it was his appointment to a professorship in Karlsruhe that rescued him and his family from a crisis situation.[7] In a letter dated 13 December 1863 to his old Düsseldorf friend, the painter Carl Friedrich Lessing (1808–1880), who at that point was director of both the Art Gallery and the Art School in Karlsruhe, Gude sketched an overly optimistic picture of his independence. At the same time, he acknowledges how important it is to him that Germany still wanted to keep a hold on him: "and if I really can be of use, I would harbour no reservations – for I am deeply indebted to Germany."[8]

A few months later, however, Gude expressed himself in very different words to his fellow countryman and brother-in-law, the geologist Theodor Kjerulf. The reason why Gude was reluctant to resume employment on the continent was apparently the ongoing conflict between Denmark and Prussia. Gude complains of having to "roam the earth without a Fatherland – I have now accepted an office, and must therefore serve to the best of my abilities the country that may in the near future be openly at war with my own Fatherland, ...". On assuming his position as academy professor in Düsseldorf in 1854, Gude was required to swear an oath of office[9] that involved pledging allegiance to the King of Prussia and hence to the state he served. Although this time the professorship was in what was then the Grand Duchy of Baden, Gude had qualms about having to live on the German side. Even so, he accepted the appointment, allowing his professional interests and the need to provide for his wife and children to weigh heaviest.[10]

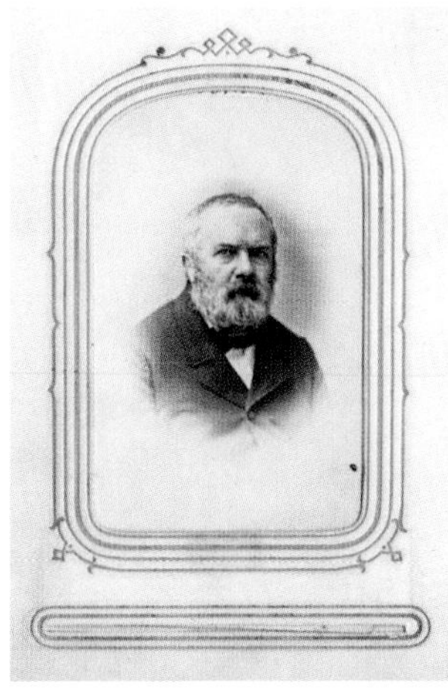

Ill. 1 Johann Wilhelm Schirmer

The organisation and reputation of the art school; conflicts

Since there was no art academy in Norway in the 19th century, Norwegian artists were obliged to travel abroad if they aspired to a higher level of education. Hans Gude, Johann Wilhelm Schirmer (1807–1863) (ill. 1) and several of the other teachers in Karlsruhe had all previously worked in Düsseldorf, meaning that there was a continuity between the two schools. Whereas the venerable old art academy in Düsseldorf had greatly benefitted from Prussian cultural policies in the first half of the 19th century, the art school in Karlsruhe had only been founded in 1854 on the initiative of Grand Duke Friedrich of Baden, who wanted to compete with Düsseldorf.

In a letter of December 1854, Schirmer wrote that the school had opened, but with only eight students – all of them landscape painters.[11] In such a situation, it is understandable that the institution was referred to merely as an "art school" and not an academy. Even after Schirmer's death in 1863, by which time there were closer to forty students, and Gude together with three of his colleagues[12] were carving out a new organisational structure for the Grand Ducal Art School in Karlsruhe, the opinion was still that the principles of the Düsseldorf Academy provided the best model to emulate. After some rudimentary exercises in draftsmanship, tuition included copying casts of antique sculptures, life classes, and lessons in perspective, anatomy and art history. Just as in Düsseldorf, teachers and students met not just for the usual correction sessions, but also for "composition colloquia", where pictorial problems would be discussed more informally.[13] One new provision was that director was replaced by a collegium, which elected a chairman, a post held by Gude from 1866 to 1870.

As a result of Gude's teaching appointment, the influx of Norwegian landscape painters shifted from Düsseldorf in the 1850s to Karlsruhe in the 1860s and 70s. "My landscape class was always oversubscribed, throughout the 16 years I was in Karlsruhe, giving me plentiful opportunity to indulge the desire to teach that I had always had."

In his *Jugenderinnerungen* (Memoirs of Youth), Anton von Werner enthusiastically describes how Gude, as successor to Schirmer in 1864, brought a blast of fresh air to the establishment.[15] The Norwegians were joined by students from Sweden and Finland, England and America. On top of which there were Gude's German students.[16] The art school was now attracting an international clientele who had not been there previously. Gude immediately took his students out into nature, and as soon as they were good enough, he would paint alongside them in areas around the city. But Gude also took care of those who were weak at drawing, allowing them to make exact ink and pencil copies of his own and Schirmer's oil sketches.

Thanks to his close links to Grand Duke Friedrich of Baden, Gude enjoyed favourable working conditions that included not just decent pay, free, spacious accommodation and a private box at the city's theatre, but also regular approval for requested leaves of absence, giving him ample opportunity to travel widely during the summer months.[17]

Opinions on the significance of Baden's art school have tended to differ. In writing about Hans Gude in the early years of the 20th century, Jens Thiis stressed Gude's talents as a teacher.[18] "Karlsruhe took over [from Düsseldorf] as the place to study, at least for landscape painters, who flocked around Gude, when two years later he assumed a principal position at the Academy in the capital of Baden. But as early as the late 1860s, Munich had come to dominate the art world in Germany ..."[19] Writing in the 1980s, Knut Berg also pointed out the art school's weakness in his contribution to *Norges Kunsthistorie:* "When Gude became professor at the academy in Karlsruhe in 1864, young people converged on the town in order to gather round the teacher's chair. Gude's sober naturalism was something they could learn from, and he gave all his students a solid foundation. Even so, Karlsruhe did not become identified with a distinct school. For all of Gude's more talented Norwegian students, other influences would eventually dominate their later development."[20] Knut Berg's view is backed up by a major German art historian, Helmut Börsch-Supan: "Admirable though the art of this city [Karlsruhe] was in those days, it did not possess a local style."[21]

Those who wrote about Norwegian art history in the years after World War II, on the other hand, had accorded greater importance to the Karlsruhe school.[22] Listing the many artists who went to Karlsruhe after some initial training at Eckersberg's school of painting in Kristiania, Leif Østby writes that "Gude was a natural focal figure". Østby describes the Karlsruhe school as an "offshoot" of Düsseldorf: "Even so, it was distinctive in its own way, was more sober and realistic in character, without the extravagant brushwork and the glossy, oily fleshiness of Düsseldorf, but with a stronger emphasis on drawing. A certain sober, colouristically cautious and subdued tone, often with a slightly dryish grey-brown tinge ..."

Of the above authors, it is Østby who provides the most fitting description. The accurate depiction of sea and landscape based on meticulous *en-plein-air* studies and careful observations of the everyday activities of people along the coast are defining features of Gude's paintings from his Karlsruhe period.

The Grand Duke had "imported" teachers who were described as either «North Germans» or representative of a "Prussian sensibility". The result was tensions between Baden's citizens and the «North German» teachers at the art school. Although Baden and Prussia stood shoulder to shoulder in the war against France in 1870, people had not forgotten earlier conflicts with Prussia, the latest of which was only a few years in the past. According to one student, Wilhelm Holter (1842–1916),[23] Gude was regarded as "Prussian", even though he didn't even have German citizenship. It was thanks to Holter that a petition organised behind Gude's back in conjunction with an appointment dispute could be thwarted in its aim. [24]

But conflicts existed not only between groups;[25] Hans Gude also had personal opponents, in particular the history painter Hans Canon, who contested both the artistic and the pedagogical skills of the Norwegian teacher.[26] Canon's hostility, which can probably be attributed to his failure to secure a position for himself at the school, had no repercussions for Gude, who had been re-elected chairman of the school's teaching staff for the school year 1869–70, just prior to Canon's attack.

It has been claimed that Gude's teaching represented a break with the tradition of J.W. Schirmer's lyrically sensitive late romantic idiom, in that Gude emphasised the intensive study of nature.[27] Gude had distanced himself from the idealistically enhanced landscapes of the Düsseldorf school, and, during his time in Wales, had explored new aspects of his painting talent, which led him to work in greater proximity to nature. It seems unreasonable, however, to attribute a drop in the number of Gude's students around 1870 (fifteen students) to his enthusiasm for nature studies, as the art historian R. Theilmann did.[28]

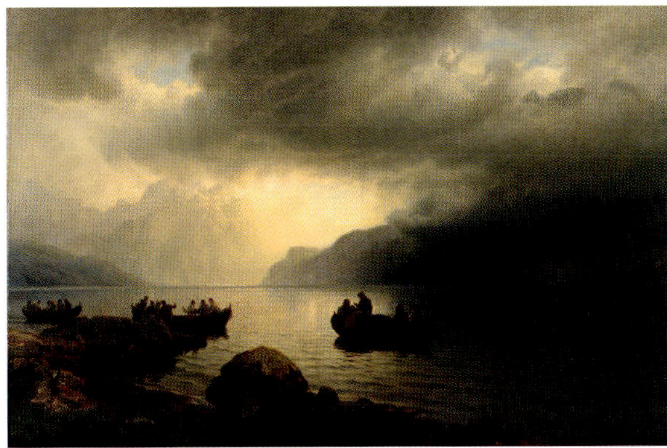

Cat. 4 Hans Gude, *Funeral Procession on the Sognefjord*, 1866

Gude's artistic development

Professor Magne Malmanger discusses Gude's artistic development with reference to two works on the same theme, namely the *Likferd på Sognefjorden*, both of which can be seen in the exhibition. Whereas the first version, painted in collaboration with Adolph Tidemand in Düsseldorf in 1853, shows the profound sentiments of national romanticism, as evident in Tidemand's careful portrayal of the people, in the second, which Gude painted single-handedly in Karlsruhe in 1866, "the conception of the motif is more direct and the composition simpler" (cat. 4). After quoting a passage from an early letter describing a waterborne funeral procession, Malmanger writes: "The picture gives the impression of being not a construction but rather an attempt to capture something that he [Gude] had actually seen." "The larger compositions of later years are impressive in their rational attitude and systematic execution. It was through reflection that he now attained a comprehensive and unified treatment of nature. This found its clearest expression in his golden works of this period, such as *Chiemsee*, 1868 (cat. 8) and *Frisk bris* (Fresh Breeze on the Norwegian Coast), 1876 (cat. 22), in which he combines his thoroughly considered view of nature with a taste for the pompous [!]"

In comparing Gude's Karlsruhe paintings with his earlier works from Düsseldorf, we have to remember that even in his national romantic landscapes of the 1850s, Gude was striving for realistic representation. Thus the pictures from his Karlsruhe years amount to a continuation rather than a break with the past.

Throughout his Karlsruhe period, Gude was particularly preoccupied with the reflection of light on water. In his memoirs, *Liv og Værker*, he describes how he became fascinated by "the play of the waves" around 1860. His summer trips to Norway generally included an obligatory visit to his parents, who had moved to Sand near Lillesand in 1852. "These visits to Lillesand opened my eyes to the picturesque qualities of the sea and the coast. It was also a convenient place to do studies of ships," Gude wrote[30]. His trips to Norway took him primarily to the east and west coasts of the Christiania Fjord. Lista also became important for him after his visits there first in 1869 and again in summer 1872. The following year, he went to Romsdal. In 1870, in response to a commission from an art dealer in Vienna, he visited several Austrian lakes (see cat. 12 Traunsee, cat. 11 Gosausee and cat. 10 Mondsee). Similar destinations in the 1860s and 70s were Chiemsee and Bodensee. In addition, in 1877 he took a trip to Scotland (kat. 83). But despite all this travelling, Hans Gude never ventured south of the Alps.

It was in Karlsruhe that he developed a new style of maritime painting. In *Brenning* (Breakers) from 1862, we still see echoes of J.C. Dahl's ship-wreck romanticism. Ships, rigging and fishing gear are always accurately depicted, based on meticulous studies, while his brother in

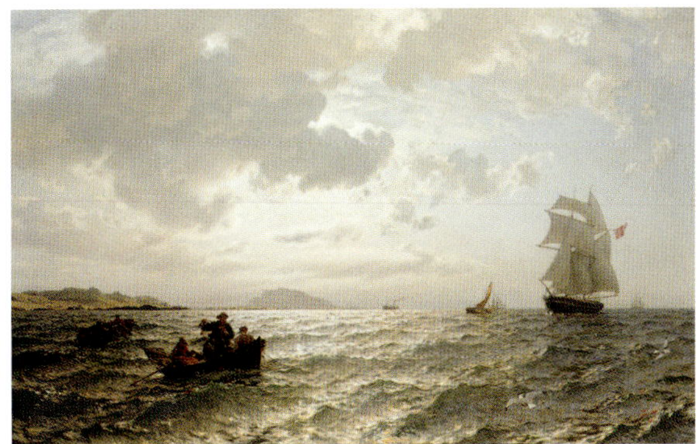

Cat. 22 Hans Gude, *Fresh Breeze on the Norwegian Coast*, 1876

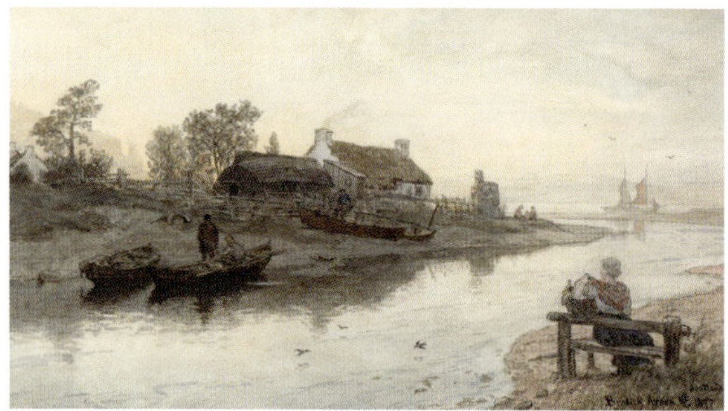

Cat. 82 Hans Gude, *Outlet at Brodick, Arran, Skottland,* 1877

Levanger gave the painter artfully constructed models of sailing ships, as objects he could study in his studio. It has been established beyond doubt that Gude composed his larger maritime pictures by combining a number of sketches (see cat. 19). But the overall effect is invariably so plausibly realistic that we do not perceive them as constructions. From around 1870, Gude began to alternate storm-tossed ships in peril (cat. 27), albeit never disastrously so, with idyllic depictions of stretches of fjord glittering in the sunlight, views of the Baltic Sea, or lakes further south in Europe. Although Gude never sought to depict people on the psychological level, he populated his landscapes with exquisite staffage figures. On close inspection, some of them turn out to have the odd anatomical or postural anomaly, but by and large they allude superbly to people at their daily tasks, such as fisher families working at the water's edge (kat. 31). In his youth, Gude had collaborated with Tidemand on a number of compositions – all featuring people in boats – which were so well received that they had to be repeated in a number versions. "Ever since Tidemand and I parted company, I have felt it a great privation not to be able to paint such landscapes, which were so suitable as backgrounds for more meaningful groups of people,"[31] Gude wrote in summer 1867, during a stay at Chiemsee. A female student and his wife Betsy, "dressed up as fisherwomen, and having posed as models a few times, it was no longer difficult to get others to do the same". This was the prelude to a series of pictures in which the lives of fishermen were almost as important as the landscape.

Beneath the trees on the shores of Chiemsee, Gude and his students would often bump into painters from Munich, working under the auspices of landscape painter Eduard Schleich (1812–1874). As in Wales, Gude was sceptical towards the colleagues he encountered. The Munich painters were only interested in "mood"; they couldn't understand why anyone should want to paint in such intense sunlight. Gude struggled to explain to them that even sunshine had its picturesque qualities, and that mountains seen from a distance could also be beautiful, but to little avail. "It was clear enough to me that I was a ready object for their laughter, which was not malicious, but uttered with a certain relaxed, South German tone."[32]

The Norwegian students

After the Franco-Prussian War (1870–71), in which Gude served with the medical corps,[33] the number of talented young Norwegians who came to Karlsruhe to paint under Gude's guidance increased significantly. (See ill. 2: Gude among his painting students in Karlsruhe, academic year 1872–73). Kitty L. Kielland (1843–1914) attended as a private student. Gude encouraged her to paint her local home ground (cat. 42–48), while Nikolai Ulfsten (1854–1885) found his distinctive sandy beach motifs around Jæren (cat. 71, 72), also at Gude's urging (see the article by Hild Sørby).

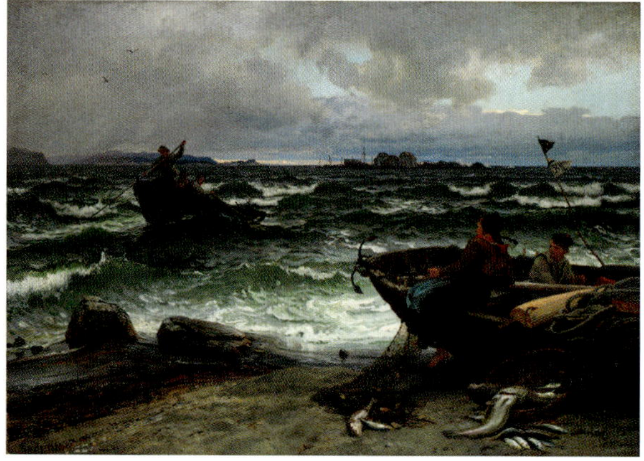

Cat. 31 Hans Gude, *On the Shore of Lista,* 1877

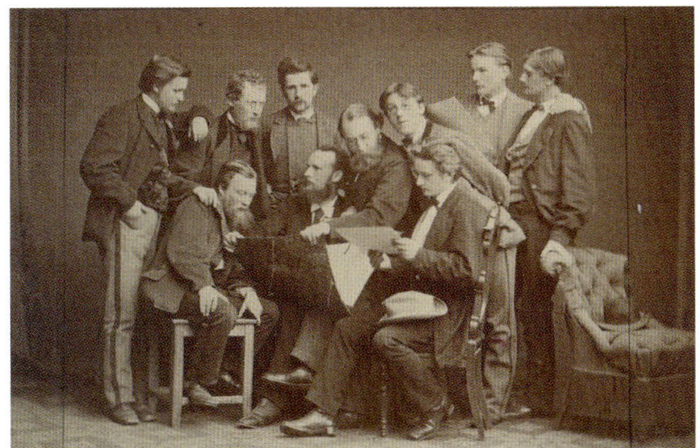

Ill. 2 Gude among his painting students in Karlsruhe, 1872–73.

Christian Krohg (1852–1925) took Gude's interest in briny maritime paintings with him even when he chose to follow another teacher, the realist Carl Gussow (1843–1907), to Berlin. He would later paint at Skagen in Denmark.

Gude himself emphasised that, at their weekly meetings, he and his students should "work together" in order to practise mutual criticism, as was the tradition at the "composition colloquia" discussed above. Since every black and white or coloured sketch for a painting would be subjected to in-depth discussion by the teacher and other students right from the start, no one was inclined to waste time developing a work that had already been dismissed as flawed in terms of composition or content at the working sketch stage. The tasks they were set could be quite specific, such as to paint "a summer evening" or "a winter's day", or they might be more practical, such as to fill a given format with large masses of shadow and small patches of light or vice versa, to focus on the distribution of colours, or light and shade, or the relationship between vertical and horizontal forms. Of the Norwegian students, one whom Gude mentions as offering particularly fruitful ideas and interesting solutions was Nikolai Ulfsten, who studied under Gude between 1875 and 1878.

Ulfsten may well have "borrowed" his approach to the relationship between figure and landscape from Gude's compositions. A close study of sections of Nils Hansteen's pictures, featuring boathouses, people on land and in boats, sailing ships, and distant, diminutive steamboats is also likely to remind us of Gude's compositions (cat. 39). The close proximity to the human subject in Christian Krohg's in *Babord litt!* (Port your Helm!) (cat. 49) may also have a precedent in some of Gude's sketched works, such as his *Fisker fra Rügen* (Fisherman from Rügen), 1882 (cat. 30) or *Fiskerbarn ved Chiemsee* (Children Fishing at Chiemsee), 1867(cat. 7). Few will be surprised to hear that Gude's son Nils was described as "a chip off the old block" after painting *Fiskerkone ved Chiemsee* (Fisher Women at Chiemsee) (cat. 37). It would later be demonstrated that the father-son influence ran in both directions.[34] Gude's skilful rendering of light and atmospheric conditions had already earned him the nickname of "Air Doctor" during his years in Düsseldorf. His students continued to be fascinated by the atmospheric effects in Gude's paintings (see cat. 6 and 15). One practice vehemently criticised by Christian Krohg (see cat. 19 *Innseiling til Christiania.*) was that of placing a dark element such as rowing boat or similar on the shimmering water surface as an intensifying effect (cat. 26). The same device can be found in the work of several of Gude's students, such as Amaldus Nielsen (cat. 57), Otto Sinding (cat. 65), and Johannes Grimelund (cat. 36). Gude's interest in "the play of the waves" also provided the basis for Thaulow's later French-influenced *en-plein-air* paintings and his unrivalled renditions of running water.

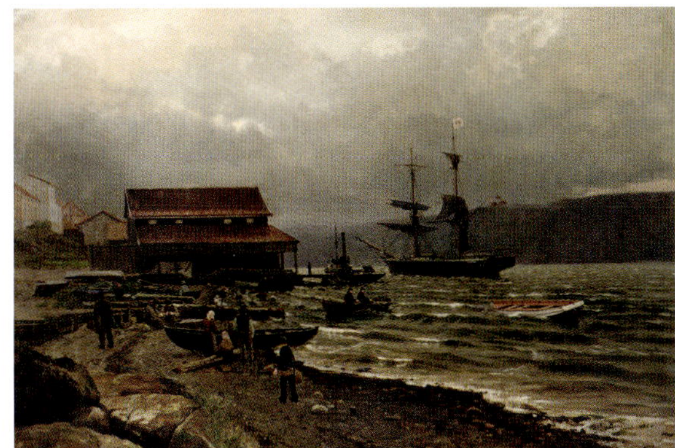

Cat. 39 Nils Hansteen, *At Drøbak*, 1886

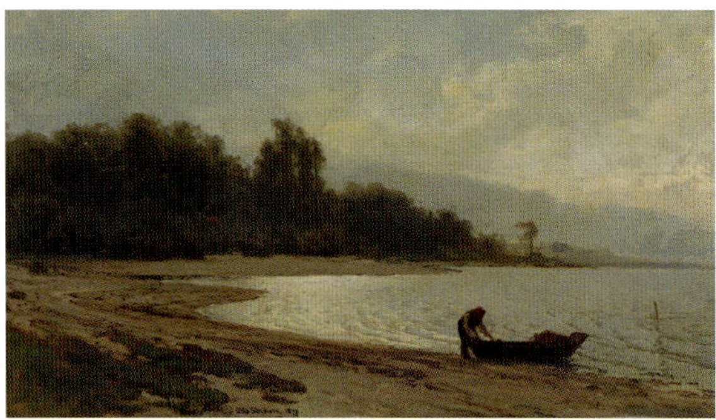

Cat. 65 Otto Sinding, *Landscape at Mjøsa*, 1877

In his *Liv og Værker*,[35] Gude writes that his aims were, firstly, to sharpen his students' powers of observation and their ability to "see", then to determine from their artistic temperaments whether they were most interested in form or the beauty of colour, in vaguer, more evocative moods or in more individuated and "strongly characteristic" themes, and finally to find out whether their skills were suited to their various inclinations. "For in order to be a good teacher, one has to be able to immerse oneself in the work of others with warm interest, understanding, and affection ..." In addition, the teacher should be able to cultivate the student's capacity for self-critique in matters of form and colour, violations of the laws of perspective or inappropriate distribution of light and shade. Gude cannot emphasise clearly enough that he never paints on his students' work, but rather "gives them occasion" to overcome the aforementioned difficulties through the medium of discussion. Thus he helps his students to become independent artists with their own personalities capable of more than just vacuous imitations of their teacher's work.

When Christian Krohg looked back on the past, he recalled Gude's "thorough, confident corrections and his benevolent and astute advice; I heard his voice, his gentle, deep voice, so clearly".[36] By the 1860s the school had established itself as an important factor in Karlsruhe's cultural life. House concerts were organised at the homes of several of the teachers, and a variety of sources testify to Hans and Betsy Gude's hospitality; Krohg warmly recalls hours spent with Gude in his studio, the teacher sitting in front of his large easel or playing his grand piano in the twilight with his students gathered around him. Wilhelm Holter writes: "Mrs. Gude took care of her husband's students with maternal commitment, and for us Norwegians, Gude's house was a place of refuge almost like a home, which all of us, who had the good fortune to spend time there, will preserve in cherished remembrance."[37] The artist himself also paints a rich picture of social life in his own memoirs.

Views on art and criticism

In one section of his memoirs entitled "Tilbageblik" (Looking Back)[38] the ageing painter complains about the latest trends in art. He acknowledges that the realist Gustave Courbet (1819–1877) has opened our eyes to "an entirely new painterly subject matter in nature, to all that is sunless, grey, sober and mundane". Yet in a private letter to Hans Thoma (1839–1924) written in 1868, he solemnly warns against this direction: "... I can at least tell you, however, that I find your enthusiasm for Courbet mildly shocking. Confronted with him, this denier of all ideality, all tradition, and as far as I can tell ... this denier of all beauty. I wish to warn you from the depths of my heart: do not succumb to such ideas. Accept God's nature as your teacher, but do not imagine that it is a matter of what *we* see in it."[39] Thoma had studied in Karlsruhe under Schirmer, among others, and in 1899 he became professor at the same institution. Later he wrote in his memoir *Bilder und Bekenntnisse*[40] that "at the Schirmer school one had to learn to compose, a thing I could not do given my impressions of the Black Forest," and further: "Our studies were only a means to a certain objective. An objective defined by the Art Society: *Composed pictures.*"

Gude does not deny that there may be something of value behind "Impressionism and *plein-air* fanaticism", but he resolutely upholds the tradition of academic art teaching: "... what has hitherto been regarded as scenic beauty, imposingly formed mountains, trees, rich juxtapositions of land and water, all this was to be banished ..."[41]

This Gude wrote at the end of the 19th century after leaving Karlsruhe in favour of Berlin, by which time many of his students had moved on to Paris. Addressed to the director of the Christiania Art Society during preparations for an exhibition marking the celebrated artist's 70th birthday in 1895, his lament illustrates that, towards the end of his life – and despite the torrent of honours he was receiving in the Nordic region and numerous international awards – Gude recognises that the artistic ideals that had held sway throughout his long career were changing: "perhaps room could be found for studies and drawings; all considered I think it more likely that these will meet with interest. They are also (unfortunately) of greater artistic value."[42] The old master has been active for so long that he realises that what used to be viewed merely as a useful tool in the process of making a consummate artwork is now more highly valued than the finished composition – the very opposite of the statement of Hans Thoma.

Although Gude generally based his paintings on studies from nature, his landscapes could always be characterised as an "art of reminiscence";[43] visual impressions of the world around us had to be processed and refined by the artist. The Chiemsee paintings in which he combines his confident understanding of landscape structure with transient atmospheric effects and plausible depictions of everyday human activities were widely admired both on the continent and at home.[44] The staffage figures in the foreground add life and topicality to the landscape, while the mountains and distant horizon represent eternal and immutable values. One German commentator wrote about one of Gude's Chiemsee pictures: "Gude's staffage ensemble is worthy of a true figure painter. The people are of significant size, and the group is so superbly composed and so well drawn that it alone, together with a small part of the setting, could constitute a picture in its own right."[45] The Karlsruhe painters attracted positive attention both at the International Exposition in Paris in 1867 and at the Great International Art Exhibition in Vienna in 1868.

In Denmark, by contrast, the art historian Julius Lange inclined more towards sarcasm after viewing *The Swedish and Norwegian art at the Nordic Exhibition in Copenhagen 1872:* "Indeed, we can hardly remember having ever seen a landscape painter with greater talent for the staffage than this same Gude – who, God knows, might have had it in him to become a significant genre painter!"[46] Having admired one of Gude's tempestuous seascapes in the same exhibition, Lange goes on to coin the paradoxical phrase "the grace of fury", which stuck as an enduring label in discussions of Gude's paintings also among Norwegian art historians. A letter from Frederik Collett, who had been living in Copenhagen since the late 1860s, gives an insight into the aversion Danes felt towards German art schools around this time: "We talked about Norwegian Art [with Vilhelm Kyhn], of which in his opinion Eckersberg was the only representative – the others all being German. Gude in particular. The blood rushed to my head, but I said nothing, which was the wiser response here."[47] Frederik Collett had probably persuaded Frits Thaulow to join him in moving from Copenhagen to Karlsruhe. In the 1850s, even people in Christiania had debated whether the idiom that young Norwegian artists were acquiring on the continent – especially at the academy in Düsseldorf – was German or Norwegian.[48]

Conclusion

As a teacher for almost half a century, Gude exerted significant influence on several generations of Norwegian landscape painters. The secret of his appeal may have been his ability to renew himself as an artist and to offer guidance that was not overbearing. In Karlsruhe, the profoundly romantic mountain landscapes of his Düsseldorf period gave way to more realistic depictions of coastal and lakeside scenes. After moving to Berlin he developed his coastal themes in a style more dominated by mood. His success as a painter and art professor coincides with the 19th century social developments of rising affluence and a burgeoning demand for fine art. The interest in ships and coastal culture among artists and the art-loving public had much to do with the growth of the shipping industry. It was in this period that art societies began to spring up in cities across Europe; art academies began granting honorary memberships and organising major exhibitions, and art assumed a central place in international expositions in cities such as London, Paris and Chicago. Hans Gude maintained a broad network of contacts, and pursued his activities through a variety of channels both as a contributing artist and as a juror for major exhibitions. His award-winning art found its way into public, private and royal collections, on

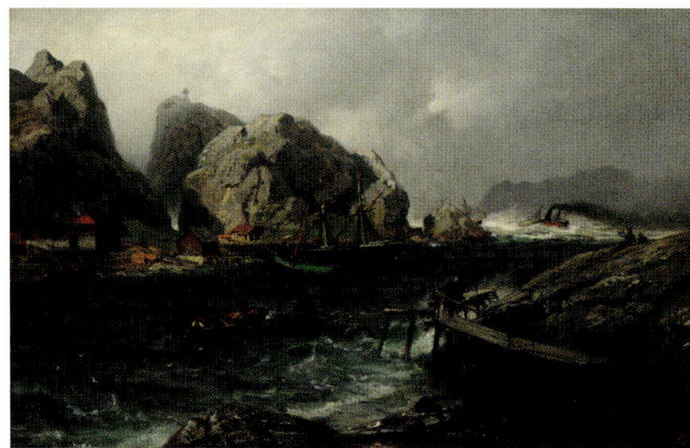

Cat. 28 Hans Gude, *Harbour at the Coast of Norway*, 1880

the continent, in England, America, and even Australia.[49] The cultural optimism of the period found expression not only in his landscapes, where people involved in primary industries such as agriculture and fishing are depicted as living in harmony with nature, but also in the words of his memoirs.[50] Over the years, Gude's art has retained its broad and enduring appeal. Not only was he a highly appreciated teacher throughout his working life, he was also an innovative painter. In the coastal pictures he painted in his Karlsruhe period, Gude unites landscape depiction with genre and maritime painting in a way that was unlike anything anyone had previously done in the history of Norwegian art.

1 Dietrichson, Lorentz, *Af Hans Gudes Liv og Værker. Kunstnerens Livserindringer udgivne og forsynede med en biografisk Indledning* (Kristiania, 1899), 58. The Düsseldorf art dealer Stiff had himself begun to paint and took lessons with Gude in return for which he helped the painter to get established in Wales.

2 *Liv og Værker,* 1899, 65. "He [the landscape painter John Raven] visited my studio just once and never again, and he made no attempt to conceal his disdain for my pictures."

3 "A young landscape painter, Mr. *Tucker Pain*, attached himself to me and my family and even became my student in a friendly manner, a position that found a more formal continuation when he followed me to Karlsruhe for a while." Ibid. 69.

4 Having used up his savings, Gude sent a message to the public notary in Düsseldorf that his stored furniture and other belongings (a mahogany writing desk, sofa and chairs, mirrors, bed with sprung base, feather duvets and pillows, etc.) should be auctioned off. Letter from H. Gude, Betws-y-Coed, Wales, to Herr August Wilhelm Schulgen, Düsseldorf, 8 May 1863. The letter has the following postscript: "Please send this letter to Euler [Joseph Euler, public notary in Düsseldorf] across the street." Heinrich Heine Institut, Düsseldorf; Hauptstaatsarchiv Düsseldorf, Notare Repositorum 2140/13613: The 161 items catalogued for the auction brought in 558 Thaler and 10 Groschen according to the above archived documents and the *Rheinische Zeitung* of 13 July 1863.

5 Cf. letter from H. Gude, Betws-y-Coed, Wales, to Herr August Wilhelm Schulgen, Düsseldorf, 8 May 1863. Heinrich Heine Institut, Düsseldorf (catalogued under "Hans Gude"), passim. "[...] I also think that it should be possible in Germany or Belgium or Holland, and I imagine that Hamburg or Vienna, or even Dresden, would be very good places. With regard to Berlin, there I intend to send a picture from here, because I do not wish to vanish entirely from the German exhibitions; [...] Please write to inform me, when convenient, of when the Berlin exhibition commences. I hope you are doing good business for me in Paris, for I would be happy to send one of my best pictures there each year, and indeed ones that are more impressive than this one, which wasn't really intended for such purpose. Since I consider it practical to paint English pictures for England, I greatly desire a place such as Paris for my Norwegian seascapes, which I prefer to paint, and I shall be particularly assiduous in preparing for the next Salon."

6 National Library of Norway (NLN), Ms.fol. 1945 Kunstforeningen I, 1, no. 2202; Ms.fol. 1945 Kunstforeningen D.

7 *Liv og Værker,* 67.

8 Letter from H. Gude, Betws-y-Coed near Llanrwst North Wales, to "Lieber Freund" [i.e. C.F. Lessing, Karlsruhe], 13 December 1863. NLN, Correspondence collection 313.

9 Proceedings with witnessed oath, 7 December 1854: "Oath. / I, Hans Gude, swear by God the Almighty and Omniscient a solemn oath" [etc.] Haverkamp 1982, 47, note 135. Hauptstaatsarchiv Düsseldorf, Reg. Ddorf Präs. 1529, 184–85.

10 "... These are times when I feel with such weight and depth what it means to roam the earth without a Fatherland – I have

now accepted an office, and must therefore serve to the best of my abilities the country that may in the near future be openly at war with my own Fatherland; I can have no sympathies, must be aloof to what is happening outside my own studio; what raises the pulse at home is forbidden to exist for me, and how humiliating and insufferable it will be to look upon the enthusiasm for the right of the German nation expressed all around me, while my own nation may be bleeding to death in its struggle for existence. On the other hand, I have such serious duties to my wife and children, and I shall use my abilities there where I am allowed to use them. – At home, there is no use to which I could put them, and in two or three years my career would be finished and I would sink into profound misery with my flock of children – *I am sure of it.* But no more of this – it is a sad subject, and it is good for my part that I only have to bear it in thought." Letter from H. Gude, Bettws-y-Coed [sic] near Llanrwst, N. Wales, to Theodor Kjerulf, Paris, 20 February 1864. Private collection of correspondence belonging to descendants of the recipient.

11 Letter from Johann Wilhelm Schirmer to Karl Schnaase, 10 December 1854, quoted in *Johann Wilhelm Schirmer in seiner Zeit. Landschaft im 19. Jahrhundert zwischen Wirklichkeit und Ideal* (exhib. cat.) (Karlsruhe, 2002), 211. This exchange of letters between Schirmer and Schnaase is preserved in the Archiv für bildende Kunst, Germanisches Nationalmuseum, Nuremberg. Cf. Henrik Karge in "Der Kunsthistoriker als künstlerischer Mentor. Karl Schnaase und Johann Wilhelm Schirmer," note 14, p. 280, in the same catalogue.

12 Carl Friedrich Lessing, Ludwig Des Coudres and Feodor Dietz.

13 Ibid. letter Schirmer-Schnaase, 9 July 1854.

14 *Liv og Værker,* 82.

15 Anton von Werner: *Jugenderinnerungen (1843–1870).* Published by Dominik Bartmann. Commentary by Karin Schrader (Berlin, 1994), 108–109. The history painter Anton von Werner (1843–1915) belonged to the close circle around Gude in Karlsruhe, together with C.F. Lessing and Adolf Schrödter. In 1873, von Werner was appointed professor at the Berlin Academy and in 1875 its director. Among the radical opposition, von Werner was later characterised as a *Schlacht und Stiefelmaler* (battles and boots painter). In relation to Norwegian art history, he is best known as director of the Verein Berliner Künstler at the time when Edvard Munch mounted his highly controversial exhibition there in 1893, at the invitation of Adelsteen Normann.

16 See the list of Gude's Karlsruhe students in this catalogue.

17 Badisches Generallandesarchiv, Karlsruhe, Abteilung 76: Nr. 10/100, *Hans Gude.*

18 Jens Thiis: *Norske Malere og Billedhuggere. En fremstilling af norsk billedkunsts historie i det nittende århundrede med oversigter over samtidig fremmed kunst.* Vol. 1. Malerkunsten i de første 80 år. (Published by Bergens Kunstforening) (Bergen: John Griegs Forlag, 1904), 190–193 passim.

19 Jens Thiis: "Fra München til Paris" in *Norsk Kunsthistorie* (Oslo: Gyldendal Norsk forlag, 1927), 431.

20 Knut Berg in *Norges Kunsthistorie,* Vol. 5, *Nasjonal vekst,* "1870-årene" (Oslo: Gyldendal Norsk Forlag, 1981), 110–111.

21 Helmut Börsch-Supan: *Die Deutsche Malerei von Anton Graff bis Hans von Marées 1760–1870.* (Munich: Verlag C.H. Beck, Deutscher Kunstverlag, 1988), 440. "So beachtlich die Malerei dieser Stadt damals war, sie besass keinen lokalen Stil."

22 Henning Alsvik and Leif Østby: *Norges Billedkunst i det nittende og tyvende århundre* (Oslo: Gyldendal Norsk Forlag, 1951), Vol. 1, 186–194.

23 Wilhelm Holter: *Erindringer om mit Liv*, NLN, Ms.fol. 1086.

24 Idem, 87. "[Gude's] position in Karlsruhe was relatively secure, greatly favoured as he was by the Grand Duke, but the constant small harassments he had to endure made his life hard, and being of a highly sensitive nature, he took things to heart perhaps more than was absolutely necessary."

25 For more on the conflicts at the art school, see Nikolai Strøm-Olsen: "De kunstneriske konflikter ved 'Der Grossherzoglische Kunstschule in Karlsruhe' mellom 1864–1874" [sic]. (University of Oslo, 2007) (MS), Chs. 2 and 3.

26 In 1869 Hans Canon, aka. Johannes von Straschiripka (1829–85), launched an embittered attack – after being refused the appointment – in the form of an open letter to the art school, and to Des Coudres and Hans Gude in particular: "[...] There can be no doubt that Gude, for example, is a gifted painter, albeit one whose horizon is, in my opinion, severely limited. His imagination is somewhat schematic and lacks a true feel for grandeur and the sublime. But neither will he ever make a good teacher, for which a clear thinking and objective head are indispensable. He [Gude], however, is a subjective creature of middling talent. [...] I certainly do not need the income, for I feel sufficiently confident of my abilities to be able to survive even if it had to be without soirées ... I will therefore not attend, unless it be that the lady wife of Director Lessing should invite me to a soirée, or that Gude declares he cannot live without me." Translated from the German as quoted in R. Theilmann: *Johann Wilhelm Schirmers Karlsruher Schule* (doctoral thesis), Heidelberg 1971, 106. Letter from Hans Canon, Stuttgart, to Puhlmann, 20 October 1869.

27 Theilmann 1971, 100.

28 Theilmann 1971, 108.

29 Magne Malmanger in *Norges Malerkunst.* Vol. 1. *Fra middelalderen til 1900,* "Fra klassisisme til tidlig realisme 1814–1870" (Oslo: Gyldendal Publishing, 1993), 297–302.

30 *Liv og Værker,* 56.

31 *Liv og Værker,* 85.

32 *Liv og Værker,* 84.

33 Hans Gude was honoured for his war-time services in 1871 with the *Badisches Sanitätszeichen 1870–71,* and in 1872 with the *Deutsche Kriegsdenkmünze für Nicht-Combattanten 1870–71.*

34 *Tidemand & Gude,* exhibition, National Gallery, 2003, cat. no. 138.

35 *Liv og Værker,* 149.

36 Christian Krohg: *Kampen for tilværelsen,* "Norske kunstnere og andre personligheter – Hans Gude" (Oslo: Gyldendal Norsk Forlag, 1954), 110; Wilhelm Holter: *Erindringer om mit Liv,* NLN, Ms.fol. 1086, 107

37 Wilhelm Holter, *Erindringer om mit Liv,* Nasjonalbiblioteket, Oslo, Ms.fol. 1086, 107.

38 Lorentz Dietrichson: *Af Hans Gudes Liv og Værker. Kunstnerens Livserindringer* (Kristiania, 1899), 147–148 passim.

39 Letter from Hans Gude, Karlsruhe, to Hans Thoma, 20 May 1868. Hans Thoma – Gedächtnisstätte, Oberursel. Quoted from Nicolai Strøm-Olsen 2007, 101.

40 Hans Thoma: *Bilder und Bekenntnisse.* Published by Otto Fischer (Stuttgart: Strecker und Schröder Verlag, 1925), 11 and 12.

41 *Liv og Værker,* 147.

42 Ms.fol. 1945 Kunstforeningen D. Letter from Hans Gude, Berlin, 2 June 1895. NLN, Oslo.

43 L. Dietrichson: "'Erindringens Kunst' – 'Fantasien i Kunsten'. Aabent Brev til Prof. Dr. Julius Lange", in *Nordisk Tidskrift för Vetenskap, Konst och Industri,* Sth. 1890, 438-447.

44 One characteristic of some of these works is that, although they are signed in the usual way, *HFGude*, with the initials forming a ligature, the artist supplements his signature not with the usual year date but rather with the placename *Carlsruhe.* Thus we have to infer the dates. In one of Gude's sketchbooks, now in the National Museum of Art, Architecture and Design, Oslo, K & H (B 6515), we find three series of numbered pictures: *Billeder malet i Carlsruhe fra Mai 1864 til 1ste Januar 1866* (Pictures painted in Karlsruhe from May 1864 to 1 January 1866). This list provides a firm reference for dating some of the works from Gude's Karlsruhe years.

45 Carl von Lützow in *Zeitschrift für Bildende Kunst,* Leipzig 1871, Vol. VI, 176. (About H. Gude: "Chiemsee", 1868.)

46 Jul[ius] Lange: *Nutids-Kunst. Skildringer og Karakteristiker* (Copenhagen: P.G. Philipsens Forlag, 1873), 388.

47 Letter from Frederik Collett, Copenhagen, to Johan Martin Nielssen, Kristiansand, 30 December 1870. State archive Kristiansand, reg.no. 382. Information concerning this letter provided by Terje Strøm-Olsen in 2007.

48 See the letter from H. Gude, Düsseldorf, to Jørgen Moe, Christiania, 1 July 1851, reproduced in *Kunst og Kultur*, 1917, 158: "[...] It is Norway's own artists, who with such enthusiasm and all their ability stand for Norwegian painting, and we are put down by a miserable Danish prejudice against the old Düsseldorf School, which now no longer exists, and this anxious, distressed fear of composition that infects the Danish"; and the letter from H. Gude, Düsseldorf, to H. Arenz, Christiania, 12 December 1860, NLN, Correspondence collection 313, quoted in F.E. Haverkamp, "Hans Gude i Düsseldorf. Grunnleggelsen av en akademisk kunstnerkarrière", Vol. 1, 36, University of Oslo, 1982 (MS).

49 For more on "Public works" and "prices, prizes and awards", see Frode Haverkamp: "Hans Fredrik Gude", in *Norsk Kunstnerleksikon*, Vol. 1, (Oslo: University Press, 1982), 814-815.

50 *Liv og Værker,* 135. "One thought that comes to mind is, how remarkable and characteristic of our century it is that a city [Melbourne, Australia] should grow so fast that it can establish a major art museum where fifty years ago there was no culture, barely even a cottage."

Among Painters it was Gude who Discovered Jæren

HILD SØRBY

Among painters it was Gude who discovered Jæren, that rolling, grey land of mist out to the west, so different from anything else in Norwegian nature, so little acknowledged, so poorly suited to romantic and heroic depictions. With Gude's encouragement his students were the first to settle out there.[1]

It was the art historian Henrik Grevenor who made this claim in his article "Jæren i malerkunsten" (Jæren in Painting) in 1933. In summer 1878, four young artists got to grips with Jæren's sandy beaches: Kitty L. Kielland (1843–1914), Nikolai Ulfsten (1854–85), Eilif Peterssen (1852–1928) and Frits Thaulow (1847–1906). All four had studied under Hans Gude in Karlsruhe.[2]

Jæren had long been dismissed as a rather unattractive place. It seemed almost remarkable that anyone should wish to make this landscape the subject of their art. For tourists, the area was virtually a "terra incognita". In a 1745 travel guide, Jæren is described as "a white piece of land, designating an 'unexplored region'".[3] A century later, Ivar Aasen wrote: "Jæren is ... one of the least pleasing landscapes. It consists partly of extensive bogs, partly of dry rocky slopes or hillocks, known locally as *Heier,* all of which are overgrown with heather, producing an impression that is exceedingly sombre and monotonous." In addition, "there are extraordinary numbers of rocks, such that every surface is covered with them."[4] No wonder then, that the landscape held little interest for artists whose concern was with the distinctively Norwegian, which included Norwegian nature, during the era of national romanticism in the first half of the 19th century.

Jæren's reputation as a desolate place persisted for a long time. As late as 1899, even Arne Garborg could still write: "You will probably find it hard to believe that we have painters here at dreary, ugly Jæren. They come every summer. More and more of them ... And what is so remarkable: it isn't just the sea and the beach they paint. Rivers and bridges, meadows and barns, farmsteads and anything that can be a subject of art ...; provided it is from Jæren. And if I dare tell the whole truth: they have even painted the black peat bogs. Peat and all ... Even a lady from the fine Kielland family wasn't too proud to venture into the peat bogs to paint. And the peat bog was rendered poetry, black as it is."[5]

Gude discovers Jæren

It was following a visit to Stavanger in summer 1872 that Hans Gude saw Jæren for the first time. A few years earlier, his younger brother Ove Høegh Gude, a Supreme Court lawyer in Stavanger, had married Johanne Sømme. Having been invited to the christening of their child, Hans Gude made the long trip to Stavanger. There he met the family of his sister-in-law, which included Kitty L. Kielland and her father Jens Zetlitz Kielland. For several years Kitty had been taking lessons in drawing and painting from a number of artists. But her father, who in 1865 had initiated the founding of the Stavanger Art Society and was himself an avid amateur painter, felt Kitty would profit litte from further tuition. He doubted her talent.[6] Hans Gude was of a different opinion. He was known as one of the best teachers of the day, and was willing to take Kitty on as a student in Karlsruhe. She made the move the following year.

Gude had travelled along the coastal route. As he passed Jæren on the return trip, he must have been fortunate with the weather. The vast heather-covered moors, the long beaches, the immense sky, and the distinctive light fascinated him. This would be challenging subject matter for his young students.

The first to follow Gude's advice was Kitty Kielland. She was familiar with Jæren from the many visits her family had made to the area over the years. They usually stayed

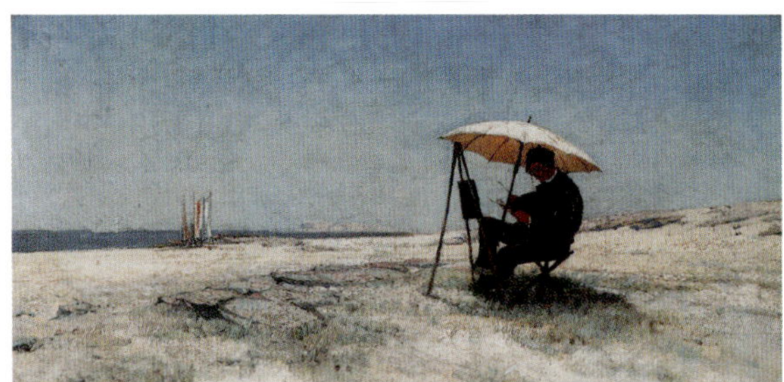

Cat. 70 Nikolai Ulfsten, *Eilif Peterssen at Jæren*, (1879)

at Orre, in one of a couple of well kept farmsteads beside the Orre river, which was famed for its salmon fishing. We do not know where Kitty stayed in the summer of 1874, but the scenes she painted are of the Høg-Jæren area. She also returned home for the summers of 1876 and 1877, during which she discovered Ogna. She wrote enthusiastically to Eilif Peterssen: "Would you believe it, I have found incomparable nature out at Jæren for next year's studies; sand and heather."[7] From the first canvases she painted the following summer at Ogna, it is evident that she had found the place that suited her. And she was not alone.

The Jæren Summer of 1878

There is one fairly prosaic reason why the summer of 1878 marked the beginning of regular painting activity at Jæren. The new railway line between Stavanger and Egersund was completed in February of that year. There were several stations across the Jæren district, of which Thime and Ogna were principal stops. Previously, all transport had been by horse-drawn carts along the old King's Road. The Jæren railway changed everything. It made it much easier to comply with Gude's suggestion to visit this distinctive landscape, which had never before been captured on canvas. The fact that the landscape had similarities to Skagen, where several of them had painted in the past, was almost certainly a stimulating consideration.

Gude's students wanted to render what they saw in a manner that was as accurate and true to nature as possible. They wanted to paint *en plein air,* preferably completing their canvases on location. Ulfsten's little depiction of Eilif Peterssen sitting on the beach painting under a white parasol confirms this (cat. 70). Sand, sea and sky fill most of the picture. Yet there can be no doubt that Peterssen is at Jæren. Gude had taught his students to cultivate their gaze for what was unique about a natural setting.

When Kitty Kielland began to paint at Jæren, she would make only small oil sketches in the open air, from which she would work up the final painting in the studio. But it was appealing to think that the entire picture could be completed outdoors. In summer 1878 she wrote to Eilif Peterssen: "I wonder whether it would be enough for me to make studies and sketches of details, to paint pictures based on studies is so tedious ..."[8] The two paintings she did at Ogna that were accepted for the Paris Salon of 1879 were painted in this way (cat. 43). But in due course she boldly started painting large canvases outdoors as well. This could sometimes pose problems. On one occasion several years later, while staying at Stolpabuo on the Wiig farm, a violent gale took her by surprise: "Down by the beach I had been working on a canvas two metres in size; it was well stowed in its crate; a waterspout lifted it into the air and tumbled it upside down. The picture rescued itself by leaping from the case straight down into the stream – the very one that was painted on it. The case was smashed to splinters, which were found strewn across the entire area along with the brushes, palettes and paints."[9] Over the years, Kitty Kielland painted many more canvases at Jæren, although the ones she later donated to the National Gallery were early studies. "The one thing I wish I could say about myself as a painter is that I had taught others to

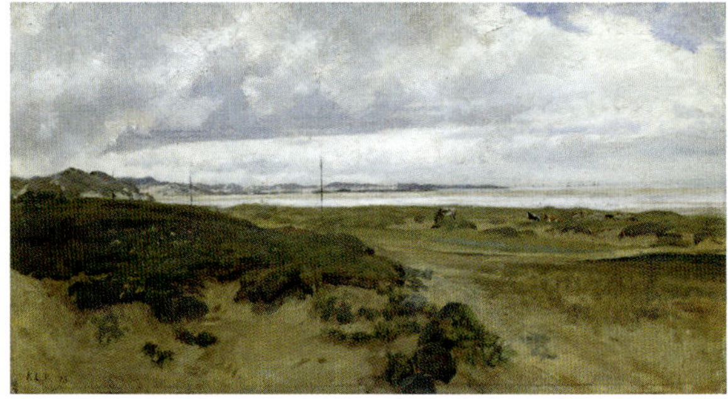

Cat. 43 Kitty L. Kielland, *Landscape Study from Ogna at Jæren*, 1878

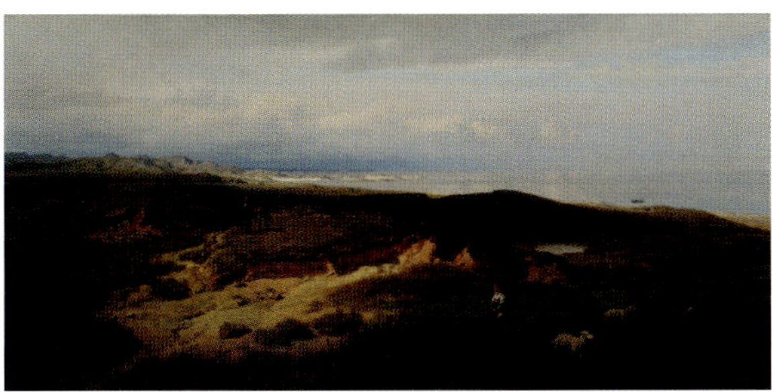

Cat. 29 Hans Gude, *Heath at Lista*, 1883

understand what Jæren is ... Here and there in a few old studies one might find small glimpses of the true Jæren; more than that I failed to achieve."[10] From Gude she had learned to appreciate the qualities of *en plein air* studies.

In autumn 1875, Nikolai Ulfsten came to Karlsruhe. Gude considered him one of the most talented students he had ever had, and they became close friends.[11] Ulfsten stayed with Gude for over three years, apart from a winter sojourn in Paris, and was greatly influenced both by his choice of motifs and by his compositional style. Initially, Ulfsten followed in Gude's footsteps at Lista (cat. 29), but after seeing Jæren in 1878, he adopted that as his favourite subject matter. He concentrated on low-lying coastal landscapes with vast open skies, although he always included human life in his scenes. Generally it was fishermen he depicted, busy with their daily routines, or working on their boats and nets on the beach. He painted kelp carts and kelp burning, auctions on the Jæren Reef, shipwrecks and a solitary body washed ashore. His legacy is a record of everyday life on the coast that is sober, restrained, and only rarely staged. Like his teacher, he eschewed psychological depictions, populating his landscapes instead with typical fishermen-farmers, and often women and children as well. Darker pictorial elements, such as people, boats and boathouses, are juxtaposed with brighter expanses of, for example, sea and sand (cat. 71).

Eventually, few people knew Jæren better than Ulfsten, whose motifs surpassed those of other painters in their variation. In 1883, Nikolai Ulfsten married Bolette Jebe, the daughter of a Bergen doctor, with whom he settled into a beautiful, sturdy Jæren cottage at Nærland for the winter. They bought a plot of land in the little seaside resort of Sirevåg, with plans to build a house of their own.[12] But that wasn't to be. Ulfsten died of consumption at the age of thirty-one.

Jæren seen through urban eyes

Like his friends, Eilif Peterssen came to Ogna in the summer of 1878, although it would appear he didn't do much work there. The weather was unusually fine. "I bathe here in a lake, the likes of which will not be found anywhere on earth ... I am not painting anything, although I do a little drawing, but mostly I take walks, ride and amuse myself," he wrote to his parents. A small oil sketch by Ulfsten indicates, however, that Peterssen did in fact try his hand as an outdoor painter. Even so, he wasn't a "Jæren painter" quite yet.[14] It was only after his marriage to Magda Kielland, the cousin of Kitty and Johanne Gude at Ledaal in Stavanger, in 1888 that Peterssen began painting regularly at Jæren.[15] From then on, he preferred to live at the relatively populous Sele, where a number of farmsteads lay close to one another. By that time, his years of studying under Gude were well in the past, but in his depictions of salmon fishers and kelp carts, we can still discern the tradition of the 1870s. One major work is *På utkikk* (Keeping Watch) (1889, cat. 63). There is also the large, atmospherically sombre *Laksefiskere Figgen elv* (Salmon Fisher on the Figgen River) from 1889, which is characterised by the traits of neo-romanticism.

Whereas Kielland, Ulfsten and Peterssen made Jæren one of the main themes of their art, Thaulow's visit in 1878 was to remain a one-off event. Thaulow had studied under Gude from 1873 to 1875 and had several lengthy stays in Paris, before he took up Gude's advice to paint at Lista in summer 1877. By the time he returned to Jæren the following summer, he was already an experienced naturalist. This is perhaps best seen in the small picture *Fra Jæren, landskap med telefonstolper* (View from Jæren, Landscape with Telegraph Poles) (1878), which illustrates that modernity had arrived even in Jæren. Apparently Thaulow painted five pictures that summer. *Fra Jæren* (View from Jæren) (1878) depicts a stormy sea with a ship in distress close to land. A crowd has gathered on the beach, while

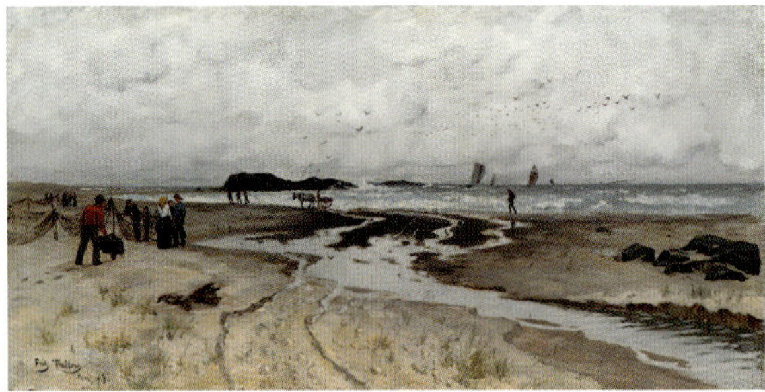

Cat. 69 Frits Thaulow, *Beach*, 1879

a cart drawn by two horses seems to have got stuck in the dunes. For Henrik Grevenor, there was a European quality to the painting *Strandbredd* (Beach) (Paris 1879, cat. 69). "The sand at Jæren has been veritably transformed into something as exclusive and fine as Ostend or Scheveningen."[16]

As far as we know, Gude himself never painted a view of Jæren. Even so, it is Gude who deserves the credit for making Jæren a theme of Norwegian art in the late 1870s.

1 Henrik Grevenor. "Jæren i malerkunsten". *Kunst og Kultur* 1933: 157.

2 Otto Sinding also spent the summer of 1878 at Jæren, but we do not know whether he painted anything.

3 See, e.g. Bendix Christian de Fine. "Stavanger Amptes udførlige beskrivels 1745". *Norske Magazin* III. Reprinted Stavanger, 1952.

4 Ivar Aasen. *Reise-erindringer og reise-indberetninger 1842–1847*. Trondheim, 1917: 64.

5 Arne Garborg. Knudaheibrev, Verk 9. Oslo, 1980: 153–54.

6 Jacob Kielland. "Kitty L. Kielland". *Aftenposten* 11.10.1914.

7 Letter from Kitty L. Kielland to Eilif Peterssen, 06.10.1876. Correspondence collection 209, National Library of Norway.

8 Undated letter from Kitty L. Kielland to Eilif Peterssen, Ogne 1878. Correspondence collection 209, National Library of Norway.

9 Kitty L. Kielland. "Jæderen". *Norge i XIX aarhundre,* Vol. II, 1909: 159.

10 "Kitty Kielland" in Christian Krohg. *Kunstnere I og II*. Kristiania 1891–92: 93.

11 Letter from Gude to Christiania Kunstforening, 1876. National Museum's Documentation Library.

12 Lisabet Risa. "Eilif Peterssen – møte med menneske og gardar på Jæren". Catalogue Hå Gamle Prestegard 2015: 45.

13 Letter from Eilif Peterssen to his parents on 28.08.1878. Correspondence collection 209, National Library of Norway.

14 Peterssen also made a reconnaissance trip to Jæren in 1884, but worries about his mother persuaded him to spend the summer painting at Sandø instead.

15 Interestingly, the couple married in Time church at Jæren. Lisabet Risa. "Eilif Peterssen – møte med menneske og gardar på Jæren". Catalogue Hå Gamle Prestegard, 2015: 43.

16 Henrik Grevenor. "Jæren i malerkunsten". *Kunst og Kultur* 1933: 157.

Amaldus Nielsen (1838–1932)
Hans Gude's Student in Karlsruhe 1867–68

TONE KLEV FURNES

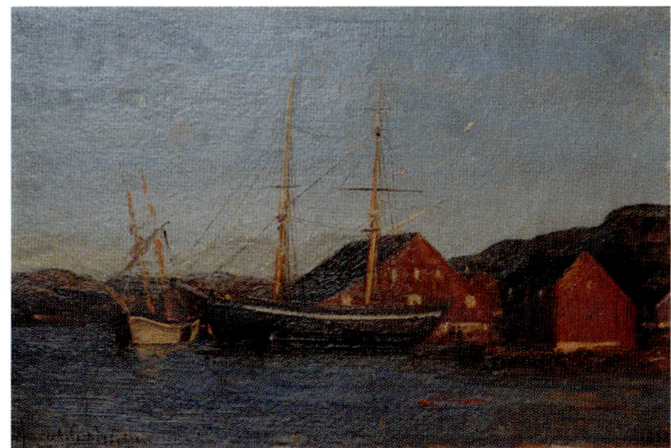

Ill. 1 Amaldus Nielsen, *Gismerøen, Mandal*, 1858

Amaldus Nielsen understands the diverse phases and movements of the sea and the laws of the waves, so his water is always dynamic. He likes to set a gentle breeze rippling over the odd fjord. His tone in relation to air and water is as true as it possibly can be, and repeats nothing from the past ...[1]

This is how Christian Krohg reviewed Amaldus Nielsen's exhibition at Blomqvist Kunsthandel in Kristiania in August 1909. Amaldus Nielsen is often described as a Sørlandet painter, but his production includes as many motifs of Western as it does of Southern Norway. He was interested in the scenes and moods to be found along Norway's coast. He strove to capture the light and colours directly from nature, and did so before this had become common practice in the art of painting.

Nielsen spent two periods studying under Hans Gude: firstly at the art academy in Düsseldorf during the years 1857–59, and later at the art academy in Karlsruhe from 1867 to 1868. Hans Gude was of great importance to Nielsen, not just artistically, but also personally. For Gude indirectly helped Nielsen to fund his art education at the academy in Düsseldorf. In addition, the acquaintance with Hans Gude brought companionship. In 1858, the two artists spent the holidays together at Lillesand, and both found subject matter along a stretch of Norway's south coast from Lillesand to Farsund and the Lista area. This article explores how Gude's personal artistic idiom and his work as a teacher in Karlsruhe may have influenced Nielsen's own artistic development, particularly in relation to the latter's treatment of coastal themes and atmospheric conditions.

Studies at art academies

Amaldus Nielsen was born in Mandal in 1838, where he also received private tuition in the art of drawing from peripatetic teachers. During his childhood, Mandal was a commercial centre with an interest in cultural matters, which can be attributed in large part to the international shipping that came to Kleven, Mandal's harbour. One of the main reasons why Nielsen chose the path of art was possibly the example of Adolph Tidemand, himself a son of Mandal.

In summer 1857, Nielsen moved on from the art academy in Copenhagen, where he had been studying since 1854, to the art academy in Düsseldorf. There he was warmly received by Adolph Tidemand, who introduced him to Hans Gude, an esteemed professor from the Scandinavian circle of painters.

On looking at Nielsen's watercolours, Gude was convinced of the younger man's talent.[2] No later than the following year, Gude wrote admiringly of Amaldus Nielsen to the ironworks proprietor Diderik Cappelen, mentioning in his letter that Nielsen needed further financial support in order to afford another year at the academy. In addition, Gude pointed out to Cappelen that Nielsen would benefit from a study trip.[3]

The financial support was forthcoming, and in summer 1858 Amaldus Nielsen embarked on a study trip to Mandal and the nearby coastal areas. He chose motifs that favoured a palette of clear daylight colours that allowed him to render the intense light, as in his study *Gismerøen, Mandal* (ill. 1). In the course of the summer he also took the time to visit Hans Gude, who was taking a holiday at his parental home in Lillesand. There Nielsen painted a study of a boat-building yard, while Gude chose a landscape with a fisherman's house as motif. Both men seem to have focused on unassuming themes that allowed them to emphasise the light, but whereas Nielsen painted a study in a daylight palette, Gude's picture is a fully worked painting with overcast lighting.

Back in Düsseldorf later that autumn, Nielsen enrolled as a student in the academy's landscape class under Professor Hans Gude. With en *plein air* painting attracting ever greater attention in Düsseldorf, Nielsen's interest in lighting and nature studies was therefore well served.

Frode Haverkamp has pointed out that although Gude could not be described as a "born" colourist, he soon felt the urge to liberate himself from the colour conventions of the Düsseldorf academy. The facility he showed as a young man in rendering atmospheric effects earned him the nickname of "Der Luftdoktor" (The Air Doctor).[4]

In broad terms, we can say that what characterises Nielsen's Düsseldorf landscape studies and paves the way for his outdoor paintings is his direct observation of nature and his feeling for air and light.

Nielsen concluded his studies at the art academy in 1859. His aim was to further develop his skills as a landscape painter by working independently on nature studies.

Study tours

The period 1859–67 was devoted to study tours in Norwegian nature, preferably along the coast of Southern and Western Norway. One major influence on Nielsen's individual artistic development in those years was, however, a sea voyage to Cádiz. It was a trip that gave him an opportunity to cultivate his depiction of light and the atmospheric effects of sunshine, fog, mist and rain. In a letter to Diderik Cappelen, Nielsen clearly indicates how he defined his artistic programme:

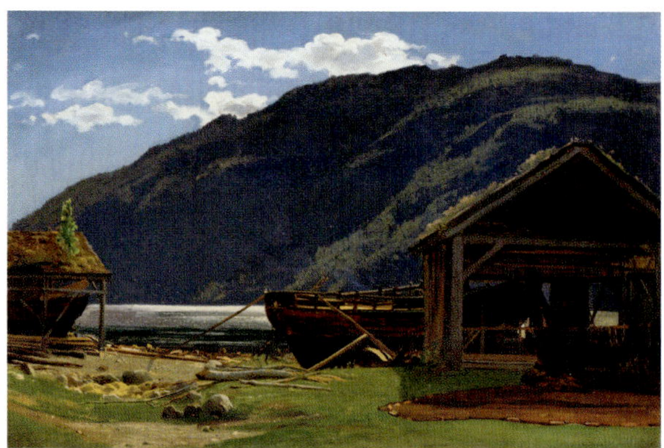

Ill. 2 Amaldus Nielsen, *From Eide, Hardanger*, 1865

> ... Although it is not my plan to become a maritime painter, but rather a coastal painter, I believed a trip to the south would be good.[5]

A number of the studies Nielsen painted on this voyage are reminiscent of the outdoor studies he did in Mandal the previous year. What preoccupied him was not the sailing boats out at sea so much as the atmospheric conditions. The air seems to shimmer with the heat after a rain shower, while the sea and the sky merge into a veil of silvery light above the Atlantic. Here we are reminded of how John Constable and J.M.W. Turner had depicted small boats on the Thames several years earlier, for Nielsen shared with them an interest in the shifting atmospheric conditions that arise from the contact between air and water.

From this period onwards, Nielsen's working method was characterised by a direct and close observation of nature and an almost scientifically precise rendition of meteorological phenomena such as fog, mist and the refraction of light at the interface between air and water. The lush nature of Western Norway provided themes that intensified his fascination for the distinctive characteristics of weather conditions. One example of this is *Fra Eide, Hardanger* (View of Eide, Hardanger), painted on a study trip to the west coast in 1865 (Ill. 2). This depicts a beach

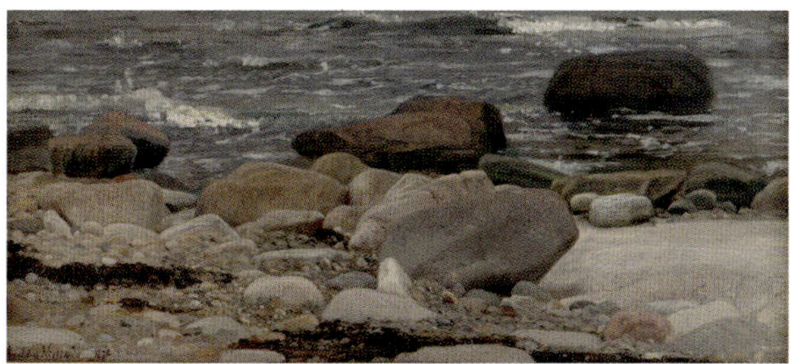

Cat. 55 Amaldus Nielsen, *Study of Stones at Hvaler*, 1872

with a boathouse and two fishing boats. In the background we see the fjord and imposing, blue-black mountains. The foreground is bathed in bright sunlight coming from left. Our interest is drawn towards the play of light on the motionless water.

The representation of reflected sun on water recurs in various works from the following years. Deciding to add another year to his education, Nielsen again applied to Hans Gude. This time his destination was Karlsruhe.

Hans Gude was professor at the art academy in Karlsruhe in the period 1864–80. His own artistic production indicates that he devoted considerable attention to reflections on water, whether in the ripples on a lake caused by a sunny breeze or at the coast with rowing boats and sailing ships out at sea. Gude's Norwegian students in Karlsruhe included Kitty Kielland, Nikolai Ulfsten, Eilif Peterssen and Frits Thaulow. Nielsen enrolled for the academy's landscape class for the school year of 1867–68. The fact

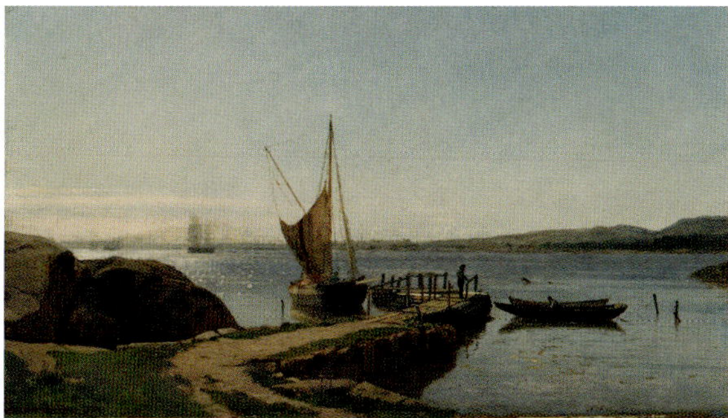

Kat. 56 Amaldus Nielsen, Jetty at *Hvaler*, 1874

that he had managed to work independently for several years may explain why he felt the teaching did not bring the benefits he had expected. In a letter to the art critic Andreas Aubert he remarked that Gude's criticisms were thoroughly "off the mark".[6]

Although Nielsen felt he didn't gain much from this period of study, it can still be assumed that Gude's open air painting had inspired him, especially the latter's preoccupation with the reflection of sunlight on water. When we look at Nielsen's production after his stay in Karlsruhe, it is clear that he developed an enduring interest in this phenomenon – still water with sunlight reflected on wavelets, not unlike some of Gude's motifs.

The interest in outdoor painting that Gude discovered during his years in Wales was further developed in Karlsruhe. There is good reason to believe that, with his interest in coastal scenery and the sea, Nielsen enjoyed Gude's teaching in Karlsruhe more than he was inclined to admit.

Getting established in Norway – works from the 1870s to the 1890s

After 1869, Nielsen lived at Majorstuveien 8 in Kristiania. It was from here that he set out, almost every spring and summer from 1869 until the mid 1920s, on study tours along the coast of Norway.

Nielsen's skill in rendering rocks is evident in his small *Stenstudie, Hvaler* (Rock Study, Hvaler) from 1872 (cat. 55). This is a picture of rocks at the water's edge from close-up. They are rendered with their distinguishing features and appear smooth and clean; it is as if the waves have just washed over them. Beyond, the sea looks dark with a few white-topped waves. The colours in the picture are bright and the light is clear. Nielsen's ability to capture the play of light and the subtle hues and shadows within a landscape is the result of astute observation.

On a trip to Hvaler in 1874 he painted *Hvalerbrygge* (Jetty at Hvaler) (cat. 56). This coastal scene captures the shimmering sunlight and the glint of reflections on the calm summer fjord.

On reviewing Nielsen as an outdoor painter, Magne Malmanger elaborated on this as follows:

> Amaldus Nielsen is considered Norway's foremost open-air painter. As early as 1856 he painted his first picture directly from nature, and the later nature studies he painted outdoors proved important precursors for the en plein air painting of the 1880s. For Nielsen, nature studies were not just sketches intended as material for larger studio-produced works. They were consummate, finished, signed pictures.[7]

Moreover, Malmanger tells us that Nielsen was already practising a naturalist programme twenty years before naturalism became fashionable in Norway. He also points out that Nielsen continued painting in a naturalist manner for as long again after that approach had gone out of fashion.[8]

In 1881, Nielsen visited Ny-Hellesund for the first time. One morning he got up at three-thirty to paint a study of the sound bathed in the reddish light of dawn, *Morgen i Ny-Hellesund* (Morning in Ny-Hellesund). In 1885 he used this as the basis for a major studio picture, and over the years he would capture many more moods of early morning and evening at this location in the southern Norwegian archipelago.

In the 1885 painting *Morgen ved Ny-Hellesund* (Morning in Ny-Hellesund) (cat. 58), Nielsen followed his 1881 study assiduously. In the foreground to the right we see a little of the beach. It is low tide. Nielsen indicates this in his rendition of the large stones at the water's edge and by including a washed-up branch draped with seaweed. A man is rowing towards the viewer, and just ahead of the boat we see the cork floats of a fishing net. Projecting into the picture from the left is the bow of a ship, which is abruptly truncated by the frame. Such truncation is a typical device of realism. The rocks and cliffs are bathed in a warm, red sunlight. On the further shoreline stands a cluster of buildings, deeper into the sound. The light comes from the left, although it is not as red as in the study. The sky above is clear blue, while the rocks appear almost pinkish yellow.

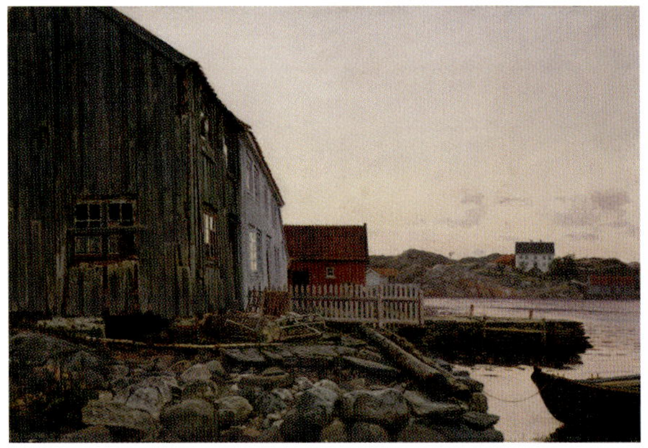

Cat. 58 Amaldus Nielsen, *Morning in Ny-Hellesund*, 1885

Forms are rendered with the utmost care, with the rocks and outcrops showing great plasticity. The truncation of the ship at the left edge of the picture together with the realistic lighting allows us to classify this as a naturalistic picture. The man in the rowboat can be seen as a romantic feature of pictorial presentation; he serves as an identification object for the viewer. Through him, we are drawn into the painting in a way that allows us to share in the artist's own experience.

Nielsen's paintings from Ny-Hellesund are of particular value as an illustration of his precise recording of variable meteorological conditions. They include depictions of the scene at daybreak, in the afternoon and the evening, and the varied lighting conditions have a major impact on the landscape.

In *Fiskerhjem, Gamle Hellesund* (A Fisherman's Home, Old Hellesund) (cat. 62) from 1895, Nielsen moves closer to his subject matter; two houses, one unpainted and one a pale blue, which look onto a pier, dominate the left of the picture, sharply defined against a rather dim light. Unlike *Morgen ved Ny-Hellesund* from 1885, where attention is focused on the light of nature and how it affects the landscape, the houses here are painted with a precision that almost amounts to photorealism. The light and the mood are crisp and clear, showing an interest in atmospheric characteristics, as was also the case in *Morgen ved Ny-Hellesund*.

Nielsen spent several periods in Jæren in the 1890s. The small study *Solstreif Jæren* (Sunbeam Jæren) (1893) is painted with broad, rapid brush strokes. More thoroughly worked out are the exhibition's two pictures from Jæren, painted the following year: *Godvær Jæren* (Fine Weather

Jæren) (cat. 61) and *Aften Jæren* (Evening at Jæren) (cat. 60). These two canvases capture Jæren's changeable weather conditions, and it is worth noting in particular how the sun is seen breaking through the clouds creating reflections on the sea. Although the two studies are of small format, Nielsen still manages to convey the breadth of the landscape by accentuating the horizontal lines. In her book on the Jæren painters, Hild Sørby explains that Nielsen was one of Norway's most popular painters in his day, and that his pictures from Jæren helped to make this landscape widely known. [9]

It is hard to say with certainty how great the influence of Hans Gude as an outdoor painter and as a teacher was on Nielsen's artistic development. Even so, we can safely conclude that without the friendship of the more mature artist, the circumstances for Nielsen to develop as a painter would not have been the same as they were in the years when he had most contact with Gude, in 1854–59 and 1867–68. It was also in this period that Nielsen's outdoor painting acquired an independent form, which he continued to develop throughout his long artistic career.

---

1 Christian Krohg in *Morgenposten*, 08.12.1909.

2 Letter from Amaldus Nielsen to Diderik Cappelen, dated 02.10.1857. (Where source is not given, see Ragne Schmidt's MA thesis on Amaldus Nielsen, Oslo 1941.)

3 Letter from Hans Gude to Diderik Cappelen, dated 22.01.1858.

4 F.E. Haverkamp. *Hans Gude i Düsseldorf. Grunnleggelsen av en akademisk kunstnerkarriere i det 19. århundre.* Oslo, 1982: 92.

5 Letter from Amaldus Nielsen to Diderik Cappelen, dated 23.07.1860.

6 Letter from Amaldus Nielsen to Andreas Aubert, dated 29.06.1900. National Library of Norway. Correspondence collection 32.

7 Magne Malmanger, "Painting 1814–1870". *Norges Kunsthistorie,* Vol. IV. Oslo, 1981: 275.

8 Magne Malmanger in *Fjord og Skip,* catalogue of the exhibition at Baroniet Rosendal in 1991. Bergen, 1991: 4.

9 Hild Sørbye. *Jærmaleriet. Fra landskap til visjon.* Oslo, 1983: 74.

The Maritime Gaze. From Sogn to Sandefjord

BRIT BERGGREEN

When the author Aasmund Brynildsen (1917–1974) was still a young boy, a pilot took him out in a boat onto the fjord outside Veierland near Tønsberg in order to teach him to "see" the sea.[1] It was necessary to learn how the sea behaved in dangerous shallows, or how to use landmarks along the coast as so-called "bearings". There were instructions such as: "When the church is directly behind Johansen's jetty and, at the same time, the factory chimney over on the mainland is aligned with the beacon on Veslеholmen, then you're at the fishing ground." People didn't always share such knowledge. Bearings for good fishing grounds were often closely guarded secrets, as were the best spots for picking cloudberries or wild strawberries. On one occasion, as Aasmund stared blankly in the direction the pilot was pointing, his teacher blurted out: "You're not even looking! You're just gawking with your eyes!"

It isn't only out at sea that looking, as opposed to merely staring or gawking, becomes important; it matters wherever the gaze endeavours to find something particular and to fix on an object. But here our subject will remain the coast and all things near the sea.

The maritime gaze

Every pilot has to acquire what we call *the maritime gaze*, just as the young Aasmund Brynildsen eventually did, a gaze that is sensitised and alert to sea-going vessels and maritime activities relating to transport, fish and fishing, yachting – and war. This gaze can scan the picture as a whole, passing over mountains, fields, meadows, houses and farm buildings, but taking in piers and ship builders, people mending nets, and above all, boats, ships, rigging and seafarers both at sea and ashore. Such a gaze brings together a diversity of interests. It is concerned with life both on and beside the water, the coastal-based economy and, ultimately, national and international affairs. A specialised gaze of this kind can bracket out what might have been an artist's object in painting a picture, and pursue thoughts that start out as a mere *distraction*. Thus a picture like *Brudeferd i Hardanger* (Bridal Voyage on the Hardangerfjord) can suddenly take on the aspect of a maritime motif. Suddenly, this iconic National Romantic representation of festively dressed peasants takes on new significance as a visual digression triggers associations, thus activating the maritime gaze (ill. 1).

We start thinking and looking for clues. The time is around 1850. The people of Hardanger are experienced seafaring traders who travelled far and wide in their Hardanger sloops. With its many arms, this fjord was one Norway's most economically vibrant areas, where traders from the east reached the coast after the long-haul across the plateau, or from Setesdal and the mountain heights of Ryfylke. The small, locally produced boat known as a *færing*[2] was cheap to build and common along the coast as a typical utility vessel in Hardanger and Sunnhordland. Tourism also started early.

We see the bridal boat carrying a fiddle player, rowers and distinguished guests, in a landscape meant to represent Hardanger. The picture was originally painted in Düsseldorf in 1848 by the experienced Adolph Tidemand and the young Hans Gude. It provided the theme for a *tableau vivant*, built around a poem by Andreas Munch set to music by Halfdan Kjerulf, a *Gesamtkunstwerk* at the Christiania Theater in 1849. In Norway in those days, it was the men and women of the peasant class who represented the nation's identity. Juxtaposed to them was *Culture*, which was arbitrated by a narrow stratum of society consisting of public servants and wealthy citizens, collectively referred to as the cultivated or refined class. The Norwegian peasantry was glorified by a social group who knew little about them, but eulogised them all the more.

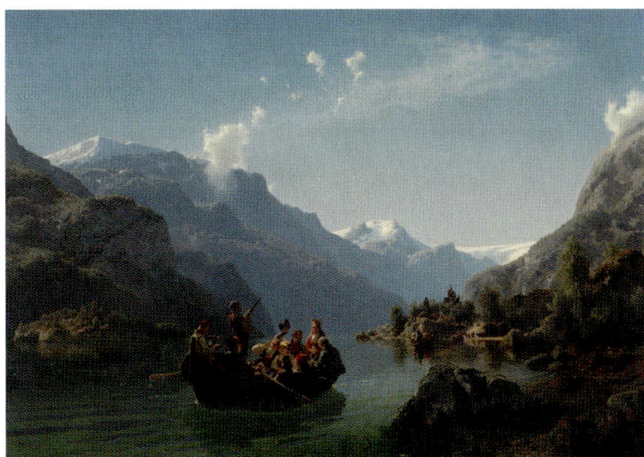

Ill. 1 Tidemand og Gude, *Bridal Voyage on the Hardangerfjord*, 1848. Nasjonalmuseet

The senses are stimulated: there is a festive mood to the scene, to the blue-hued air, the majestic mountains, the glint of the glacier, the lucid green of the waves. Seated astern is the fair bride, her groom waving his hat. Boat after boat follows in their wake. The blue is all a-shimmer, the ripples all a-murmur, the air fragrant, the music of the fiddle and the crack of a rifle rolling from mountain to mountain. Each verse of Andreas Munch's evocative poem ends with an *ahoy* and a *tralala*, as we listen and sway to Halfdan Kjerulf's melodies. But a voice intervenes, unsentimental and tactless: "What kind of boats are they using? What does this main boat look like, and what about the other boats in the wedding party?"

Because this is not a Hardanger boat. That much is immediately obvious. To the expert eye it is clearly from the west coast, but from somewhere further north. And for such a small boat, isn't it rather overcrowded? Nine people in a *færing*! The painting became the butt of jokes from the day it was first exhibited. Yet several versions were made of it, and in the last of them, painted in 1852, the boat has been enlarged to give the passengers more room. In this case, the professor of archaeology and boat researcher Arne Emil Christensen is able to conclude: "It's a Sogn boat."

In 1849, Tidemand and Gude each received a separate commission from King Oscar I and Queen Joséphine for Oscarshall, on Bygdøy. By the time this royal summer residence was completed in 1852, Gude had painted historical landscapes for the king's private chambers. His four paintings depict scenes from Fridthjov's Saga, an early medieval Icelandic saga from the 14th century, in which the action is centred around Sogn. In 1825, the Swedish writer Esaias Tegnér retold the saga, turning the simple narrative into a love story that unites Frithjof the Bold with the daughter of King Bele, Ingeborg the Fair. From childhood on, both had been raised by the yeoman-farmer Hilding.

Like the *Bridal Voyage*, Fridthjov's Saga became a *Gesamtkunstwerk* – on an international scale. Tegnér caught the mood of the times. Various composers set his poem to music, and artists drew inspiration from it.

One of Gude's historic landscapes for Oscarshall features a Viking ship. Fridthjov's Saga without a Viking ship would have been unthinkable, and it is interesting to see how Gude pictured such a vessel in 1849. This was before the world had seen a real Viking ship, such as the ones discovered at Gokstad in Sandefjord in 1880 and at Oseberg near Tønsberg in 1905. The Tune ship had been found back in 1867, but was more fragmentary.

Examining one section of Gude's Oscarshall picture more closely (ill. 2), the Viking expert Professor Arne Emil Christensen notes: "It certainly has a steering oar." Although in other respects the authenticity is questionable, it is still well imagined. The raised prow and stern remind me of the forecastle and poop of a medieval galleon. The sail and the clothing of the many people on board are colourful, as are the many shields along the gunnel, giving it a cheerful appearance. The ship is like a dragon with its tail tilted forward. If we imagine the hull on its own, without the decorative features, the boat would be elongated, perhaps like the types built in Northern Norway. The sail is lower, and more accurate than the one that Magnus Andersen found troublesome when he sailed a copy of the Gokstad ship named *Viking* across the Atlantic in 1893. Gude could build on the saga literature, on menhirs and the stone carvings of Gotland, prows and entire ships engraved into church walls, and other petroglyphs. On trips to the west coast he had probably seen the sloops of Nordfjord and Sogn with his own eyes.

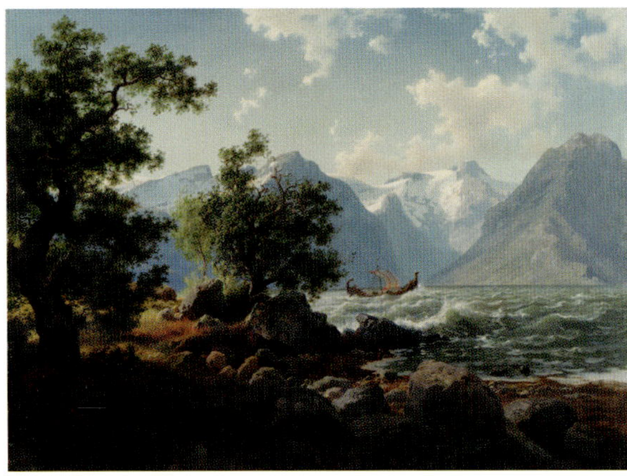

Ill. 2 Hans Gude, *Framnes*, 1850. Oscarshall

Like other painters, Gude did field studies and took his sketches back to the studio. Ultimately, his compositions consisted of elements derived from a number of places.

In the years after Gude painted this Viking ship, Norway's maritime activities expanded and countless ships were built. Artists turned their attentions first to Oslofjord and Skagerrak, where they discovered the working life of the coast, with its pilots and fishermen, and later to Skagen and Jæren. Gude returned to the Viking theme, producing another work in 1889, *Vikingskib i Sognefjorden* (Viking Ship in Sognefjord) (ill 3). In the years prior to the discovery of the Oseberg ship and the dissolution of Norway's union with Sweden, the production of Gude and his students was, as it were, framed by Western Norway and Vestfold.

Oslofjord and Skagerrak

The primary reason for the expansion of Norwegian shipping in the period that separates Gude's 1849 Viking ship from the one he imagined on Sognefjord in 1889 was the termination in 1851 of the English Navigation Act. Dating from 1651, this law required that all goods transported to British dependencies should be transported exclusively on British ships or on ships from the countries where the goods originated. It was a law that favoured Norwegian exports of timber to England, not least in the years after the Great Fire of London in 1666, but in other respects it was an impediment to Norwegian shipping. But from 1851 onwards, Norwegian ships were free to carry cargoes from any country.

The next reason for the growth in shipping was the Crimean War of 1853–56. The years immediately after 1851 were good for Norwegian coastal communities and saw an explosive increase in ship-owning. Town dwellers, land and forest owners, blacksmiths, carpenters, riggers and sailmakers, domestic servants and others could all increase their wealth by buying shares in ships, and could thus regard themselves as shipowners, with one of them as the managing owner. Hans Gude himself was a part-owner and had the brig *Hans Gude* named after him.

Writers and painters soon began to abandon grandiloquent accounts of saga heroes and peasants in their Sunday best, and moved on to everyday life and working people. Enthusiasm for the national theme waned. In November 1849, Theodor Kjerulf wrote that "every tongue wags with stuff about [the nation] – blather – blather – wicked wood nymphs, sheepskin blankets, whey cheeses, buckled belts, Tidemand, Tønsberg."[3]

The national theme had not been fashionable for long before artists began to change their interests. Eilert Sundt helped shift people's attention towards poverty, prostitution, illegitimate children, early mortality and drunkenness. People began to be depicted in new ways. Those who lived up in the valleys and in the northwest were seen as pitiful and primitive, but not those who lived along the coast. Especially the seafaring villages of the south and south-east were prospering, and as Sundt wrote: "There the people are proper." The crash that ended this period of prosperity was sudden, and by the late 1870s, conditions had changed dramatically.

Ibsen and Bjørnson also put the era of the sagas and peasant romanticism behind them to focus more on the present. One canny critic of the reform fervour that swept the country was Ivar Aasen, a true master of irony. Aasen scoffed at progressive innovations, for example in his *Lovtale yver Culturen* (Eulogy on Culture) (1866). Bjørnson enthusiastically paid homage to his country in poems that served as inspiration to visual artists.

In 1868, Bjørnson turned his attention to the sea with his poem *Den norske sjømann* (The Norwegian Mariner), which was set to music by various composers, including Edvard Grieg. The occasion was the National Regatta for Norwegian small boats in Stavanger, a competition to find the best qualities of Norwegian utility boats. The regatta was a landmark event because the boat that won, a vessel built in Lista, was subsequently adopted as a model for other boats to be used along the coast. Not least, the gaff rig came to replace the square sail and the sprit sail, which had soon virtually vanished. Bjørnson's poem is a fine tribute to seafaring people:

Norwegian seamen are
A folk grown strong 'neath sail and spar;
Where boats can find a way,
The best men there are they.
On high seas or at home,
In calm or when the storm-waves comb,
To God their prayer they make,
Their lives they gladly stake.

(...)

Hurrah for them to-day
Who the Norwegian flag display!
Hurrah for pilots true
Who forth to meet them flew!
Hurrah for them who ply
Their fishing-boats 'twixt sea and sky!
Hurrah for all our boast,
Our skerry-skirted coast![4]

Bjørnson hails the heroic; his words teach us about the dangers of seafaring, particularly those relating to wind, rocks and other vessels, and about shipwreck and people lost at sea.

Where were the Norwegian sailing ships?

Hans Gude was an outstanding maritime painter. His studies of the sea and the sky are unrivalled. Like Christian Krohg, Gude often took the sea as his main theme, but Krohg would also go aboard the boats, getting so close to the sailors he painted that viewers could feel the spray and the wind. Even so, he too gave his imagination free rein, dreaming up on canvas scenes such as *Leiv Eirikson oppdager Amerika* (Leiv Eirikson Discovering America) (1893).

There seems to be a remarkable amount of space between the ships in painted scenes of coastal life compared with the forests of masts we see in other sources, especially photographs. Since painters set up their easels outdoors almost exclusively in the summer, it is safe to say that they did not *see* a great deal of the Norwegian merchant fleet. As the ice melted in spring, the ships would venture out, but the understanding was that they should be back in port by Michaelmas, 29th September. Vessels that undertook long voyages could be away for many years. The result was often a scarcity of men in seafaring villages, where the women had to look after the animals and the farm, often with help from migrant Swedish workers, and hordes of children, who came from the inland hills to herd farm animals.

A local saying was that "when they had got the children they wanted, the men would go deep sea sailing. After five years the ships came home to be coppered. That's why children on the south coast were always five years apart." Statements of this kind tend to make one curious and to inspire searches in other sources, such as church records. What is certain is that after 1850 ships began to embark on many kinds of journey, following routes that only rarely brought them to their home ports.

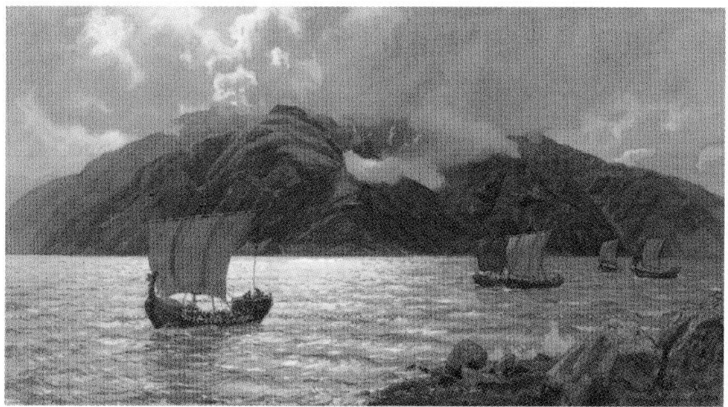

Ill. 3 Hans Gude, *Viking Ship in Sognefjord,* 1889. Nasjonalmuseet

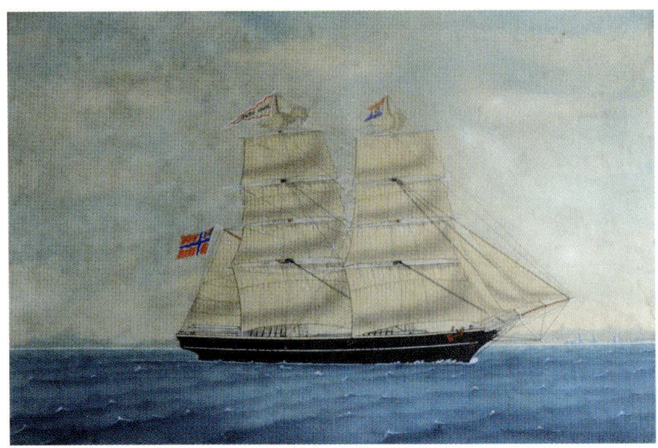

Ill. 4 *Hans Gude af Grimstad*, 1865

What are the ratios between ships and people in summer and autumn, winter and spring, in Norwegian paintings? This is the question the ethnologist is likely to ask of art. And any association or question that art suggests is as valid as any other. But ultimately it is the artist alone who decides.

Portraits of vessels as documentation

Maritime painting is an academic art, and Hans Gude raised the genre to a high level. In turning now to another genre, the obvious place to start is with the painting of a brig entitled *Hans Gude af Grimstad. Captn. Oluf Due*, dated 1865 (ill. 4). This is an example of a ship portrait, which the vessel's skipper commissioned and had painted in a foreign port as a souvenir, and which he hung in his cabin before later taking it ashore.

Ships undertook many kinds of voyages in the Mediterranean, the Baltic and North Sea, into the Black Sea and across the oceans. We can read about their cargoes, their destinations – and shipwrecks – in histories of seafaring, in the tables of Norway's central bureau of statistics, in reports and articles, in records of losses at sea and maritime inquiries. But if it is pictures we want, what we have are the so-called ship portraits, "skutebilder" as they are known in Norwegian, or "kaptenstavlor" (literally: captain's pictures) in Swedish. These are not so much maritime paintings as a form of *folk art* that serve to identify a ship, with its name and home port. The name of the skipper and the year of docking are specified, while the home port and waters are indicated by the background, for example the White Cliffs of Dover, the Doge's Palace in Venice, or Dyna Lighthouse in Kristiania, conveying a clear location for those in the know. These details deserve greater attention as a source.

In general, these pictures use a conventional and standardised format. But some are in the form of *life-buoy pictures*, which use a lifebuoy of roughly 25 cm diameter as a frame, and were priced cheaply enough to be affordable to ordinary seamen. In the so-called Cape leaves, a genre that originated in Cape Town, a ship is painted in miniature, often with remarkable skill, on the leaf of an indigenous South African plant. Particularly unusual were the pictures by the New York artist Thomas Willis. These used elements of embroidery and appliqué, often to recreate the bulge of a ship's sails. In Antwerp in the period 1820–70, an artist named Weyts and his son made reverse glass paintings, a genre that involves painting a mirror inversion of the subject, often highly detailed, on the back of a piece of glass. Such works were easily broken, and few examples have survived.

Since these pictures were meant to flatter and to present Norwegian vessels in an appealing light, they are not entirely honest. For example, they invariably leave out the windmill pump, a device mockingly referred to as "the Norwegian weapon", as well as any indications of old tonnage or of leaky or hogged hulls. One exception was the *Fram*, the polar vessel that sailed out newly built and with a windmill pump in 1893. Maritime historian Jacob S. Worm-Müller described the years after 1874 as the "dying days of the sail ship", with the year 1894 as an *annus horribilis*.

Samuel Plimsoll (1824–1898) worked to improve safety at sea, and in common parlance a Plimsoll ship was one in particularly poor condition, a vessel that might earn its owner an insurance pay-out, but at the cost of the sailors' lives. This was a theme Henrik Ibsen touched on in his play *Pillars of Society* (1877). In one dramatic episode, the American vessel, the *Indian Girl*, is laid up at the shipyard in a small Norwegian town, which is now teeming with American sailors. The shipowner in New York sends a telegram that reads: "Do the least repairs possible. Send over 'Indian Girl' as soon as she is ready to sail; good time of year; at a pinch her cargo will keep her afloat." The ship sets sails. But then the trouble begins. The shipowner's son has sneaked aboard. Ibsen generously chose to make the ship American, and to return the son safely to dry land, but the story would probably have been truer to life if he had chosen a Norwegian ship.

A two-fold obsession: Vikings and peasants

Norway had two infatuations: the Viking era and peasant culture, whereby the Vikings had an advantage thanks to Esaias Tegnér's 1825 retelling of the ancient Fridthjov's Saga, with its focus on Sogn and Sognefjord. The growth in national consciousness led to the painting of *Bridal Voyage on the Hardangerfjord* (1848), which chimed with the enthusiasm for peasant life right across Europe, while also marking the beginning of a power struggle between Culture and the Nation. Elements of rural folk culture were absorbed into bourgeois culture, while the former drew sustenance from the work of Ivar Aasen and the Norwegian national movement. After the discovery of the Tune ship and in particular the Gokstad ship in 1880, the Viking era came to rival peasant life as an element in Norwegian culture building and as an aspect of identity, with both being used – and abused – for political ends.

We have taken detours in search of the incidental value that pictures have beyond the aesthetic, as documentation and illustrations of the Viking era, of everyday life and maritime history. Along with poetry, paintings are aesthetic documents about the era when they were created that provide information about historical circumstances and are supplementary to more conventional sources.

Any depiction corroborates the expectations that arise from social conventions and the accounts of experts. They exist as photographs, postcards and film, or models based on authoritative opinion, and in explanations that enable us to see "correctly". When we apply a defiant gaze, what we might call a contrary way of looking, we sometimes bring other things to light, clearing a path for new interpretations.

---

1 Brynildsen describes this in his memoir *Hudø: Minner fra en barndom* (1974).

2 A *færing* is a clinker-built rowing boat, pointed at both ends, with two pairs of oars. This type of boat is common to the coastal areas of Western Norway.

3 Quoted from Paasche in *Norges Litteraturhistorie* III: 420.

4 Quoted from: http://poetrynook.com/poem/norwegian-seamens-song-1. Translator unidentified.

Hans Gude; a Technical Examination

THIERRY FORD AND LAURA HOMER

Introduction

Hans Gude holds a prominent position in Norwegian art history, both as a painter and as a teacher, yet very little is known about his painting technique and the materials he used. The National Museum of Norway houses the largest single collection of artworks by Gude, ranging from sketchbooks, drawings, watercolours, oil sketches and larger finished compositions on canvas, spanning the majority of his artistic career. The following essay is a brief synopsis of a series of technical investigations carried out on nine oil sketches and five paintings from the collection.[1] All fourteen art works typically represent Gude's coastal and marine subjects from his Karlsruhe period (1864-80) and the results from the various examinations provide a first insight into his technical working methods as an artist.

Methods of investigation

Under the microscope, close observation of all the painted surfaces and their conditions was first undertaken (5X-50X magnification range), followed by a series of other investigative imaging techniques. Examination with raking light was used for the exposure and study of surface topography. Ultraviolet (UVA) fluorescence provided valuable information concerning varnish layers, later restorations and the distribution of some pigments and media. Infrared reflectography (IRR) enabled the conservator to 'look' beneath the surface of a painting for the detection of under drawing. A select few microscopic paint samples were also taken for cross-sectional analysis, giving an insight into the ground, paint layers and various pigments used. Where sampling was not desirable, a portable X-ray fluorescence (XRF) unit assisted pigment analysis from surface readings.[2]

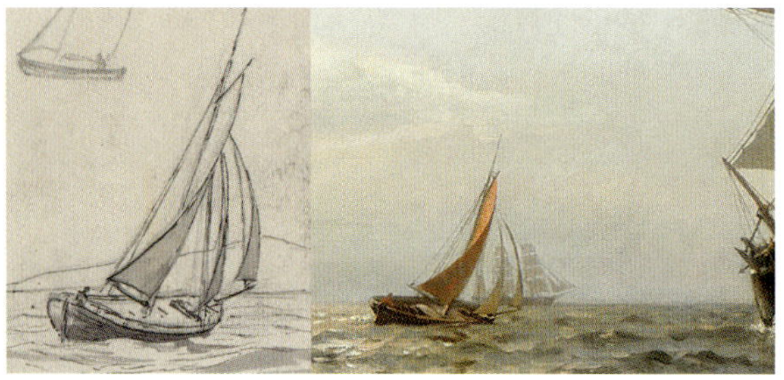

Ill. 1 Left; pen & ink sketch, 1875. Right; detail of same sailboat in *Frisk Bris*, 1876

The preliminary sketch

From an early age Gude received a solid grounding in the practice of drawing under the supervision of the painter Johannes Flintoe, and his skills are well represented in the numerous surviving sketchbooks dating from 1860s-80s. Pencil on paper, they typically portray specific outdoor land and seascape motifs, life-studies of ships, sailboats, rigging and figures in boats. In his memoires, Gude often refers to the practice of using outdoor sketches for later studio compositions and many can be linked as actual sources for finished details.[4] For example, the small pen and ink and pencil sketch dated 1875 is identical to the sailboat painted a year later in the painting, *Frisk Bris* (cat. 22, ill. 1). Brief annotations referring to observed colours, light and tone, and precise details often accompany a study and in some instances, Gude even uses a numbered colour-key.[5] Despite the aid of extra notes, the absence of colour remained one of the main limitations of drawing as a technique for the outdoor study (*plein-air étude*) in terms of capturing the authentic outdoor light.[6] Gude appears to overcome this by supplementing his monochromatic sketches with other paint media. He often combines a pencil sketch with pen and ink for the partial strengthening of contours and outlines, and creates simple tonal gradations with a light coloured gouache wash. During his stay in Wales (1862–4), Gude would have also been introduced to the flexibility of the new glycerine-softened watercolour moist cakes and most probably already familiar with watercolours in tubes.[7] These ameliorations helped to facilitate *plein-air* sketching and Gude continued to experiment with this medium throughout his career, often in combination with an initial pen and ink sketching-in of outlines prior to the application of colour. Despite their outdoor practical advantages, for Gude, watercolours remained less malleable than oil, offering a too short working time and with little room for alterations.[8] Working in the footsteps of Dahl and Fearnley, Gude was well acquainted with practice of the portable *plein-air* oil étude as an equally successful means of capturing the truth of nature.[9] With origins dating back to the early eighteenth century, its tradition was well established during Gude's lifetime and outdoor painting aids and equipment (portable easels, paint boxes etc.) were readily available by the middle of the nineteenth century. [10]

The oil sketch

Gude executed small, portable oil *études* on a range of supports, including canvas, paper and, later in his career, fibreboard. Assessment of several *études* in the collection indicates Gude used materials he already had in his studio, such as off-cuts of canvas left over after stretching up for the larger-scale finished works. This theory is supported by the fact the same canvas appears to have been used for paintings done during the same summer; *En sognejakt* (Fresvik, 29 August 1866 see cat. 5) is painted on herringbone weave canvas, while *Tordenskyer over Chiemsee* (26 August 1867 see cat. 6) and *Fiskerbarn* (Chiemsee 18 September 1867 see cat. 7) are both on similar, plain weave canvases.[11] As with some of his watercolours sketches, several of the oil études have pinholes visible in the corners, suggesting studies secured to a board or easel during sketching rather than being stretched up (ill. 2). The presence of multiple holes is perhaps indicative of a work either carried out in several sessions or used as pedagogic study for a student to copy.

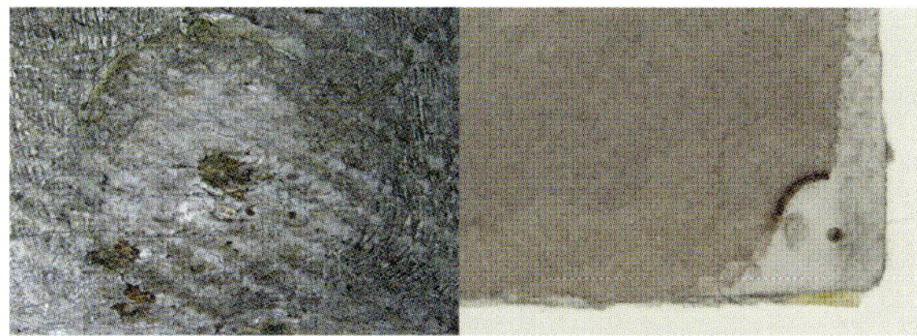

Ill. 2 Left; one of the 6 pin-hole marks/impressions found in *En Sognejakt*, oil etude on canvas, 1866. Right; corner pin-hole mark in watercolour, pen & ink over pencil on paper, 1890

The canvases have generally been prepared for painting with two ground layers. The thick lower layer was probably applied by the canvas maker or artists' supplier (colourman), as was common at the time, and consists of chalk in oil.[12] Above this lies a thin, bright, opaque lead white in oil layer[13]. It was reasonably common for colourmen to apply two preparation layers, one to fill the interstices of the canvas weave and the other to provide a smooth and luminous surface on which to paint, and the similarity of both composition and layer structure of the grounds across the *études* suggests Gude tended to buy his canvases from one colourman.[14]

A common feature of *plein-air* oil *études* is the rapid application of paint, and lack of underdrawing. However, it appears that Gude planned his sketches, roughly painting outlines of figures, boats and landscapes. These painted outlines are sometimes visible along the edges of shapes where the colours do not overlap and even remain fully exposed in unfinished sketches, such as in *Fiskerkone fra Rügen* (cat. 33, ill. 3). Here Gude has sketched in the outline of both the woman and the baby, but has

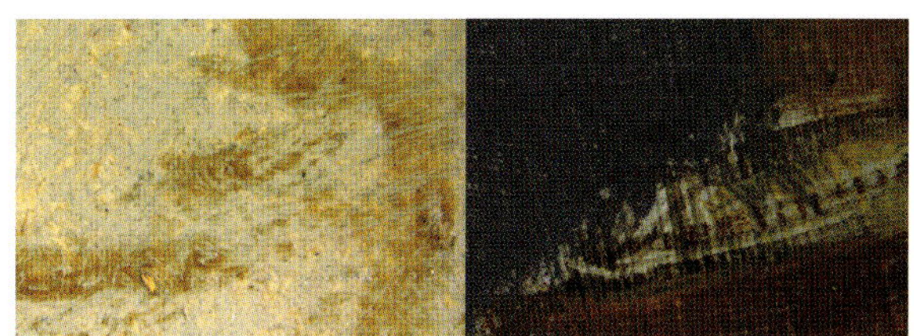

Ill. 3 Details showing visible painted outlines. Left; *Fiskerkone fra Rügen*. Right; *En Sognejakt*.

only painted the woman. The baby's outline is left unfilled and was clearly only intended to give context to the woman. However, it also provides conservators with an insight into the artist's working methods and materials. Close examination reveals rich oil medium, slightly pigmented with black, brown and red pigments. The presence of carbon in the black pigment means the drawing hidden beneath paint layers can be detected using IRR. This makes the drawn lines more clear and reveals any pentimenti, or changes in composition. In general, Gude follows his painted outlines quite accurately, which could be a sign of his ability and confidence as a draughtsman. However, occasionally he makes small changes to the composition, such as altering the position or height of a boat's mast or the location of a tree along the horizon as in *To losbåter* (see cat. 21).

Gude was not highly experimental in his painting technique or choice of materials for the oil sketches, but there is some development evident over the course of his career. In the earlier sketches, the paint is often quite smooth and colours tend to be blended into each other, while in the later sketches the handling of the paint is freer and more confident. However, despite the difference in finishing, the paint is nearly always applied quickly and spontaneously with the underlayers not fully dry before the upper highlights are applied. This results in blending and dragging of the colours on the surface and wet-in-wet brushstrokes, techniques and results typical of the *plein-air* movement (ill. 4). The paint varies in thickness from dilute washes to thicker paint that appears to be applied almost directly from the tube with very little dilution, such as in *Skystudie* (cat. 15). In the more finished, small-scale oil paintings the paint is generally thicker, more heavily worked and with peaks of impasto, especially in the highlights, as with *Fiskerbarn* and *To losbåter.*

Only once, in 1839, does Gude refer to the preparation of oil paint by grinding pigments in oil and stored in pigs bladders. This would have been prior to invention of the metal paint tube and was during his first experiences with oils under Flintoe.[15] Otherwise, his brief remarks to paint tubes throughout his memoires suggest that Gude quickly embraced this commercial development, most probably

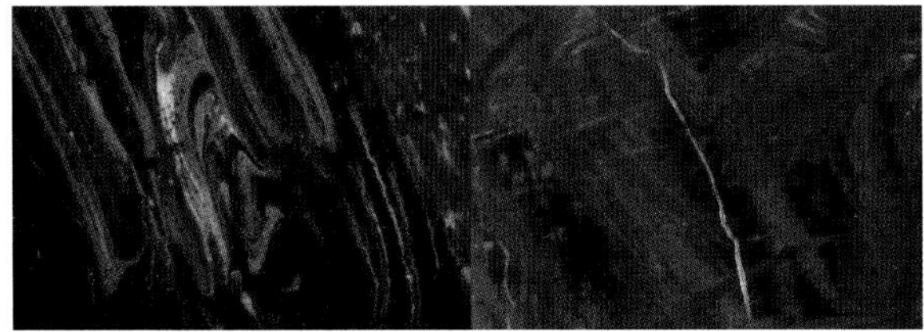

Ill. 4 Details showing wet-in-wet brushstrokes. Left; *En Sognejakt*. Right; *Fiskerbarn*

for its ease of use and for transport, although he did not tend to choose the new, untested pigments that often became available and used by experimental artists such as Turner and van Gogh. Instead, he selected commonly found, commercially available pigments.[16]

The order in which Gude paints is not fixed, and while many artists might paint the sky along the entire upper section of canvas, the sea along the entire lower section, and then paint figures over the top, Gude tends to fill in the areas between the roughly sketched outlines first and applies the sky and sea around these lines. The boats and figures are often painted first while areas of landscape are initially blocked in with dilute washes of colour after the preliminary drawing. The sky, which is generally painted directly over the white ground layer, is often the last element to be painted. Brushstrokes in the latterly applied passages can be seen to go around and on top of the previously painted passages. Often outlines of boats and figures are re-emphasised at the end of the painting process, with these brushstrokes, along with dabbed highlights, lying as the uppermost layers (as in *En sognejakt* and *To losbåter*). It is possible that these final layers and highlights might have been done in the studio, when the artist was able to assess the picture and add finishing touches. Indeed, both *Fiskerbarn* and *Skystudie* have clearly been re-worked at a later date.[17] Examination of *Fiskerbarn* in ultraviolet light and cross-section reveal the sky and several areas of the sea have been applied in two separate layers with a thin fluorescing layer between. It is possible the artist started this painting outside, as a study, but worked it up into a more finished piece once he had returned to the studio and the fluorescing layer is a protective varnish layer applied for transport back to Karlsruhe. An alternative explanation is the artist chose to rework the sketches in preparation for his exhibition at Christiania Kunstforening in, since many of his finished paintings were not available for display. Interestingly, Gude also complained about stains made to his sketches by his students over the years and the necessity to retouch them in preparation for this exhibition.[18]

Finished studio works

Gude had a relatively lucrative production of larger studio marine paintings during his Karlsruhe years and the supports chosen for these works are of better quality than those used for his smaller oil sketches.[19] Intended for sale, both *Innseilingen til Christiania* (cat. 19) and *Frisk Bris* are painted on fine, commercially primed linen canvases and attached to good quality wooden stretchers. The presence of underdrawing revealed by IRR examinations, indicate meticulously planned studio compositions. Some alterations can be detected yet these tend to represent small shifts in the precise placement of a ship or a building rather than a dramatic change in composition (ill. 5). Horizontal and vertical framing-up lines, often present in his pencil studies and in some of the oil sketches (*Fiskerkone fra Rügen*), perhaps indicate the artist´s thought process in terms of the selection of details and juxtaposition for his larger works. What remains unclear is the actual transfer process from a group of pencil studies into the creation of a final drawn-out composition sketch on the white oil ground. The contours of the preliminary sketched-in horizon, boats, their sails and rigging are then strengthened, accurately and thinly in oil. A thicker paint application is used for modelling of the sails flags and figures whereas the dark hulls of boats are thinly layered with earth colours and transparent glazes.[20]

The capturing of the transient movement of water was a definite challenge for Gude and this would have been achieved from trained memory combined with numerous *plein-air* études. As far as Gude's final compositions and motifs appear to be predefined, the progression to looser and freer paint application is noticeable in his rendering of the ruffled waters in *Frisk Bris.* The build-up of individual brush strokes of various, size, thicknesses (impasto) and

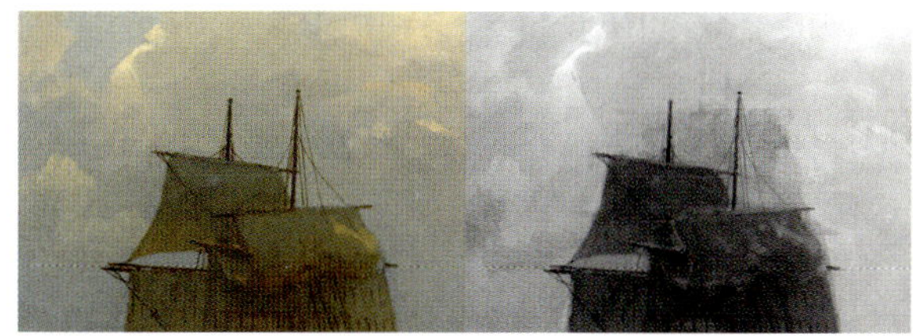

Ill. 5 Left; detail of masts and sails, *Innseilingen*, 1874, normal light. Right; same detail showing the artist's alterations and underdrawing in infrared

colour, over a thinner, darker imprimatura base, create the agitated effect of the sea with its reflected shimmering sunlight. Applied wet-in-wet and wet-on-wet and with broader-brush strokes, this approach indicates a certain rapidity in execution. A technique facilitated by the increased availability of different types of metal ferrule brushes, it remains quite different from the water in *Vestlandsfjord* painted 14 years earlier and shows a progression from the calmer sea of *Innseilingen.*[21] Gude's skies are relatively thickly applied and worked-up into blended, smooth finishes according to academic tradition. The cloud formations are almost definitely sourced from earlier *plein-air* études and selected pigment analysis of the larger works suggests a similar palette to his oil sketches.[22]

Gude's particular concern as to the finished appearance of his paintings even once they had left his possession is evident. Prior to his move to Berlin, a visit to National Gallery there prompted a letter to the director asking for the varnishing of a large painting whose surface appeared matt.[23] Similarly, the American compo cove frame to Frisk Bris could be seen as a grand and expensive choice for a painting. However, Gude must have esteemed it as important for his entry to The 1876 Philadelphia Exhibition, in which it won him a medal.[24]

Conclusion

Close examination of Gude's oil sketches and larger compositions reveal an artist with relatively consistent working methods and techniques. The importance of the *plein-air,* pencil sketch as the primary source reaffirms Gude's skills in drawing with an affinity for planning and detail. In terms of materials, Gude appears to have remained relatively conservative, employing a limited range of pigments easily sourced both in Germany and in Norway.[25] These attributes effectively helped shape a good technician and a stable teacher of landscape painting. Nevertheless, his working methods and oil sketches show evidence of adoption of certain changes that were taking place concerning the artistic practice of landscape painting during the mid-nineteenth century. Namely, the spontaneous *plein-air, oil étude* seen as a finished work and the looser brushwork. Whereas his drawings remain primary sources for studio compositions, Gude esteemed many of his oil sketches to be good enough for later exhibition and sale, in addition to being teaching aids for students.

---

1 En sognejakt (NG.M.00635-003), Tordenskyer over Chiemsee (NG.M.00635-004), Fisker fra Rügen (NG.M.00635-007), Båtstudie (NG.M.00635-008), Fiskerbarn (NG.M.00635-010), To losbåter (NG.M.00636-013), Storm på Rügen (NG.M.00636-015), Innseilingen til Christiania (NG.M.00262), Fiskerkone fra Rügen (NG.M.00775), Fra Kristianiafjorden (NG.M.00898), Frisk Bris (NG.M.01487), Båtstudie (NG.M.02973), Vestlandsfjord (NG.M.03487), and Skystudie (NG.M.04248).

2 XRF; A handheld Thermo Scientific NITON®, XL3t 900 Gold, energy-dispersive x-ray fluorescence (EDXRF) analyzer was used.

3 Lorentz Dietrichson, *Af Hans Gudes Liv og Værker. Kunstnerens Livserinderinger*, Kristiania, 1899, p. 5 (referred to as Gude´s memoirs in the text).

4 Ibid, p. 51, 52, 56 & 97.

5 See drawing; NG.K&H.B.06523-018.

6 Anthea Callen, *The Work of Art. Plein-Air Painting and Artistic Identity in Nineteenth-Century France,* Reaktion, 2015, p. 25.

7 Ibid, p. 26. Permanently moist watercolours were available by 1830s and later in tubes by the mid-1840s.

8 Dietrichson, p. 47.

9 Kate Lowry, Thomas Fearnley: A Technical Examination of his Oil Paintings, *In front of Nature The European Landscapes of Thomas Fearnley,* Barber Institute, 2012, p. 106.

10 Callen, p. 34 & p. 52–75.

11 Interestingly, there is a pen and ink sketch with colour wash (tuschtegning) of Fiskerbarn dated the day before the oil sketch, 17th September 67, indicating Gude sketched the composition in situ in pen and ink and then painted it in oil in his studio the following day [Dietrichson, p. 87].

12 Cross sections from some sketches show the presence of zinc in this lower ground (bright yellow fluorescing particles in UV light). Very few references have been found about the addition of zinc to commercial ground layers, although it became more common towards the end of the 19th Century [L. Carlyle, *The Artist's Assistant*], and the purpose of this addition remains unclear.

13 Cross sections from some sketches show the presence of an inert, colourless extender material added, such as chalk or barium sulphate, consistent with typical ground layers from the period.

14 It is assumed the boards and paper are prepared in some manner prior to painting, such as the application of glue size, to reduce the absorbency of the support.

15 Dietrichson, p. 6. For the invention of the paint tube (1841) see; Schaefer, I, Saint-George, C, & Lewerentz, K, *Painting Light. The Hidden Techniques of the Impressionists,* Skira, 2008, p. 64.

16 Due to the range and varying quality of pigments available at the time and the limitations of XRF technology definitive identification of many of the pigments has not been possible within the scope of this research. However, the following pigments have been tentatively identified: lead white; ivory black; natural iron oxide earth pigments; vermilion and red lake (initially carmine, then synthetic alizarin after its invention in 1868); chromium oxide green (available from 1862); cobalt blue (often in combination with zinc, suggesting a specific manufacturer's variant or cheaper 'studio' version of the pigment); occasionally artificial ultramarine; cadmium yellow; 'Cadmium Lemon' (a term used by manufacturers to describe the lemon shade of cadmium yellow made with zinc sulphide; zinc was detected with XRF); Naples yellow. Both cadmium lemon and Naples yellow were identified on *To Losbåter* in different passages, showing that Gude simultaneously used different pigments of the same colour, presumably to achieve more realistic tonal variations in his landscapes.

17 Analysis with XRF indicates the use of two pigments only available much later in the century, Titanium white (TiO_2) and Zinc yellow ($ZnCrO_4$), supporting the theory that this painting, *Luftstudie,* was reworked.

18 Dietrichson, p. 143.

19 Frode Ernst Haverkamp, "Hans Fredrik Gude, Fra nasjonalromatikk til realistisk landskapsfremstilling", *Tidemand & Gude. Der aander en tinrende Sommerluft varmt over Hardangerfjords Vande,* Nasjonalgalleriet, 2003, p. 51–2.

20 Confirmed by cross sectional analysis.

21 The development and variety of different flat-pressed metal ferrule collars, holding the bristles in place, provided new possibilities for paint application. These types of brushes can be seen in Gude´s 1889 portrait, by Nils Gude (see cat. 38).

22 XRF analysis identified the following: cobalt blue, lead white, earth pigments including yellow ochre in the sky, chromium oxide green, Naples yellow, ivory black and vermilion.

23 Dietrichson, p. 119.

24 Francis Amasa Walker, *United States Centennial Commission: International Exhibition, 1876,* XXVII, Philadelphia: J.B. Lippincott & Co. 1877, p. 105. "588. Hans Gude, Norway. Oil painting, Report. –Commended for artistic excellence in landscape: 'A fresh breeze, Norwegian Coast;' 'Calm, Christianinafiord'." A label from the exhibition also survives to reverse of stretcher referring to, *'prize 5000 dollars gold.'*

A Norwegian colourman sales catalogue, dated 1872, lists the same artists' pigments found from the analysis as, *'finely ground Düsseldorf manufactured oil colours in tubes'.* Brödrene Nicolaysen, *Pris Courant,* Christiania, 1872, p. 18–20.

Gudes elever i Karlsruhe   Gude's Students in Karlsruhe

Aders	Preussen	
Biel, Antonie, (frk.)	Stralsund	
Bracht, Eugen Felix Prosper	Darmstadt	1875–77
Collett, Frederik J.L.B.	Norge	1864–67, 1873–74
Dahl, Hans	Norge	1872
Disen, Andreas Edvard	Norge	1871–76
Düsterlok, Grevinne von		
Frenius	Frankfurt	
Geyer, Alexius	Preussen	
Gretsch, Frk. von	Russland	
Grimelund, Johannes Martin	Norge	1871–74
Grønvold, Marcus Frederik Steen	Norge	
Gude, Nils	Norge	
Gyldin, Friherre von	Finland	
Hansteen, Nils Severin Lynge	Norge	1876–78
Heeren, Henriette Wilhelmine	Braunschweig	
Helen, C. v.d.	Hannover	
Hesse, Georg Hans	Berlin	1867–71
Hohe, Friedrich	Preussen	
Holm, Peter Daniel	Sverige	1866
Holter, Iver Andreas Wilh. Marinus	Norge	1873–75
Kallmorgen, Friedrich	Altona	1877–80
Keller, Ferdinand	Karlsruhe	1865–66
Kielland, Kitty Lange	Norge	1873–75
Kleineh, Oskar Conrad	Finland	1867–69
Kopp, Mathilde	Erlangen, Bayern	
Krohg, Christian	Norge	1874
Lessing, Konrad Ludwig	Karlsruhe	
Lindheim, Hofrath von	Düsseldorf	
Lindholm, Berndt Adolf	Finland	1865
Longworth, Joseph	Cincinnati, Amerika	
Lugo, Emil	Freiburg	
Meckel von Hemsbach, Adolf	Berlin	

Meier, Fanny	Bremen	
Mende, Oskar	Dessau	
Meyerheim, Robert Gustav	Danzig	1866–67
Micalicz-Radetzka, Celine von	Russland	
(senere gift med Herman Wedel Jarlsberg)		
Mitchell, John Campbell	Newcastle	
Muheim, Jost Anton	Sveits	1867
Nielsen, Amaldus Clarin	Norge	1867–68
Nielsen, Carl Adolph	Norge	
Nielsen, Johan Martin	Norge	1864
Osterroth, Gustav	Preussen	
Pain, Robert Tucker	England	
Panzer, Frøken	Danzig	
Peterssen, Eilif	Norge	1871–73
Plumpton, A.W. Mrs.	Amerika	
Preyer, Ernest Julius	Manchester	
Rasch, Heinrich	Schleswig	1869–70
Ravenstein, Paul von	Breslau	
Redtenbacher, Fru (gift med Rudolf R.)	Karlsruhe	
Reichmann	Nassau	
Roman, Max Wilhelm	Karlsruhe	
Rosting, Baronesse		
Schirm, Carl Johann Cohen	Wiesbaden	1874–75
Schmidt, Bernhard	Bayern	
Schnee, Hermann	Potsdam	
Schweizer	Karlsruhe	
Schøyen, Carl	Norge	1871 74
Seip, Frk.	Strassbourg	
Sinding, Otto Ludwig	Norge	1869–73
Smith-Hald, Frithjof	Norge	1871–73
Sturm, Friedrich Ludwig Christian	Mecklenburg	1865–70
Tenner, Eduard	Heidelberg	1868–71
Thaulow, Frits	Norge	1873–75
Türckheim, Major von	Karlsruhe	
Ulfsten, Nikolai Martin	Norge	1875–77
Waldenburg, Alfred Friedrich August von	Berlin	1874–77
Weisser	Durlach	
Wernicke, P.	Dessau	
Zardetti, Eugen	Sveits	
Zittel, Frk.	Heidelberg	

Bibliografi

- Alsvik, Henning og Leif Østby. *Norges billedkunst i det nittende og tyvende århundre*, b. 1. Oslo: Gyldendal Norsk Forlag, 1951.
- Andersen, Magnus. *70 års tilbakeblikk på mitt virke på sjø og i land*. Oslo, 1932.
- Barbe-Gall, Françoise. *How to Look at a Painting*. London: Frances Lincoln, 2011.
- Berg, Knut. «Maleriet 1870-1914». I *Nasjonal vekst*, b. 5, *Norges Kunsthistorie*, red. av Knut Berg, 109–260. Oslo: Gyldendal, 1981.
- Berggreen, Brit. «Identifisering av fartøyportretter». *Norsk Maritimt Museums Årbok* (1973): 73–100.
- Berggreen, Brit. «Sjøfarten i norsk kultur». *Heimen* 23 (1986): 4–18.
- Berggreen, Brit. *Da Kulturen kom til Norge*. Oslo: Aschehoug, 1989.
- Berggreen, Brit og Kyrre Vatsend. «Med Pausanias i hånd: Hva Pausanias skrev, hva de reisende så – og hva vi kan se nå». I *I Hellas med Pausanias*, red. av Øivind Andersen og Tomas Eide, 177–186. Bergen: Universitetet i Bergen, 1992.
- Berggreen, Brit og Liv Hilde Boe. «Stedet som museumsutstilling: Eksemplet Haramsøy». I *"Studenten som kom før faget": Etnolog Rigmor Frimannslund (1911–2006) – et minneskrift*, red. av Jan Erik Horgen et al., 163–180. Oslo: Novus, 2011.
- Berggreen, Brit, Arne Emil Christensen og Bård Kolltveit, red. *Norsk sjøfart*. 2 b. Oslo: Dreyer, 1989.
- Bendix, Regina. *In Search of Authenticity: The Formation of Folklore Studies*. Madison, Wis.; University of Wisconsin Press, 1997.
- Bjørklund, Jarle og Inger Jensen. «Norsk sjøfart 1814–1900». I *Norsk sjøfart*, b. 1, red. av Berit Berggreen et al., 262–328. Oslo: Dreyer, 1989.
- Börsch-Supan, Helmut. *Die Deutsche Malerei von Anton Graff bis Hans von Marées 1760–1870*. München: Deutscher Kunstverlag, 1988.
- Callen, Anthea, *The Work of Art. Plein-Air Painting and Artistic Identity in Nineteenth-Century France*. Reaktion, 2015.
- Christensen, Arne Emil. *Frå vikingskip til motorsnekke*. Oslo: Det norske samlaget, 1966.
- Christensen, Arne Emil. «Norsk sjøfart: Begynnelsen fram til middelalderens slutt». I *Norsk sjøfart*, b. 1, red. av Brit Berggreen et al., 40–109. Oslo: Dreyer, 1989.
- Dietrichson, Lorentz. *Adolph Tidemand, hans Liv og hans Værker: Et Bidrag til den norske Kunsts Historie*. 2 b. Christiania: Tønsberg, 1878–1879.
- Dietrichson, Lorentz. «'Erindringens Kunst' – 'Fantasien i Kunsten'. Aabent Brev til Prof. Dr. Julius Lange». *Nordisk Tidskrift för Vetenskap, Konst och Industri* (Stockholm 1890): 438–47.
- Foldøy, Oddveig og Inga Lundström. *Vikingen i den norske sjel*. Utstillingskatalog, Arkeologisk museum i Stavanger, 1995.
- Furnes, Tone Klev. *Amaldus Nielsen (1838–1932): Kystens maler*. Oslo: Andresen & Butenschøn, 2000.

- Furnes, Tone Klev. *En by – fem kunstnere*. Bergen: Vigmostad & Bjørke, 2005.
- Garborg, Arne. *Knudaheibrev,* Verk 9, 153–54, Oslo: 1980.
- Grevenor, Henrik. «Jæren i malerkunsten», *Kunst og Kultur* 1933: 157.
- Gude, Hans. *Af Hans Gudes Liv og Værker: Kunstnerens Livserindringer,* red. av Lorentz Dietrichson. Kristiania: Det Norske Aktieforlag, 1899.
- Gude, Hans. «Breve fra Hans Gude til Jørgen Moe og P. Chr. Asbjørsen», meddelt av Anders Krogvig. *Kunst og Kultur* 6 (1917): 148–167.
- Gunnarson, Torsten. «Friluftsmåleri före friluftsmåleriet: Oljestudien i nordiskt landskapsmåleri 1800–1850.» Doktorgradsavhandling. Uppsala: Uppsala universitet, 1989.
- Haverkamp, Frode. «Brudeferden nok en gang». *Kunst og kultur* 63, nr. 4 (1980): 223–236.
- Haverkamp, F.E. «Hans Gude i Düsseldorf: Grunnleggelsen av en akademisk kunstnerkarrière i det 19. århudre». Magistergradsavhandling, Universitetet i Oslo, 1982.
- Haverkamp, Frode. «Hans Fredrik Gude». I *Norsk Kunstnerleksikon,* b. 1. Oslo: Universitetsforlaget, 1982.
- Haverkamp, Frode. *Hans Gude,* Oslo: Aschehoug, 1992.
- Haverkamp, Frode og Marit Ingeborg Lange, red. *Der aander en tindrende Sommerluft varmt over Hardangerfjords Vande-: Nasjonalgalleriet 28. september–7. desember 2003*. Utstillingskatalog, Oslo: Nasjonalgalleriet, 2003.
- Hidle, Gabriel Schanche. *Profiler og paletter i Rogalands kunst.* Stavanger: Stavanger Kunstforening, 1965.
- *Johann Wilhelm Schirmer in seiner Zeit: Landschaft im 19. Jahrhundert zwischen Wirklichkeit und Ideal.* Utstillingskatalog, Karlsruhe: Kehrer, 2002.
- Karge, Henrik. «Der Kunsthistoriker als künstlerischer Mentor: Karl Schnaase und Johann Wilhelm Schirmer». I *Johann Wilhelm Schirmer in seiner Zeit: Landschaft im 19. Jahrhundert zwischen Wirklichkeit und Ideal, 44–47.* Utstillingskatalog, Karlsruhe: Kehrer, 2002.
- Kent, Neil. *The Triumph of Light and Nature: Nordic Art 1740–1940.* London: Thames and Hudson, 1987.
- Kjerulf, Theodor. «Gudes Atelier i Wales». I Ved *Løvfaldstider,* 153–154. Christiania: utg. L. Dietrichson, 1867.
- Krohg, Christian. *Kunstnere I og II.* Kristiania: 1891–92.
- Krohg, Christian. *Kampen for tilværelsen.* Oslo: Gyldendal, 1954.
- Lange, Julius. *Nutids-Kunst: Skildringer og Karakteristiker.* København: Philipsens Forlag, 1873.
- Looström, L.: *Konstsamlingarna på Säfstadholm, deres Historia och Beskrifning samt Trolle-Bondeska Tafvel-galleriet i Stockholm.* Stockholm, 1882.
- Lowry, Kate, "Thomas Fearnley: A Technical Examination of his Oil Paintings", *In front of Nature The European Landscapes of Thomas Fearnley,* 106. Barber Institute, 2012.

- Lützow, Carl von. «Navn på artikkel?» *Zeitschrift für Bildende Kunst* bind VI (1871): 176.
- Malmanger, Magne. «Amaldus Nielsen: Naturstudier fra Kvinnherad». I *Amaldus Nielsen: Fjord og Skip. Naturstudier fra Kvinnherad,* red. av Reidar Nedrebø et al. Utstillingskatalog, Rosendal: Baroniet Rosendal, 1991.
- Malmanger, Magne. «Norsk malerkunst fra klassisisme til tidlig realisme». Doktorgradsavhandling, Universitetet i Oslo, 1981.
- Malmanger, Magne. «Maleriet 1814-1870». I *Det unge Norge,* b. 4, Norges Kunsthistorie, red. av Knut Berg, 126–292. Oslo: Gyldendal, 1981.
- Malmanger, Magne. «Fra klassisisme til tidlig realisme 1814–1870». I *Fra middelalderen til 1900,* b. 1, *Norges Malerkunst,* red. av Knut Berg, 187–350. Oslo: Gyldendal, 1993.
- Opstad, Gunvald. *Amaldus Nielsen*. Oslo: Aschehoug, 1992.
- Statistisk sentralbyrå. «Fra forrige årtusen Nr. 10: Skipsforlis 1851–1998: 1894 – annus horribilis». Nedlastet 08.12.2015, http://www.ssb.no/a/histstat/artikler/art-2000-11-01-01.html
- Storaas, Randi. «Å velja fortid – å skapa framtid: Bunad som uttrykk for motkulturell verksemd». Hovedfagsoppgave, Universitetet i Bergen, 1985.
- Strøm-Olsen, Nicolai. «De kunstneriske konflikter ved 'Der Grossherzoglische Kunstschule in Karlsruhe' [sic] mellom 1864–1874». Masteroppgave, Universitetet i Oslo, 2007.
- Strøm-Olsen, Nicolai. *Hans Gude: En kunstnerreise*. Oslo: Pax, 2015.
- Strøm-Olsen, Terje. *Johan Martin Nielssen: Sørlandets skildrer*. Oslo: Arneberg, 2005.
- Sørby, Hild. *Jærmaleriet: Fra landskap til visjon*. Oslo: Universitetsforlaget, 1983.
- Sørby, Hild. *Nicolai Ulfsten*. Oslo: Messel, 1997.
- Terjesen, Marianne. *Kitty Kielland: Et portrett*. Oslo: Gyldendal, 1999.
- Theilmann, Rudolf. «Johann Wilhelm Schirmers Karlsruher Schule». Doktorgradsavhandling, Universität Heidelberg, 1971.
- Thiis, Jens. *Norske malere og billedhuggere: En fremstilling af norsk billedkunsts historie i det nittende århundrede*. 3 b. Bergen: John Griegs Forlag, 1904–1907.
- Thiis, Jens. *Malerkunsten i det 19. og 20. aarhundrede*. B. 2, *Norsk Kunsthistorie*. Oslo: Gyldendal Norsk forlag, 1927.
- Thoma, Hans. *Bilder und Bekenntnisse,* red. av Otto Fischer. Stuttgart: Strecker und Schröder Verlag, 1925.
- Trætteberg, Gunvor 1952: «Omfarshandel: Skreppekarer, driftekarer og jekteskippere i Hordaland». *Norveg: tidsskrift for etonlogi og folkloristikk* 2 (1952): 103–131.
- Urry, John. *The Tourist Gaze: Leisure and Travel in Contemporary Societies*. London: Sage, 1994.
- Werner, Anton von. *Jugenderinnerungen (1843–1870),* red. av Dominik Bartmann og Karin Schrader. Berlin: Deutscher Verlag für Kunstwissenschaft, 1994.
- Aasen, Ivar. *Reise-erindringer og reise-indberetninger 1842–1847*. Trondhjem, 1917, 64.

Fotokreditering

UTSTILTE VERK:
Kat. 1, 3, 10: Blomqvist Kunsthandel
Kat. 4: Göteborgs Konstmuseum
Kat. 8, 9, 11, 35, 51, 90: Jacques Lathion
Kat. 13, 17, 63, 69: KODE – Kunstmuseene i Bergen / Dag Fosse
Kat. 20, 39, 53: Norsk Maritimt Museum
Kat. 23, 27: Morten Henden Aamot
Kat. 25, 31, 73: De kongelige samlinger / Kjartan Hauglid og Jan Haug
Kat. 26: Nationalmuseum, Stockholm / Åsa Lundén
Kat. 28, 29, 74: Lillehammer kunstmuseum / Jørn Hagen Art photo
Kat. 31: De kongelige samlinger / Jan Haug
Kat. 48: Frithjof Bringager
Kat. 55, 56, 59, 60, 61: Munchmuseet / Oslo kommunes kunstsamling
Kat. 66, 67, 68: Grev Wedels Plass Auksjoner AS
Kat. 72: Christian Øen

ARTIKLER
Frode Ernst Haverkamp:
Ill. 1: Norsk Folkemuseum / Lone Ørskov

Tone Klev Furnes:
Ill. 1: Mandal kommune
Ill. 2: Munchmuseet / Oslo kommunes kunstsamling

Brit Berggren:
Ill. 2: De kongelige samlinger / Kjartan Hauglid
Ill. 4: Vest-Agder-museet / Arne Lindvig

Alle de øvrige bildene er tatt av Nasjonalmuseets fotografer; Børre Høstland, Morten Thorkildsen, Dag Ivarsøy, Anne Hansteen Jarre, Knut Øystein Nerdrum og Jacques Lathion.

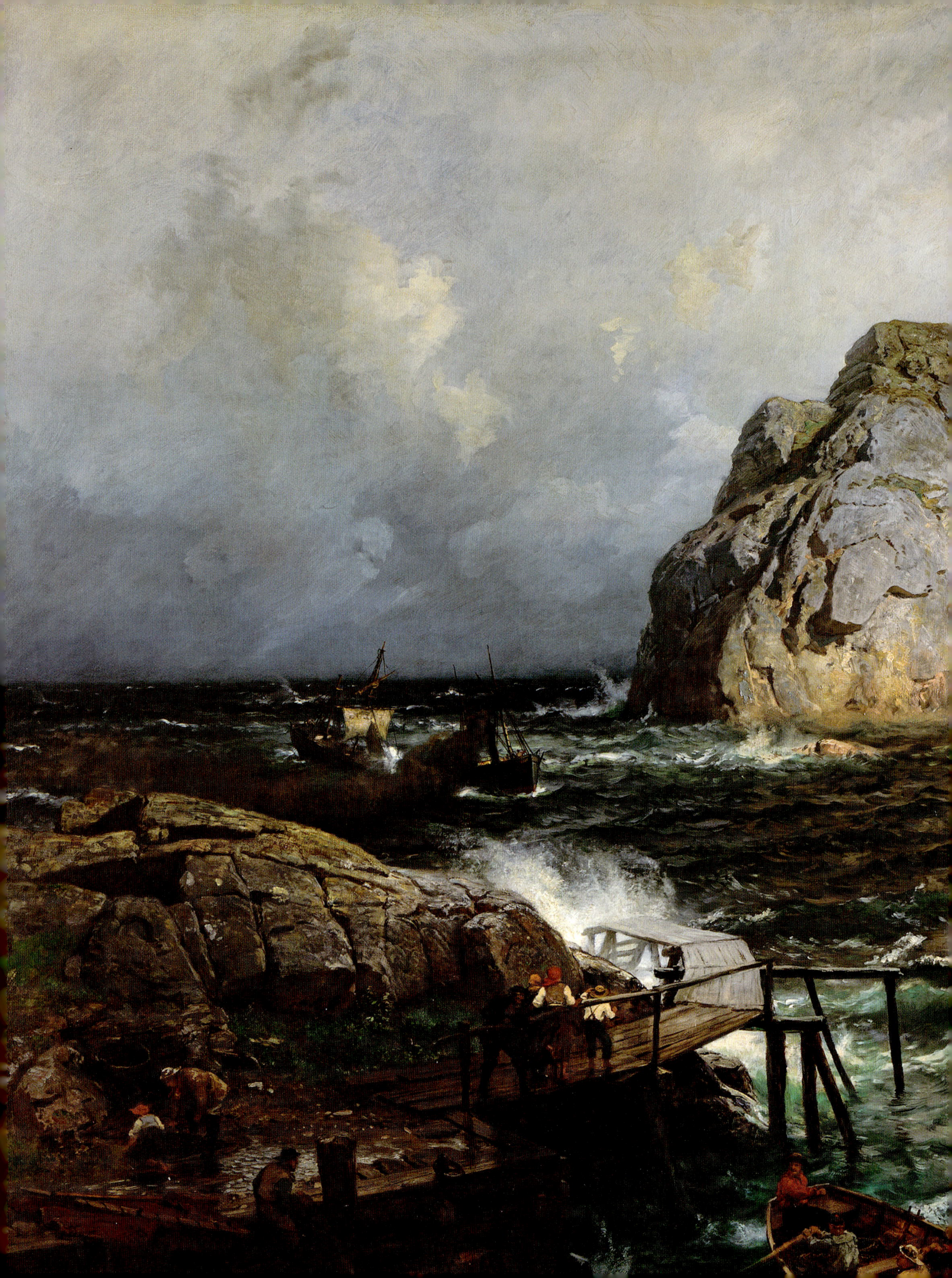

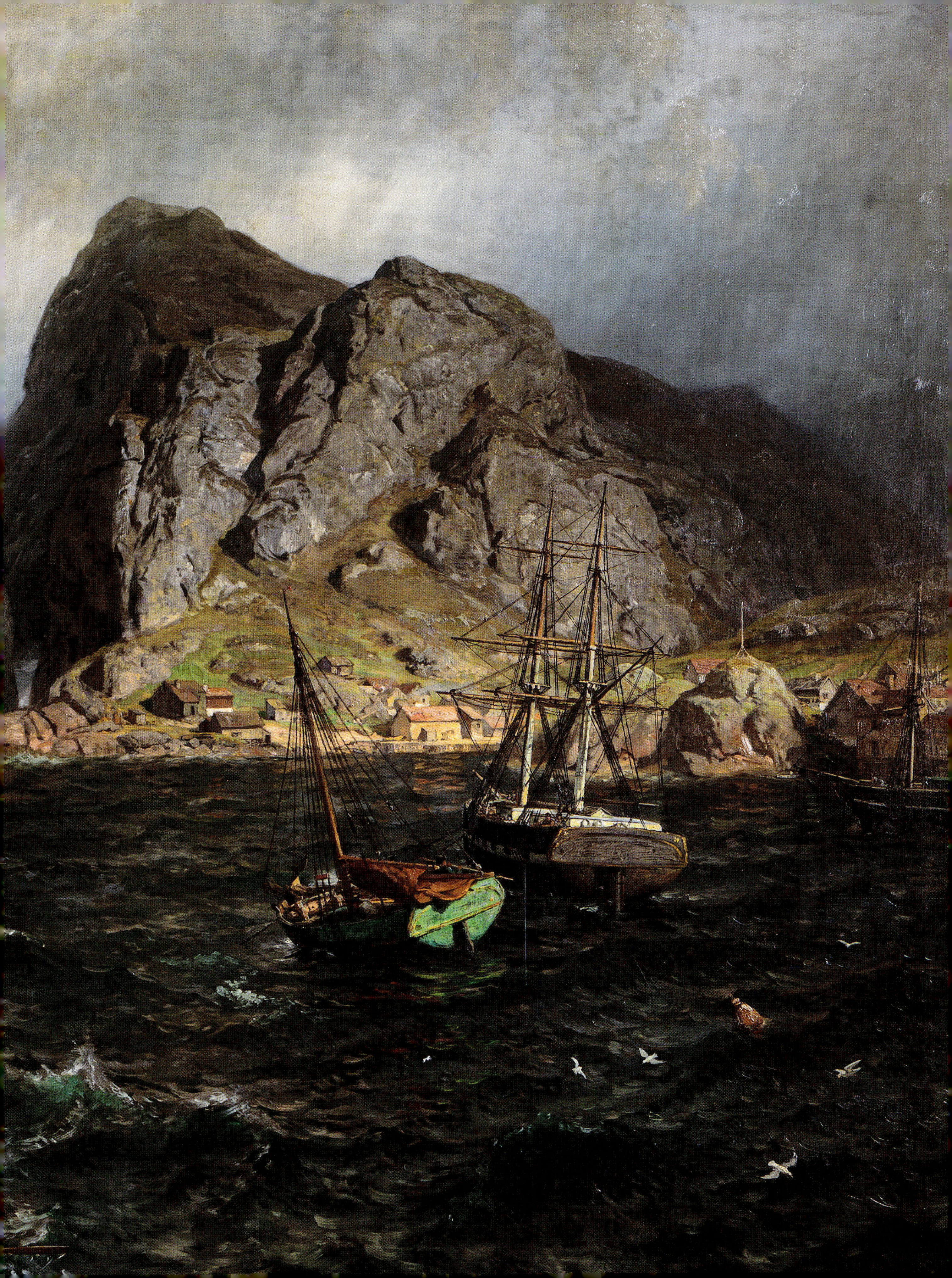

Katalogen er produsert til utstillingen / Catalogue for the exhibition
Langs kysten. Gude og hans elever omkring 1870 / *Along the Coast. Gude and his Students around 1870*
19.02.–08.05.2016, Nasjonalgalleriet

Ansvarlig redaktør: Nils Ohlsen
Redaktør: Frode Ernst Haverkamp
Katalogredaktør: Marianne Yvenes
Oversettere: Peter Cripps (norsk til engelsk), Helene Skoglund-Johnsen (engelsk til norsk, Ford og Homers artikkel)
Billedredaktør: Beate M. Bang
Design: Nina Ansten

Trykk: RKGrafisk AS
Papir: Arctic Silk, 150 g

Foto: Se liste side 187

Postboks 7014 St. Olavs plass, 0130 Oslo
Tel. (+ 47) 21 98 20 00
www.nasjonalmuseet.no

ISBN 978-82-8154-112-2

Billedoppslag:
Foran: Amaldus Nielsen, *Aften ved Hvaler,* 1879 (kat. 57, utsnitt)
S. 194–195: Hans Gude, *Nødhavn ved den norske kyst,* 1880 (kat. 27, utsnitt)

Omslag:
Forside: Hans Gude, *Innseilingen til Christiania,* 1874 (kat. 19, utsnitt). Foto: Nasjonalmuseet
Bakside: Nikolai Ulfsten, *Vrakauksjon ved Jærens rev,* 1880 (kat. 72, utsnitt). Foto: Christian Øen

NASJONALMUSEET